分析化学实验

陈立钢　廖丽霞　牛　娜　主编
李　暐　主审

科学出版社
北　京

内 容 简 介

本书共包括6章：分析化学实验基础知识、定量分析仪器和基本操作、基础实验、应用实验、设计实验和分析化学实验基本操作练习题。实验部分精选了20个基础实验、17个应用实验，编写了40个设计性实验预选题目。

本书在培养学生牢固掌握分析化学实验基础知识、基本操作技能的同时，增加了实际样品分析实验的比例，可供不同专业的学生选做，突出分析化学实验在不同本科专业人才培养中的重要地位，适用性更强，应用性更为广泛。

本书可作为高等学校化学、化工、食品、环境、生物、医药、材料等专业的分析化学实验教材，也可作为从事上述相关工作人员的参考书。

图书在版编目(CIP)数据

分析化学实验/陈立钢，廖丽霞，牛娜主编. —北京：科学出版社，2015.1

ISBN 978-7-03-042733-5

Ⅰ.①分… Ⅱ.①陈… ②廖… ③牛… Ⅲ.①分析化学-化学实验 Ⅳ.①Ⅴ O652.1

中国版本图书馆CIP数据核字(2014)第288809号

责任编辑：陈雅娴/ 责任校对：包志虹

责任印制：吴兆东/ 封面设计：华路天然工作室

科 学 出 版 社 出版

北京东黄城根北街16号

邮政编码：100717

http://www.sciencep.com

北京厚诚则铭印刷科技有限公司 印刷

科学出版社发行 各地新华书店经销

*

2015年1月第 一 版 开本：720×1000 B5

2024年1月第八次印刷 印张：16 3/4

字数：338 000

定价：49.00 元

（如有印装质量问题，我社负责调换）

前　言

分析化学实验是与分析化学理论课紧密结合的独立课程，通过该课程的学习，学生可加深对分析化学基本理论的理解，并熟练掌握分析化学实验基本操作技能。更重要的是，一系列严格的实验操作能使学生树立准确的“量”的概念，并培养学生严谨、认真的科学态度和实事求是的工作作风，提高分析和解决问题的能力，为今后专业课的学习、相关领域的科学研究以及技术开发工作打下坚实的基础。

在本书编写过程中，注重突出教材的基础性、应用性和综合性，在内容的选择及编排上具有以下特点：

(1) 对分析化学基础知识进行系统介绍，使学生对定量分析化学实验过程，以及实验室用水、化学试剂、溶液的配制方法、数据的记录处理、实验报告的书写、文献检索、实验室安全等基本知识有较为全面的了解。

(2) 在介绍定量分析仪器基本操作的同时，给出考核参考指标，并且选编一定数量的分析化学实验基本操作练习题，对学生的基本实验操作进行规范。

(3) 在强化基本实验技能训练的同时，增加实际样品分析的应用性实验比例，以适应不同专业人才培养的需求，且增强分析化学实验基础课程与不同专业课程之间的联系，使教材的适用性更强，应用性更为广泛。

(4) 编写一定数量的设计实验题目，并给出相应的实验信息、分析任务以及必要的分析方法提示，启发学生的思路，帮助学生自拟合理的实验方案，从而培养学生的自主创新能力。题目的选择强调知识的实用性、趣味性和综合性，并考虑学生各方面的差异性，实验题目按其难度分成三个级别。

本书是编者及其相关人员在多年的教学实践和研究的基础上，参考大量书籍、文献编写而成的。本书由东北林业大学理学院分析化学教研室陈立钢(第1章，第5章和第6章)、廖丽霞(第3章和第4章实验一～实验十二)、牛娜(第2章，第4章实验十三～实验十七和附录)共同编写。全书由陈立钢统稿。在本书编写过程中得到了分析化学教研室多位老师的指导和帮助，其中李暐老师对本书进行了审阅，在此表示感谢。

由于时间仓促，编者水平有限，书中难免存在疏漏，恳请读者批评指正。

编　者

2014年10月

目　　录

第1章　分析化学实验基础知识

1.1　分析化学实验的目的和基本要求

分析化学是化学的重要分支学科之一。分析化学理论课和分析化学实验课是化学化工等相关专业本科生的重要基础课。很多高等学校将两者单独设课，且后者占有更多的学时。学生通过分析化学实验课程的学习，可以加深对分析化学基础理论、基本知识的理解，树立严格的“量”的概念，正确和熟练地掌握分析化学实验的基本操作技能，提高细致观察、分析和解决问题的能力，培养严谨的科学态度、科学的思维方法、良好的实验习惯和实事求是的工作作风，培养运用知识创新的能力。在整个实验课程教学中，特别要强调的是培养学生严谨的科学态度、实事求是和一丝不苟的科学作风，以及良好的科学实验习惯，为后继课程的学习、未来的科学研究及实际工作打下良好的基础。

为了达到上述目的，要求学生做到：

(1) 课前必须认真阅读实验教材、参考教材和理论教材中的有关内容，领会实验原理，熟悉实验步骤，明确实验内容和注意事项。查好有关已知量的数据，列好数据表格，写好简明扼要的预习报告。经教师检查，预习不合格者不得进行实验。

(2) 学生在进入分析化学实验室后应认真阅读“实验室使用规则”和“学生实验守则”等实验室各项规章制度。要养成良好的科学实验习惯，实验中保持肃静，遵守纪律，注意安全，节约使用试剂、滤纸、纯水、自来水、洗涤剂等。注意安全使用电器。

(3) 实验中要严格按照操作规范进行，仔细观察实验现象，及时记录。要善于思考，学会运用所学理论知识解释实验现象，研究实验中的问题。遇到疑难问题时，可与他人讨论或请教指导教师。

(4) 所有实验数据尤其是各种测量的原始数据，必须及时记录在实验记录本上，不得将数据记录在纸片上或其他地方，不得伪造和涂改原始数据。及时、准确地进行数据处理。

(5) 实验中要保持室内安静，以利于集中精力做好实验。将仪器摆放整齐，保持实验台和整个实验室的整洁。按操作规程和教师指导认真进行操作。实验中损坏仪器后及时到实验准备室登记赔偿并领取相应仪器。

(6) 设计新实验和做规定以外的实验时，应先经指导教师允许。

(7) 实验数据需经指导教师审阅并签字。将公用仪器放回原有的位置，清点并整理好实验器皿，方可离开教室。

(8) 实验课不能迟到、缺课。迟到 10 min 及以上者取消当次实验资格。因病或重大事情不能上实验课的，必须事先请假，以后与指导教师联系再补做所缺的实验。

(9) 实验课程结束后，学生应自觉完成值日任务。

(10) 要认真写好和及时递交实验报告。实验报告一般包括题目、日期、实验目的、实验原理、原始记录、结果(附计算公式)和讨论。上述各项内容的繁简应根据各实验的具体情况而定，以清楚、简练、整齐为原则。实验报告书写潦草者应重写。实验报告中的有些内容如原理、表格、计算公式等，要求在预习实验时准备好，其他内容则可在实验过程中以及实验完成后记录、计算和撰写。若抄袭他人或伪造实验数据，实验成绩记为“0”分。

实验指导教师在学生实验过程中起着主导作用。为此要求教师做到以下几点：

(1) 上好实验课。在首次实验课中，要强调实验的重要性，讲述整个实验安排、注意事项和成绩评定方法等。另外，应在设计实验之前集中讲授设计方案的原则和示例等。

(2) 认真做好指导实验的准备工作。例如，指出学生前次实验和实验报告中存在的问题，指出做好本次实验的关键及注意事项，检查学生预习实验的情况，传授实验基本知识，演示实验操作，通知下次实验内容等。

(3) 指导实验时，应坚守工作岗位，及时发现和指出学生的操作错误与不良习惯，集中精力指导实验，不做其他杂事。

(4) 仔细批改学生的实验报告并按时返回给学生，及时归纳学生实验和实验报告中存在的问题，以便下次实验前总结。

(5) 指导教师应积极支持学生有创新的实验活动，鼓励学生在确保安全的原则下尝试新内容、新方法。

实验成绩的评定包括：实验操作技能；预习情况及实验态度，实验结果的正确性与精密度；实验原理和实验基本知识的理解；实验报告的书写，实验结果的讨论；设计性或综合性实验完成水平。实验成绩的考核既要注意课程要求的全面性，又要注意各测定方法的特殊性，更要注意在实践过程中对学生解决问题能力的考核。具体评分标准(评分比例)为

实验报告、实验态度	30％
实验操作及技能	20％
设计实验水平	25％
实验知识考试	25％

学生学习期间如果有两次(含两次)以上无故不上实验课，则不能参加实验考核，实验课总成绩记为不合格，必须重修。

1.2　定量分析化学实验过程

1.2.1　分析样品的采集与保存

1. 分析样品的采集

试样的采集必须保证所取试样具有代表性,即分析试样的组成能代表整批物料的平均组成。否则,无论分析工作做得怎样认真、准确,所得结果也毫无实际意义,更有害的是提供了无代表性的分析数据,会给实际工作造成严重的混乱。因此,慎重地审查试样的来源,并采用正确的取样方法是非常重要的。

通常分析试样的聚集状态主要分气态、液态和固态三种类型。不同的试样类型有不同的特点,因而其采集的方式和要求也有差别。

1) 气体试样的采集

根据气体试样的性质和用量可以选用注射器、塑料袋或球胆、抽气泵等直接采样。对于大气污染物的测定,通常选择在距地面 50～180 cm 的高度用大气采样仪采样。采样时使空气通过适当的吸收剂,使被测组分通过吸收剂吸收浓缩后再进行测定。

2) 液体试样的采集

由于液体的流动性较大,试样内各组分的分布比较均匀,任意取一部分或稍加搅匀后取一部分即成为具有代表性的试样。考虑到工业废水、生活污水等对水质的污染而使组分的分布有所不同,在采集江河、湖泊水样时,应按有关规定在不同的地点和深度采样,所取样品按一定的规则混合后供分析用。

3) 固体试样的采集

固体试样通常可分为组成分布较均匀样和组成分布不均匀样两类。

(1) 组成分布较均匀样的采集。

金属及其制品的组成一般比较均匀。因此,对于片状或丝状试样,剪取一部分即可用于测定。对于钢锭和铸铁而言,由于生产过程中其表面和内部的凝固时间不同,其表面和内部的组成不均匀,采样时应将其表面清理,然后在不同的部位、不同的深度钻取碎屑,混合均匀后作为分析样。

盐类、化肥、农药和精矿等组成比较均匀,可从总体中按有关规定随机抽样,并将随机抽到的多个样混匀后供分析用。

(2) 组成分布不均匀样的采集。

矿石、煤炭、土壤等颗粒大小不等,硬度相差也大,组成极不均匀。若是堆成锥形,应从底部周围几个对称点向对顶点画线,再沿底线按均匀间隔、一定比例采样。若物料是用输送带运送的,可在带的不同横断面取若干份样品。若物料是用车(或船)运送的,可按散装固体随机抽样,再在每车(或船)中的不同部位多点采样,以克服运输过程中的偏析作用。取出份数越多，试样的组成越具有代表性，但处理时所耗人力、物力将大大增加。

根据经验，平均试样采取量与试样的均匀度、粒度、易破碎度有关，可按下面经验采样公式估算：

$$Q=Kd^2 \tag{1-1}$$

式中，Q 为采取平均试样的最低质量，kg；d 为试样中最大颗粒的直径，mm；K 为表征物料特性的缩分系数，可由实验求得，一般为 0.1～1。

由式(1-1)可知，样品的颗粒越大，采样量应越多。为减少采样量，常将原始试样进行破碎、过筛、混匀和缩分。

用机械或人工方法把试样逐步破碎，一般分为粗碎、中碎和细碎等阶段。在破碎过程中，要尽量避免由于设备的磨损或不干净等而混进杂质，试样每次破碎后应进行过筛操作。在过筛时，通不过筛孔的颗粒绝不能丢弃，因为这部分不易研细的颗粒往往具有不同的组成，所以必须反复研磨，使所有细粒都通过筛孔。经过细碎后的试样应全部通过 100～200 目的筛孔。

试样每经过一次破碎后，使用机械或人工方法取出一部分有代表性的试样，再进行下一步处理，这样就可以将试样量逐渐缩小，这个过程称为缩分。常用的缩分方法为四分法。

四分法取样是将采集来的样品充分混合后堆成一堆，从锥顶向下画一个十字，将十字对角的两份取出，进一步破碎、过筛后混合均匀并堆成一堆，如上所述进一步缩分，直至达到需要的细度和数量为止。潮湿的样品应先风干或烘干，以免堵塞筛孔。

2. 分析样品的保存

分析样品按其成分的稳定性来分，可分为稳定样品和不稳定样品，不稳定样品中待测组分的含量可能因某种原因会随着时间的变化而变化。例如，生物样品、食品等可能因为样品中微生物等的作用而发生变质；盛于容器中的水样可能因为容器壁的吸附作用、离子交换作用，水体中微生物的新陈代谢作用，化学作用或物理化学作用等而发生一系列的变化。这些变化可能导致检测数据失去真实性、可靠性、代表性，造成错误的结论和评价。

对于稳定性较差的样品，应按有关规定对样品进行及时处理和分析，对于不能及时分析的样品，应根据情况采取恰当的保存方法进行保存处理。例如，将样品冷藏以抑制微生物的活动，减缓物理和化学作用的速率；加入保存剂（如微生物抑制剂、强酸、强碱、氧化剂、还原剂等）增加待测组分的稳定性；密封、干燥以防止样品受潮等。

1.2.2　分析样品的分解

根据分解试样时所用试剂的不同，分解方法可分为湿法和干法。湿法是用酸、碱或盐的溶液来分解试样，干法则是用固体盐、碱来熔融或烧结分解试样。

1. 酸分解法

酸较易提纯，过量的酸（除磷酸外）较易除去，分解时不引进除氢离子以外的阳离子，操作简单，使用温度低，对容器腐蚀性小，因此酸分解法应用较广。酸分解法的缺点是对某些矿物质的分解能力较差，某些元素可能挥发损失。

1）盐酸

浓盐酸的沸点为 108 ℃，故溶解温度最好低于 80 ℃，否则盐酸蒸发太快，试样分解不完全。

易溶于盐酸的物质有 Fe、Co、Ni、Cr、Zn 以及普通钢铁、高铬钢、多数金属氧化物（如 MnO_2、Pb_3O_4、Fe_2O_3 等）、过氧化物、氢氧化物、硫化物、碳酸盐、硼酸盐等。

不溶于盐酸的物质包括灼烧过的 Al、Be、Cr、Fe、Ti、Zr 和 Th 的氧化物，SnO_2，Sb_2O_5，Nb_2O_5，Ta_2O_5，磷酸锆，独居石，磷钇矿，锶、钡和铅的硫酸盐，尖晶石，黄铁矿，汞和某些金属的硫化物，铬铁矿，铌和钽矿石以及各种钍和铀的矿石。

As(Ⅲ)、Sb(Ⅲ)、Ge(Ⅳ)、Se(Ⅳ)、Hg(Ⅱ)、Sn(Ⅳ)、Re(Ⅷ)容易从盐酸溶液中（特别是加热时）挥发失去。在加热溶液时，试样中的其他挥发性酸（如 HBr、HI、HNO_3、H_3BO_3）和 SO_3 也会失去。

2）硝酸

易溶于硝酸的物质包括：除金和铂系金属及易被硝酸钝化的金属，晶质铀矿（UO_2）和钍石（ThO_2），铅矿，几乎所有铀的原生矿物，碳酸盐、磷酸盐、钡酸盐、硫酸盐。

硝酸不宜用于分解氧化物以及元素 Se、Te、As。很多金属浸入硝酸时形成不溶的氧化物保护层，因而不被溶解，这些金属包括 Al、Be、Cr、Ga、In、Nb、Ta、Th、Ti、Zr 和 Hf。而 Ca、Mg、Fe 能溶于较稀的硝酸。

3）硫酸

浓硫酸可分解硫化物、砷化物、氟化物、磷酸盐、锑矿物、铀矿物、独居石、萤石等。它还广泛用于氧化金属 Se、As、Sn 和 Pb 的合金及各种冶金产品，但铅会沉淀为 $PbSO_4$。溶解完全后，能方便地借加热至冒烟的方法除去部分剩余的酸，但这样做将失去部分砷。硫酸还经常用于溶解氧化物、氢氧化物、碳酸盐。由于硫酸钙的溶解度低，因此不适于溶解以钙为主要组分的物质。

4）磷酸

磷酸可用来分解许多硅酸盐矿物、多数硫化物矿物、天然的稀土元素磷酸盐、四价铀和六价铀的混合氧化物。磷酸最重要的分析应用是测定铬铁矿、铁氧体和各种不溶于氢氟酸的硅酸盐中的二价铁。

尽管磷酸有很强的分解能力，但通常仅用于一些单项测定，而不用于系统分析。磷酸与许多金属甚至在较强的酸性溶液中也能形成难溶的盐，给分析带来许多不便。

5）高氯酸

温热或冷的稀高氯酸水溶液不具有氧化性。较浓的高氯酸（60%～72%）虽然冷时没有氧化能力，但热时是强氧化剂。纯高氯酸是极其危险的氧化剂，放置时极易爆炸，因而绝不能使用。操作高氯酸、水和乙酸酐或浓硫酸等脱水剂的混合物时应格外小心，当高氯酸与性质不明的化合物混合时也应极为小心。

热的浓高氯酸几乎与所有的金属（除金和一些铂系金属外）发生反应，并将金属氧化为最高价态，只有铅和锰呈较低氧化态，即Pb（Ⅱ）和Mn（Ⅱ）。但在此条件下，Cr不被完全氧化为Cr（Ⅵ）。若在溶液中加入氯化物可保证所有的铱都呈四价。高氯酸还可溶解硫化物矿、铬铁矿、磷灰石、三氧化二铬以及钢中夹杂的碳化物。

6）氢氟酸

氢氟酸分解极其广泛地应用于分析天然或工业生产的硅酸盐，同时适用于许多其他物质，如Nb、Ta、Ti和Zr的氧化物，Nb和Ta的矿石及含硅量低的矿石。另外，含钨铌钢、硅钢、稀土、铀等矿物也均易用氢氟酸分解。

许多矿物用氢氟酸分解有困难，包括石英、绿柱石、锆石、铬铁矿、黄玉锡石、刚玉、黄铁矿、蓝晶石、十字石、黄铜矿、磁黄铁矿、红柱石、尖晶石、石墨、金红石、硅线石和某些电气石。

7）混合酸

混合酸常能起到取长补短的作用，有时还会具有更强的溶解能力。王水（$V_{HNO_3}:V_{HCl}=1:3$）可分解贵金属和辰砂、镉、汞、钙等多种硫化矿物，也可分解铀的天然氧化物、沥青铀矿和许多其他的含稀土元素、钍、锆的衍生物，以及某些硅酸盐、钒矿物、彩钼铅矿、钼钙矿、大多数天然硫酸盐类矿物。

磷酸-硝酸：可分解铜和锌的硫化物和氧化矿物。

磷酸-硫酸：可分解许多氧化矿物，如铁矿石和一些对其他无机酸稳定的硅酸盐。

高氯酸-硫酸：适于分解铬尖晶石等很稳定的矿物。

高氯酸-盐酸-硫酸：可分解铁矿、镍矿、锰矿石。

氢氟酸-硝酸：可分解硅铁、硅酸盐及含钨、铌、钛等的试样。

2. 熔融分解法

用酸或其他溶剂不能分解完全的试样，可用熔融的方法分解。此法是将熔剂和试样混合后，于高温下将试样转变为易溶于水或酸的化合物。熔融方法需要高温设备，且引进大量熔剂的阳离子和坩埚物质，这对有些测定是不利的。

1) 熔剂分类

碱性熔剂：如碱金属碳酸盐及其混合物、硼酸盐、氢氧化物等。

酸性熔剂：包括酸式硫酸盐、焦硫酸盐、氟氢化物、硼酐等。

氧化性熔剂：如过氧化钠、碱金属碳酸盐及氧化剂混合物等。

还原性熔剂：如氧化铅和含碳物质的混合物、碱金属和硫的混合物、碱金属硫化物和硫的混合物等。

2) 选择熔剂的基本原则

一般说来，酸性试样采用碱性熔剂，碱性试样采用酸性熔剂，氧化性试样采用还原性熔剂，还原性试样采用氧化性熔剂，但也有例外。

3) 常用熔剂简介

(1) 碳酸盐。通常用 Na_2CO_3 或 $KNaCO_3$ 作熔剂来分解矿石试样，如分解钠长石、重晶石、铌钽矿、铁矿、锰矿等。熔融温度一般为 900～1000 ℃，时间为 10～30 min，熔剂和试样的比例[熔剂的体积(mL)与试样的质量(g)比]因不同的试样而有较大区别，如对铁矿或锰矿为 1∶1，对硅酸盐约为 5∶1，对一些难熔的物质如硅酸锆、釉和耐火材料等则为 10∶1～20∶1。熔融操作通常用铂坩埚。

碳酸盐熔融法的缺点是一些元素会挥发失去，汞和铊全部挥发，硒、砷、碘在很大程度上失去，氟、氯、溴损失较小。

(2) 过氧化钠。过氧化钠常被用来溶解极难溶的金属和合金、铬矿以及其他难以分解的矿物，如钛铁矿、铌钽矿、绿柱石、锆石和电气石等。

缺点是过氧化钠不纯且不能进一步提纯，一些坩埚材料常混入试样溶液中。为克服此缺点，可加 Na_2CO_3 或 NaOH。500 ℃以下可用铂坩埚，600 ℃以下可用锆或镍坩埚。可能采用的材料还有铁、银和刚玉。

(3) 氢氧化钠(钾)。碱金属氢氧化物熔点较低(如 NaOH 熔点为 318 ℃，KOH 熔点为 360 ℃)，熔融时可在比碳酸盐熔点低得多的温度下进行。对硅酸盐(如高岭土、耐火土、灰分、矿渣、玻璃等)特别是对铝硅酸盐熔融十分有效。此外，还可用来分解铅、钒、Nb、Ta、硼矿物、许多磷酸盐以及氟化物。

对氢氧化物熔融，镍坩埚和银坩埚优于其他坩埚。熔剂用量与试样量比为 8∶1～10∶1。此法的缺点是熔剂易吸潮，因此熔融时易发生喷溅现象。优点是速度快，而且固化的熔融物容易溶解，F^-、Cl^-、Br^-、As、B 等也不会损失。

(4) 焦硫酸钾(钠)。焦硫酸钾可用 $K_2S_2O_7$ 或 $KHSO_4$ 脱水而得。熔融时温度不应太高，持续的时间也不应太长。如果试样很难分解，最好不时冷却熔融物，并加数滴浓硫酸，尽管这样做不十分方便。

对 BeO、FeO、Cr_2O_3、Mo_2O_3、Tb_2O_3、TiO_2、ZrO_2、Nb_2O_5、Ta_2O_5 和稀土氧化物以及这些元素的非硅酸盐矿物，如钛铁矿、磁铁矿、铬铁矿、铌铁矿、钽铁矿等，焦硫酸盐熔融特别有效。铂和熔凝石英是进行这类熔融常用的坩埚材料，前者略被腐蚀，后者较好。熔剂的体积(mL)与试样的质量(g)之比为 15 ∶ 1。焦硫酸盐熔融不适于许多硅酸盐，此外，锡石、锆石和磷酸锆也难以分解。焦硫酸盐熔融的应用范围因许多元素的挥发损失而受到限制。

在熔融分解过程中，一些常用坩埚及其使用条件见表 1-1。

表 1-1 常用坩埚及其使用条件

坩埚材料	最高使用温度/℃	适用试剂	备注
瓷	1100	除氢氟酸、强碱、碳酸钠、焦硫酸盐外都可用	膨胀系数小，耐酸，价廉
刚玉	1600	碳酸钠、硫代硫酸钠	耐高温，质坚，易碎，不耐酸
铂	1200	熔融碱、氢氟酸	质软，易划伤
银	700	苛性碱及熔融过氧化钠	高温时易氧化，不耐酸，尤其不能接触热硝酸
镍	900	过氧化钠及熔融碱	价廉，可替代银坩埚使用，不易氧化
铁	600	过氧化钠等	价廉，可替代镍坩埚使用
石英	1000	焦硫酸钾、硫酸氢钾等	不可使用氢氟酸、苛性碱
聚四氟乙烯	200	各种酸、碱	主要代替铂坩埚用于氢氟酸分解试样

1.2.3 分析方法的选择

一种组分可能有多种测定方法，如铁的测定就有氧化还原滴定法、配位滴定法、重量分析法以及分光光度法等，而分光光度法又有硫氰酸盐法、磺基水杨酸法和邻二氮菲法等。

一个理想的分析方法应该灵敏度高、精密度佳、准确度高、操作简便且快速，但实际上往往很难同时满足这些要求，因此在选择分析方法时应抓分析任务的主要矛盾，并进行综合分析。一般应根据如下几方面进行选择。

1. 测定的具体要求

首先明确测定的重点和要求，其中主要是需要测定的组分、准确度及完成测定的速度等。例如，对标样分析和成品分析，准确度是主要的；对高纯物质中痕量组分的测定，灵敏度是主要的；对生产过程中的控制分析，速率便成为主要考虑的问题。所选择的分析方法应是在能满足所要求准确度的前提下，测定步骤越简便、完成测定的时间越短越好。

2. 待测组分的性质

了解待测组分的性质，常有助于测定方法的选择。例如，酸碱性物质首先选用酸碱滴定法；大多数金属离子可用EDTA配位滴定法；有氧化或还原性质的物质可选用氧化还原滴定法；有适当沉淀剂的物质可选用沉淀滴定法。

3. 待测组分的含量范围

常量组分的测定一般用滴定分析法或重量分析法，因为这类分析方法相对误差可达千分之几，能达到测定准确度的要求。微量组分的测定应选用灵敏度较高的仪器分析方法，其相对误差一般为百分之几，虽然相对误差比较大，但已能满足微量分析的要求。

4. 共存组分的影响

在选择分析方法时，必须考虑共存组分对测定的影响，应尽量采用选择性较好、干扰较小的分析方法。如果没有适宜的方法，则应采取适当的分离方法，在除去干扰组分之后再进行测定。

5. 实验室的条件

选择分析方法还要根据实验室的具体设备条件、特效试剂的有无、标准试样的具备情况、仪器灵敏度的高低以及操作人员的技术素质等，综合加以考虑。

1.2.4　分析结果的计算

表示被测组分的含量，首先要确定被测组分的化学形式。可用元素形式表示，如C、H、O、Fe、Cu等；可用氧化物形式表示，如CaO、Fe_2O_3、SiO_2等；也可用离子或化合物形式表示，如SO_4^{2-}、NO_3^-、KCl、$CaCO_3$、$C_6H_{12}O_6$(葡萄糖)等。然后按照确定的形式对测定结果进行换算和表达，比较普遍的是以质量分数表示。组分B的质量分数的定义是：被测组分B的质量与试样的质量之比，即

$$w_B = m_B / m_s \tag{1-2}$$

式中，w_B为组分B的质量分数；m_B为被测组分B的质量；m_s为试样的质量。该质量分数常以百分数形式表示，如表示为$w_{NaCl}=16.05\%$。

对于液体试样，除了用质量分数表示外，还可用体积分数和质量浓度表示。体积分数就是被测组分B的体积与液体试样的体积之比，即

$$\varphi_B = V_B / V_s \tag{1-3}$$

式中，φ_B 为组分 B 的体积分数；V_B 为一定温度和压力下特定被测组分 B 的体积；V_s 为相同温度和压力下试样的体积；V_B 和 V_s 应取相同的体积单位。

质量浓度通常为 100 mL 试液中所含被测组分的质量(g)，即

$$\rho_B = (m_B / V_s) \times 100\% \tag{1-4}$$

式中，m_B 为被测组分 B 的质量，g；V_s 为试样的体积，mL。例如，质量浓度为 20.15% 的 NaCl 表示 100 mL 试样溶液中含 NaCl 20.15 g。

气体试样的测定结果一般也用体积分数表示。

此外，也常用物质的量浓度表示结果：

$$c_B = n_B / V_s \tag{1-5}$$

式中，c_B 为被测组分 B 的物质的量浓度，$mol \cdot L^{-1}$；n_B 为被测组分 B 的物质的量，mol；V_s 为试样体积，L。

1.2.5　分析化学的质量控制

1. 分析结果的可靠性

1）代表性

分析结果的代表性在很大程度上取决于试样的代表性。因此，在整个取样过程中应使获得的分析试样能反映实际情况，即具有时间、地点和环境影响等的代表性，只有这样分析结果才有意义。

2）准确性

准确性是反映分析方法或测量系统存在的系统误差的综合指标，它决定分析结果的可靠性。分析数据的准确性受到从试样的采集、保存、运输到实验室分析等环节的影响。

准确性的评价方法有标准试样分析、回收率测定、不同方法的比较。通过测定标准试样或以标准试样做回收率分析来评价分析方法和测量系统的准确度。当用不同分析方法对同一试样进行重复测定时，若所得结果一致，或经统计检验表明其不存在显著性差异时，则可认为这些方法都具有较好的准确度；若所得结果呈现显著性差异，则应以公认的可靠方法为准。

3）精密性

分析结果的精密性表示测定值有无良好的重现性和再现性，反映分析方法或测量系统存在的随机误差的大小。其中，表示精密度的重现性也可称为室内精密度，以绝对偏差和相对偏差表示，主要用于实验室内部的质量控制。再现性可称为室间精密度，即多个实验室测定同一试样的精密度，以相对平均偏差表示，主要用于实验室间的质控考核或实验室间的相互检验。

在考察精密度时还应注意以下几个问题：

(1) 分析结果的精密度与试样中待测物质的浓度水平有关，因此，必要时应取两个或两个以上不同浓度水平的试样进行分析方法精密度的检查。

(2) 精密度可因与测定有关的实验条件的改变而变动，通常由一整批分析结果中得到的精密度高于分散在一段较长时间里的结果的精密度。如可能，最好将组成固定的试样分为若干批以分散在适当长的时期内进行分析。

(3) 标准偏差的可靠程度受测量次数的影响，因此，对标准偏差做较好估计需要足够多的测量次数。

(4) 质量保证和质量控制中通常用分析标准溶液的方法来了解方法的精密度，这与分析试样的精密度可能存在一定的差异。

4) 可比性

可比性指用不同分析方法测定同一试样时所得结果的吻合程度。在标准试样为定值时，使用不同标准分析方法得出的数据应具有良好的可比性。可比性不仅要求各实验室之间对同一试样的分析结果应相互可比，也要求每个实验室对同一试样的分析结果应达到相关项目之间的数据可比，相同项目在没有特殊情况时，历年同期的数据也是可比的。在此基础上，还应通过标准物质的量值传递与溯源，实现国际间、行业间的数据一致、可比，以及大的环境区域之间、不同时间之间分析数据的可比。

5) 完整性

完整性强调工作总体规划的切实完成，即保证按预期计划取得有系统性和连续性的有效试样，而且无缺漏地获得这些试样的分析结果及有关信息。

分析结果的准确性、精密性主要突出在实验室内分析测试，而代表性、完整性则突出在现场调查、设计布点和采样保存等过程，可比性则是全过程的综合反映。分析数据只有达到代表性、准确性、精密性、可比性和完整性，才是真正正确可靠的，也才具有权威性和法律性。人们通常认为：错误的数据比没有数据更可怕，因为它会导致一系列错误的结论。为获得准确可靠的分析结果，世界各国都在积极制定和推行质量保证与质量控制计划。

2. 常规质量控制技术

通常使用的质量控制方法有平行样分析、加标回收分析、密码加标样分析、标准物比对分析、方法对照分析及质量控制图等。这些控制技术各有其特点和适用范围。

1) 平行样分析

指将同一试样的两份或多份子样在完全相同的条件下进行同步分析，一般是做双份平行。平行样分析反映的是分析结果的精密度。平行双样应根据试样的复杂程度、所用方法、仪器精密度和操作技术水平，随机抽取 10%～20%的试样进行平行双样的测定。一批试样数量较少时，应增加分析率，保证每批试样至少测定一份平行双样。现场平行双样要以密码方式分散在整个分析过程，不得集中分析平行双样。平行双样测定结果的精密度应符合方法给定的室内标准偏差的要求，或按方法允许差判断，也可按下述原则进行数据取舍。

样品平行样的相对偏差不大于6%；密码平行样的相对偏差不大于10%；每批试样平行样合格率在90%以上时，分析结果有效，超差的取平行双样均值报出。平行双样合格率为70%～90%时，应随机抽取30%的试样进行复查，复查结果与原结果总合格率达90%以上时，分析结果有效；平行双样合格率为50%～70%时，应复查50%的试样，累计合格率达90%时，分析结果有效，否则需查清原因后加以纠正或重新采样。平行双样合格率小于50%时，该分析结果不能接受，需要重新采样。

2）加标回收分析

加标回收分析用于反映分析结果的准确度。当按照平行加标进行回收率测定时，所得结果既可以反映分析结果的准确度，也可以判断其精密度。加标回收率的测定可以和平行样的测定率相同，按随机抽取10%～20%的试样量做加标回收分析，所得结果可按方法规定的水平进行判断，或在质量控制图中检验。两者都无依据时，可按95%～105%的域限做判断。

3）密码加标样分析

由质控人员在随机抽取的常规试样中加入适量标准物质（或标准溶液），与试样同时交付分析人员进行分析，由质控人员计算加标回收率，以控制分析结果的精密度和准确度。密码加标样分析是一种他控方式的质量控制技术。

4）标准物比对分析

实验室可应用权威部门制备和分发的标准物质或标准合成样进行比对分析，即在进行试样分析的同时，平行对它们进行分析，并将此分析结果与已知浓度进行对照，以控制分析结果的准确度。除了使用标准物质或标准合成样外，还可将平行样或加标样的一部分或全部由他人编号作为密码样，混在试样中交分析人员进行测定，最后由编码人按平行双样加标回收率的合格要求核查其分析结果，以检查其分析质量。

由于标准物质的品种、规格所限，选用的标准物质的基体和浓度水平常常难以与试样中待测物质浓度以及同批试样的多样性等相匹配，所以使用标准物质比对分析以控制工作质量时，也存在着明显的局限性。

5）方法对照分析

应用具有可比性的不同分析方法对同一试样进行分析，将所得测定值互相比较，根据其符合程度估计测定的准确度。在比较实验中，由于采用的分析方法不同，甚至操作人员也不同，误差不能抵消，故方法对照分析比应用加标回收率实验判断测定的准确度更为可靠。对于难度较大而不易掌握的分析方法，或对测定结果有争议的试样，常应用比较实验。必要时还可进一步实行交换操作者、交换仪器设备，或两者都进行交换，将所得结果加以比较，以检查操作稳定性和发现问题。

6）质量控制图

分析质量控制图（graphy of quality control）是保证分析质量的有效措施之一。质量控制图有三个作用：①质量控制图是测量系统性能的系统图表记录，可用来证实测量系统是否处于统计控制状态之中；②质量控制图能直观地描述数据质量的变化情况，监视分析过程，及时发现分析误差的异常变化或变化趋势，判断分析结果的质量是否异常，从而采取必要的措施加以纠正；③质量控制图可累积大量的数据，从而得到比较可靠的置信限。

质量控制图建立在实验数据分布接近于正态分布（高斯分布）的基础上，把分析数据用图表形式表现出来。在理想条件下，一组连续测试结果从概率意义上来说，有 99.7%的概率落在 $\bar{x}\pm 3s$（上、下控制限——UCL、LCL）内，95.4%应在 $\bar{x}\pm 2s$（上、下警告限——UWL、LWL）内，68.3%应在 $\bar{x}\pm s$（上、下辅助线——UAL、LAL）内。以测定结果为纵坐标，测定顺序为横坐标，预期值为中心线：$\pm 3s$ 为控制限，表示测定结果的可接受范围；$\pm 2s$ 为警告限，表示测定结果目标值区域，超过此范围给予警告，应引起注意；$\pm s$ 为检查测定结果质量的辅助指标所在区间。质量控制图的基本组成如图 1-1 所示。

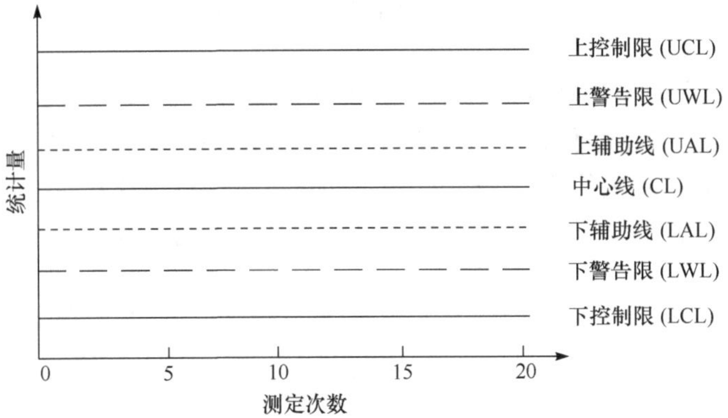

图 1-1　质量控制图的基本组成

各种质量控制技术特性及相互比较见表 1-2。

表 1-2　质量控制技术特性及相互比较

质量控制技术	质量控制方式	技术及特征	技术局限性
平行样分析	自控	反映批内结果精密度	不能反映结果的准确度
空白试样	自控	有助于发现异常值	空白结果的偏高或异变，不意味着测定结果准确度受到影响
加标回收分析	自控	检查准确度，可显示系统误差的某些来源，消除相同试样基体效应的影响	只能对相同试样测定结果的精密度和准确度做出孤立点统计，当加标物形态与待测物不同时，常掩盖误差而造成判断失误
方法对照分析	自控	能有效地反映测试结果的精密度与准确度	只能对测试质量做出孤立点统计，几种方法同时使用有困难
密码加标样分析	他控	检查准确度，可显示系统误差的某些来源，可消除相同试样基体效应的影响	只能对相同试样测定结果的精密度和准确度做出孤立点统计，当加标物形态与待测物不同时，常掩盖误差而造成判断失误
标准物比对分析	自控及他控	当标准物质组成及形态与试样相同时，能反映同批试样测定结果的准确度	对同批测定结果的质量仅能给出孤立点的统计，当标准物质的组成和形态与试样不同时，难以确切地反映测试质量
质量控制图	自控及他控	可发现分析过程中的异常现象，对每天工作方法的准确度和精密度进行评价，说明测试数据是有效、可疑，还是无效	只有当分析结果符合正态分布时，质量控制图才有效

1.3　分析实验室用水

在分析工作中经常要用到水，什么样的水才能符合要求呢？大家知道，自来水是将天然水经过初步净化处理制得的，它仍然含有各种杂质，主要有各种盐类、有机物、颗粒物质和微生物等，因此只能用于初步洗涤仪器、作冷却或加热浴用水等，不能用于配制溶液及分析工作。为此，需要将水纯化，制备能满足分析实验室工作要求的纯水。

实验室用水可视为用量最大的试剂，具有一定的级别，并有相应的国家标准规定其质量。不同的分析方法如化学分析和仪器分析、常量分析和痕量分析等，要求使用不同级别的纯水。

关于目前市场上出售的作为饮用水的“纯净水”能否作为实验室的分析用水，主要看其经过检验后是否达到国家标准规定的分析实验室用水规格，达到此标准规定的水方可用于分析工作。

1.3.1　源水的杂质

纯水由源水净化制得，了解源水所含杂质对选择纯化方法和制水的工艺流程、解决纯水设备因杂质污染而产生的故障很重要。水中的杂质一般可分为 5 类。

1. 电解质

水中电解质包括可溶性无机物、有机物及带电的胶体粒子等。

其中阳离子有 H^+、Na^+、K^+、Mg^{2+}、Ca^{2+}、Fe^{2+}、Fe^{3+}、Al^{3+} 等，阴离子有 OH^-、HCO_3^-、SO_4^{2-}、Cl^-、NO_3^-、PO_4^{3-}、$HSiO_3^-$、有机酸（腐殖酸、烷基苯磺酸等）离子。

由于电解质杂质的存在，水的电导率增加。测量水的电导率可以反映天然水中电解质杂质的含量。

电导率为电阻率的倒数，单位为西门子每厘米（$S \cdot cm^{-1}$）。水的电阻率是指某一温度下边长为 1 cm 的立方体水的电阻，单位为欧姆厘米（$\Omega \cdot cm$）。

虽然测量水的电导率再换算出水的总溶解性盐的含量的方法需做某些假设，且带有一定的经验性及误差，但仍具有实用价值。表 1-3 给出的水的电导率、电阻率与溶解固体含量的关系，可供制备纯水及检验水质时参考。水中各种阴、阳离子的含量可以用离子色谱法及原子吸收光谱等分析方法测定。

表 1-3　水的电导率、电阻率与溶解固体含量的关系

电导率（25 ℃）/（$\mu S \cdot cm^{-1}$）	电阻率（25 ℃）/（$\Omega \cdot cm$）	溶解固体/（$mg \cdot L^{-1}$）	电导率（25 ℃）/（$\mu S \cdot cm^{-1}$）	电阻率（25 ℃）/（$\Omega \cdot cm$）	溶解固体/（$mg \cdot L^{-1}$）
0.056	18×10^6	0.028	20.00	5.00×10^4	10
0.100	10×10^6	0.050	40.00	2.50×10^4	20
0.200	5×10^6	0.100	100.0	1.00×10^4	50
0.500	2×10^6	0.250	200.0	5.00×10^3	100
1.00	1×10^6	0.5	400.0	2.5×10^3	200
2.00	0.5×10^6	1	1000	1.0×10^3	500
4.00	0.25×10^6	2	1666	0.6×10^3	833
10.00	0.100×10^6	5			

2. 有机物

水中所含有机物主要指天然或人工合成的有机物质，如有机酸、有机金属化合物等。这些有机物体积庞大，常以阴性或中性状态存在，通常用化学耗氧量法或总有机碳测定仪测定其含量。

3. 颗粒物质

水中的颗粒物质包括泥沙、尘埃、有机物、微生物及胶体颗粒等，可用颗粒计算器测定其含量。

4. 微生物

水中的微生物包括细菌、浮游生物和藻类等。微生物可用膜过滤法和培养法定量测定。

5. 溶解气体

水中的溶解气体包括 N_2、O_2、Cl_2、H_2S、CO、CO_2、CH_4 等，可用气相色谱及化学法测定其含量。

1.3.2　水的纯化方法

实验室使用纯水可以用蒸馏法制备，但由于能耗大，不适于大量制备。工厂生产的蒸馏水由于设备及工艺等原因往往不能直接用作分析实验室用水，需要经过离子交换法进一步纯化。水的净化是一个多级过程(表 1-4)，每一级都除掉一定种类的污物，为下一级净化做准备。一般化学分析用纯水可以只经过离子交换脱除杂质离子。

表 1-4　高纯水纯化工序

工序	预处理	脱盐	后处理
去除物	悬浮物、有机物	各种盐类	细菌、颗粒
方法	沙滤、膜过滤、活性炭吸附	电渗析、反渗透、离子交换	紫外线杀菌、臭氧杀菌、超过滤、微孔过滤

1. 离子交换

离子交换树脂是一种不溶于水的高分子离子交换剂，当水通过离子交换柱时，水中的杂质阳离子和阴离子被离子交换树脂吸附，相同电荷的离子等量地释放到水中，达到纯化水的目的。

氢型阳离子交换树脂和氢氧型阴离子交换树脂能分别除去水中的阳离子杂质和阴离子杂质，交换下来的 H^+ 和 OH^- 结合成为水。当树脂失效后，可以用酸和碱溶液再生，树脂能较长时期反复使用。

离子交换法制备纯水的优点是成本低，出水的电解质含量很低，电导率低，其局限是不能除去非电解质的胶态物质和有机物。

2. 电渗析

电渗析是一种膜分离技术。利用离子交换膜的选择性透过，在外加直流电场作用下，使一部分水中的离子迁移到另一部分水中，生成一部分纯化水（淡水），排放另一部分浓缩的盐水。

目前生产的电渗析仪器操作简便，能自动运行，出水稳定，脱盐率在 90％以上。作为离子交换法的前级使用，比单独使用离子交换法节约费用 50％～90％。

3. 反渗透

反渗透是一种膜分离技术，分离物质的粒径为 0.001～0.01 μm，一般为相对分子质量小于 500 的低分子。

在纯水制备技术中，广泛采用反渗透作为预脱盐的主要工序，它的脱盐率在 90％以上，可减轻离子交换树脂的负荷。反渗透能有效地去除细菌等微生物及铁、锰、硅等无机物，因而可减轻这些杂质引起的离子交换树脂的污染。其缺点是装置的价格较贵，需要高压泵及高压管路，源水只有 50％～75％被利用。

4. 超过滤和微孔过滤

高纯水系统的终端后处理多采用膜过滤或超过滤来截留水中的颗粒。超过滤是一种筛孔分离过程，截留的颗粒粒径范围为 0.001～5 μm，相当于相对分子质量大于 500 的各种微粒、胶体、有机物、细菌、热原质等物质，但不能截留无机离子。

超过滤膜是一种不对称半透膜，常用的有醋酸纤维素膜和聚砜膜。操作压力一般为 0.2～0.4 MPa（$2\sim4\ kg\cdot cm^{-2}$）。

微孔过滤又称为精密过滤。微孔滤膜具有较整齐、均匀的多孔结构，小于膜孔的粒子通过滤膜，大于膜孔的粒子阻拦在膜上。孔径 3～20 μm 的微孔滤膜用于制水的前处理。0.22 μm 及 0.5 μm 的滤膜用于制高纯水的最后一级过滤。

微孔滤膜最常用的有：醋酸纤维素膜，亲水性好；聚酰胺膜，耐碱而不耐酸；聚四氟乙烯膜，耐高温，耐强酸、强碱及各种溶剂，强憎水性。

5. 活性炭吸附

活性炭是水纯化中广泛使用的吸附剂，有粒状和粉状两种结构，在活化过程中，晶格间生成很多微细孔，比表面积为 $500\sim1500\ m^2\cdot g^{-1}$，吸附能力很强。活性炭能吸附相当多的无机和有机物质，氯比有机物更易被活性炭吸附。活性炭对有机物的吸附有选择性，易被吸附的有机物有芳香溶剂、氯代芳香烃、酚和氯酚、CCl_4、农药、高分子染料等。

在高纯水的制造过程中，活性炭吸附柱可放在阳离子交换柱之前使用，用于除去氧化性物质和有机物，保护离子交换床。要防止活性炭粉末污染纯水系统，在后面要加微孔过滤器。

活性炭的使用方法：粉状活性炭用清水浸泡清洗，装柱，用 3 倍体积的 2% HCl 和 4% NaOH 动态交替处理 1～3 次（流速 18～21 $m^3 \cdot h^{-1}$），每次处理后均淋洗至中性。进水应先除去悬浮物和胶体，失效后可以在 540～960 ℃条件下再生。

6. 紫外线杀菌

微生物能污染纯水系统，因此应经常进行杀菌以防止微生物生长。杀菌的方法有加杀菌剂（如甲醛、次氯酸钠、双氧水等）、紫外线照射和臭氧处理等。紫外线照射可以抑制细菌繁殖并可杀死细菌，杀菌速度快、效率高、效果好，在高纯水制备中已广泛应用。

紫外线杀菌装置采用低压汞灯、石英套管。低压汞灯的辐射光谱能集中在杀菌力最强的 253.7 nm。在杀菌器后安装滤膜孔径小于等于 0.45 μm 的过滤器可以滤除细菌尸体（因绝大部分细菌或细菌尸体的直径大于 0.45 μm）。

各种水处理工艺除去水中杂质的能力列于表 1-5 中。

表 1-5 各种水处理工艺除去水中杂质的能力

工艺	过滤	活性炭、大孔树脂吸附	电渗析	反渗透	复床	离子交换	紫外线杀菌	膜过滤	超过滤	蒸馏
悬浮物质	好									
胶体（>0.1 μm）		一般	好	很好				好	很好	很好
胶体（<0.1 μm）			好	很好				一般	很好	很好
微粒（>0.2 μm）		一般		很好				很好	很好	很好
低相对分子质量溶解性有机物		好		好	一般	一般		一般		
高相对分子质量溶解性有机物	一般	好	一般	很好	一般	一般		很好		
溶解性无机物			很好	很好	很好	很好				很好
微生物		一般					好	很好	好	很好
细菌		一般					很好	很好	很好	很好
热原质							好		好	很好

1.3.3 分析实验室用水的规格和选用

我国国家标准 GB 6682—2008《分析实验室用水规格和试验方法》将适用于化学分析和无机痕量分析等的实验用水分为三个级别：一级水、二级水和三级水。

表 1-6列出了各级分析实验室用水的规格。

表 1-6　分析实验室用水的规格

项目	一级水	二级水	三级水
外观(目测)	无色透明液体		
pH 范围(25 ℃)	—①	—①	5.0～7.5
电导率(25 ℃)/($mS \cdot m^{-1}$)	≤0.01②	≤0.10②	≤0.50
可氧化物质[以(O)计]/($mg \cdot L^{-1}$)	—③	≤0.08	≤0.4
吸光度(254 nm,1 cm 光程)	≤0.001	≤0.01	—
蒸发残渣(105±2) ℃/($mg \cdot L^{-1}$)	—③	≤1.0	≤2.0
可溶性硅(以 SiO_2 计)/($mg \cdot L^{-1}$)	<0.01	<0.02	—

① 在一级水、二级水的纯度下难于测定其真实的 pH,因此,对一级水、二级水的 pH 范围不做规定。

② 一级水、二级水的电导率需用新制备的水在线测定。

③ 在一级水的纯度下难于测定可氧化物质和蒸发残渣,因此对其限量不做规定。可用其他条件和制备方法来保证一级水的质量。

经过各种纯化方法制得的各种级别的分析实验室用水,纯度越高,要求储存的条件越严格,成本也越高,应根据不同分析方法的要求合理选用。表 1-7 列出了国家标准中规定的各级水的制备方法、储存条件及使用范围。

表 1-7　分析实验用水制备、储存及使用

级别	制备与储存①	使用
一级水	可用二级水经过石英设备蒸馏或离子交换混合床处理后,再经过 0.2 μm 微孔滤膜过滤制取;不可储存,使用前制备	有严格要求的分析实验,包括对颗粒有要求的实验,如高压液相色谱分析用水
二级水	可用多次蒸馏或离子交换等方法制取;储存于密闭的专用聚乙烯容器中	无机痕量分析等实验,如原子吸收光谱分析用水
三级水	可用多次蒸馏或离子交换等方法制取;储存于密闭的专用聚乙烯容器中,也可使用密闭的专用玻璃容器储存	一般化学分析实验

① 储存水的新容器在使用前需用盐酸溶液(20%)浸泡 2～3 天,再用待储存的水反复冲洗,然后注满,浸泡 6 h 以上方可使用。

1.4　化学试剂及有关知识

1.4.1　化学试剂的分类

化学试剂的种类很多,世界各国对化学试剂的分类和分组的标准不尽一致,各国都有自己的国家标准及其他标准(行业标准、学会标准等)。我国化学试剂产品有国家标准(GB)、化工行业标准(HG)及企业标准(QB)三级。

化学试剂产品已有数千种,有分析试剂、仪器分析专用试剂、指示剂、有机合成试剂、生化试剂、电子工业专用试剂、医用试剂等。随着科学技术和生产的发展,新的试剂种类还将不断产生,但至今为止还没有统一的分类标准。

此外,还有各种专门用途的试剂,如标准试剂、一般试剂、高纯试剂、专用试剂等。这里仅对常用试剂做简单介绍。

1. 标准试剂

标准试剂是用于衡量其他(待测)物质化学量的标准物质。标准试剂的特点是主体含量准确可靠,其产品一般由大型试剂厂生产,并严格按国家标准检验。主要国产标准试剂的种类及用途列于表 1-8 中。

表 1-8 主要国产标准试剂的种类与用途

类别	主要用途
滴定分析第一基准试剂	工作基准试剂的定值
滴定分析工作基准试剂	滴定分析标准溶液的定值
杂质分析标准溶液	仪器及化学分析中作为微量杂质分析的标准
滴定分析标准溶液	滴定分析法测定物质的含量
一级 pH 基准试剂	pH 基准试剂的定值和高精密度 pH 计的校准
pH 基准试剂	pH 计的校准(定位)
热值分析试剂	热值分析仪的标定
色谱分析标准	气相色谱法进行定性和定量分析的标准
临床分析标准溶液	临床化验
农药分析标准	农药元素
有机元素分析标准	有机物元素分析

2. 一般试剂

一般试剂是实验室最普遍使用的试剂,一般可分为四个等级及生化试剂。一般试剂的分级、英文符号、适用范围及标签颜色列于表 1-9 中。指示剂也属于一般试剂。

表 1-9　一般试剂的分级、英文符号、适用范围及标签颜色

级别	中文名称	英文符号	适用范围	标签颜色
一级	优级纯（保证试剂）	G. R.	精密分析实验	绿色
二级	分析纯（分析试剂）	A. R.	一般分析实验	红色
三级	化学纯	C. P.	一般化学实验	蓝色
四级	实验试剂	L. R.	一般化学实验辅助试剂	棕色或其他颜色
生化试剂	生化试剂	B. R.	生物化学及医用化学实验	咖啡色

3. 高纯试剂

高纯试剂的特点是杂质含量低(比优级纯、基准试剂都低)，主体含量一般与优级纯试剂相当，而且规定检测的杂质项比同种优级纯或基准试剂多 1～2 倍。高纯试剂主要用于微量分析中试样的分解及试液的制备。

高纯试剂多属于通用试剂(HCl、$HClO_4$、$NH_3 \cdot H_2O$、Na_2CO_3 等)。目前只有 8 种高纯试剂颁布了国家标准，其他产品一般执行企业标准。高纯试剂在标签上标有“特优”或“超优”试剂字样。

4. 专用试剂

专用试剂是指有特殊用途的试剂，如仪器分析中色谱分析标准试剂、气相色谱载体及固定液、液相色谱填料、薄层色谱试剂、紫外及红外光谱纯试剂、核磁共振分析用试剂等。与高纯试剂相似之处是，专用试剂不仅主体含量较高，而且杂质含量很低。它与高纯试剂的区别是，在特定的用途(如发射光谱分析)中有干扰的物质成分只需控制在不致产生明显干扰的限度以下。

此外，根据特殊的工作目的，还有一些特殊的纯度标准，如光谱纯、荧光纯、半导体纯等。取用时应按不同的实验要求选用不同规格的试剂。

1.4.2　化学试剂的合理选用

应根据不同的工作要求合理地选用相应级别的试剂。因为试剂的价格与其级别、纯度关系很大，在满足实验要求的前提下，选用试剂的级别就低不就高。痕量分析要选用高纯或优级纯试剂，以降低空白值和避免杂质干扰，同时，对所用的纯水的制取方法和仪器的洗涤方法也应有特殊的要求。化学分析可使用分析纯试剂。有些教学实验如酸碱滴定也可用化学纯试剂代替，但配位滴定最好选用分析

纯试剂，因试剂中有些杂质如金属离子封闭指示剂，使终点难以观察。

对分析结果准确度要求高的工作，如仲裁分析、进出口商品检验、试剂检验等，可选用优级纯、分析纯试剂。车间控制分析可选用分析纯、化学纯试剂。制备实验、冷却浴或加热浴用的药品可选用工业品。

化学试剂虽然都按国家标准检验，但不同制造厂或不同产地的化学试剂在性能上有时表现出某种差异。有时因原料不同，非控制项目的杂质会造成干扰或使实验出现异常现象，故在做科学实验时要注意产品厂家。另外，在标签上都印有批号，不同批号的产品因其制备条件不同，性能也有不同，在某些工作中不同批号的试剂应做对照试验。在选用紫外光谱用溶剂、液相色谱流动相、色谱载体、吸附剂、指示剂、有机显色剂及试纸时应注意试剂的生产厂家及批号，做好记录，必要时应做专项检验和对照试验。

应该指出，未经药理检验的化学试剂是不能作为医药使用的。

为了保持试剂的质量和纯度，保证化验室人员的人身安全，要掌握化学试剂的性质和使用方法，制定安全守则，并要求有关人员共同遵守。

应熟知最常用的试剂的性质，如市售酸碱的浓度，试剂在水中的溶解性，有机溶剂的沸点，试剂的毒性及其化学性质等。有危险性的试剂可分为易燃易爆危险品、毒品、强腐蚀剂三类。

要注意保护试剂瓶的标签，它表明试剂的名称、规格、质量，万一缺失应照原样贴牢。分装或配制试剂后应立即贴上标签。绝不在瓶中装上不是标签指明的物质。无标签的试剂可取小样检定，不能用的要慎重处理，不应乱倒。

为保证试剂不受沾污，应当用清洁的牛角匙从试剂瓶中取出试剂，绝不可用手抓取，如试剂结块可用洁净的粗玻璃棒或瓷药铲将其捣碎后取出。液体试剂可用洗干净的量筒倒取，不要用吸管伸入原瓶试剂中吸取液体，取出的试剂不可倒回原瓶。打开易挥发的试剂瓶塞时不可把瓶口对准脸部。在夏季由于室温高试剂瓶中很易冲出气液，最好把瓶子在冷水中浸一段时间再打开瓶塞。取完试剂后要盖紧瓶塞，不可盖错瓶塞。放出有毒、有味气体的瓶子还应该用蜡封口。

不可用鼻子对准试剂瓶口猛吸气，如果必须嗅试剂的气味，可将瓶口远离鼻子，用手在试剂瓶上方扇动，使空气流吹向自己而闻出其味。绝不可用舌头品尝试剂。

1.4.3 引起化学试剂变质的原因

有些性质不稳定的化学试剂，由于储存过久或保存条件不当会变质，影响使用。有些试剂必须在标签注明的条件（如冷藏、充氮的条件下）储存。以下是一些常见的化学试剂变质的原因。

1. 氧化和吸收二氧化碳

易被氧化的还原剂(如硫酸亚铁、碘化钾)由于被氧化而变质。碱及碱性氧化物易吸收二氧化碳而变质,如 NaOH、KOH、MgO、CaO、ZnO 等易吸收 CO_2 变成碳酸盐。酚类易氧化变质。

2. 湿度的影响

有些试剂易吸收空气中的水分发生潮解,如 $CaCl_2$、$MgCl_2$、$ZnCl_2$、KOH、NaOH 等。

含结晶水的试剂(如 $Na_2SO_4 \cdot 10H_2O$、$CuSO_4 \cdot 5H_2O$ 等)露置于干燥的空气中时,失去结晶水变为白色不透明晶体或粉末,这种现象称为风化。风化后的试剂相对分子质量难以确定。

3. 挥发和升华

浓氨水若密封不严,久存后由于 NH_3 的逸出,其浓度会降低。挥发性有机溶剂如石油醚等,由于挥发其体积减小,又因其蒸气易燃,有引起火灾的危险。碘、萘等也会因密封不严造成量的损失及污染空气。

4. 见光分解

过氧化氢溶液见光后分解为水和氧,甲醛见光氧化生成甲酸,$CHCl_3$ 氧化产生有毒的光气,HNO_3 在光照下生成棕色的 NO_2。因此,这些试剂一定要避免阳光直射。有机试剂一般储存于棕色瓶中。

5. 温度的影响

高温加速试剂的化学变化速度,也使挥发、升华速度加快,温度过低也不利于试剂储存,在低温时有的试剂会析出沉淀,如甲醛在 6 ℃以下析出三聚甲醛,有的试剂发生冻结。

1.5　溶液的配制方法

1.5.1　标准溶液的配制

标准溶液通常有两种配制方法。

1. 直接法

用分析天平准确称取一定量的基准试剂,溶于适量的纯水中,再定量转移到容量瓶中，用纯水稀释至刻度(注：以下配制溶液用水如无特殊说明，皆指三级实验用水)。根据称取试剂的质量和容量瓶的体积，计算它的准确浓度。作为基准试剂应具备下列条件：

(1) 试剂的组成与其化学式完全相符。

(2) 试剂的纯度应足够高(一般要求纯度为 99.9%以上)，而杂质的含量应少到不至于影响分析的准确度。

(3) 试剂在通常条件下应该稳定。

(4) 试剂参加反应时应按反应式定量进行，没有副反应。

常用基准物质及其干燥条件与应用见表 1-10。

表 1-10　常用基准物质及其干燥条件与应用

基准物质		干燥后组成	干燥条件	标定对象
名称	分子式			
碳酸氢钠	$NaHCO_3$	Na_2CO_3	270～300 ℃	酸
十水合碳酸钠	$Na_2CO_3 \cdot 10H_2O$	Na_2CO_3	270～300 ℃	酸
硼砂	$Na_2B_4O_7 \cdot 10H_2O$	$Na_2B_4O_7 \cdot 10H_2O$	放在含 NaCl 和蔗糖饱和液的恒湿器中	酸
碳酸氢钾	$KHCO_3$	K_2CO_3	270～300 ℃	酸
二水合草酸	$H_2C_2O_4 \cdot 2H_2O$	$H_2C_2O_4 \cdot 2H_2O$	室温空气干燥	碱或 $KMnO_4$
邻苯二甲酸氢钾	$KHC_8H_4O_4$	$KHC_8H_4O_4$	110～120 ℃	碱
重铬酸钾	$K_2Cr_2O_7$	$K_2Cr_2O_7$	140～150 ℃	还原剂
溴酸钾	$KBrO_3$	$KBrO_3$	130 ℃	还原剂
碘酸钾	KIO_3	KIO_3	130 ℃	还原剂
铜	Cu	Cu	室温干燥器中保存	还原剂
三氧化二砷	As_2O_3	As_2O_3	室温干燥器中保存	氧化剂
草酸钠	$Na_2C_2O_4$	$Na_2C_2O_4$	130 ℃	氧化剂
碳酸钙	$CaCO_3$	$CaCO_3$	110 ℃	EDTA
锌	Zn	Zn	室温干燥器中保存	EDTA
氧化锌	ZnO	ZnO	900～1000 ℃	EDTA
氯化钠	NaCl	NaCl	500～600 ℃	$AgNO_3$
氯化钾	KCl	KCl	500～600 ℃	$AgNO_3$
硝酸银	$AgNO_3$	$AgNO_3$	280～290 ℃	氯化物

2. 间接法

实际上只有少数试剂符合基准试剂的要求。很多试剂不宜用直接法配制标准溶液，而要用间接的方法，即标定法。在这种情况下，先配成接近所需浓度的溶液，然后用基准试剂或另一种已知准确浓度的标准溶液来标定它的准确浓度。

在实际工作中，特别是在工厂实验室里，还常采用标准试样标定标准溶液的浓度。标准试样含量是已知的，它的组成与被测物质相近。这样，标定标准溶液浓度与测定被测物质的条件相同，分析过程中的系统误差可以抵消，结果准确度较高。

储存的标准溶液因水分蒸发，水珠凝于瓶壁，使用前应将溶液摇匀。如果溶液浓度有了改变，必须重新标定。对于不稳定的溶液，应定期标定。

必须指出，使用不同温度下配制的标准溶液时，若考虑玻璃的膨胀系数，即使温度相差 30 ℃，造成的误差也不大。但是，水的膨胀系数约为玻璃的 10 倍，当使用温度与标定温度相差 10 ℃以上时，则应注意这个问题。

1.5.2　一般酸、碱、盐溶液的配制

实验室中一般使用的酸、碱及盐溶液的浓度不需要十分准确。配制时，固体试剂用台秤(或托盘天平)称量；液体试剂用量筒量取；有时溶液的体积还可根据所用的烧杯、试剂瓶的容积等来估计。常用浓酸、浓碱的密度和浓度见表 1-11。

表 1-11　常用浓酸、浓碱的密度和浓度

试剂名称	密度/($g\cdot mL^{-1}$)	w/%	c/($mol\cdot L^{-1}$)
盐酸	1.18～1.19	36～38	11.6～12.4
硝酸	1.39～1.40	65.0～68.0	14.4～15.2
硫酸	1.83～1.84	95～98	17.8～18.4
磷酸	1.69	85	14.6
高氯酸	1.68	70.0～72.0	11.7～12.0
冰醋酸	1.05	99.0～ 99.8	17.4
氢氟酸	1.13	40	22.5
氢溴酸	1.49	47.0	8.6
氨水	0.88～0.90	25.0～28.0	13.3～14.8

1. 酸溶液的配制

1) 用市售浓酸(已知质量分数和密度)配制一定物质的量浓度的溶液

【例 1.1】　如何用浓 HCl(密度 1.18 $g\cdot mL^{-1}$，36%)配制 1 L 2 $mol\cdot L^{-1}$ HCl 溶液?

解：设量取浓 HCl 体积为 V。有两种计算方法：

第一种方法　利用稀释前后溶液中溶质的量不变。

$$V\times1.18\times36\%=2\times36.46\times1$$

$$V=172\ (mL)$$

第二种方法　先计算出浓 HCl 溶液的物质的量浓度

$$(1000\times1.18\times36\%)/36.46=11.6\ (mol\cdot L^{-1})$$

因稀释前后溶液中溶质的物质的量不变，所以有

$$11.6\ V=2\times1000$$

$$V=172\ (mL)$$

用量筒量取浓 HCl 172 mL，用水稀释至 1 L，即得所需溶液。

2）酸溶液的稀释

【例 1.2】 如何用 2 $mol\cdot L^{-1}$ HCl 溶液配制 1 L 0.1 $mol\cdot L^{-1}$ HCl？

解：设量取 2 $mol\cdot L^{-1}$ HCl 体积为 V，则

$$2\ V=0.1\times1000$$

$$V=50\ (mL)$$

用量筒量取 2 $mol\cdot L^{-1}$ HCl 50 mL，用水稀释至 1 L，即得所需溶液。

3）酸溶液的增浓

【例 1.3】 现有 1 L 1 $mol\cdot L^{-1}$ HCl，欲配制成 2.5 $mol\cdot L^{-1}$ HCl 溶液，需加入浓 HCl(12 $mol\cdot L^{-1}$)多少毫升？

解：设量取浓 HCl 体积为 V，则

$$2.5\times(1000+V)=1\times1000+12\ V$$

$$V=158\ (mL)$$

用量筒量取浓 HCl 158 mL，倒入 1 L 1 $mol\cdot L^{-1}$ HCl 溶液中，即得所需溶液。

2. 碱溶液的配制

在台秤或托盘天平上称出所需的碱，溶于适量水中，再稀释到所需的体积。

例如，配制 1 L 2 $mol\cdot L^{-1}$ NaOH 溶液，称取 80 g 固体 NaOH，溶于适量水中。因溶解时发热，待冷却后，稀释至 1 L。

氨溶液的配制是量取所需浓氨水，再加水稀释。

3. 盐溶液的配制

配制大多数盐溶液时，在台秤或托盘天平上称取一定量的试剂溶于适量水中，再加水稀释。但是有一些易水解的盐，配制溶液时需加入水或稀酸稀释，如配制 $FeCl_3$、$SnCl_2$ 等盐溶液时，常在盐溶液中加入少量盐酸，以抑制 Fe^{3+}、Sn^{2+} 等的水解，防止溶液出现浑浊现象，减少盐溶液杂质。有些易被氧化或还原的盐，常在使用前临时配制，或采取措施防止氧化或还原。现将分析中常用的几种配制方法举例说明如下：

(1) 配制 1 L 0.1 mol·$L^{-1}$$CuSO_4$ 溶液，称取 25 g $CuSO_4 \cdot 5H_2O$，溶于适量水中，再用水稀释至 1 L。

(2) 配制 1 L 0.1 mol·$L^{-1}$$FeCl_3$ 溶液，称取 270 g $FeCl_3 \cdot 6H_2O$，溶于适量的含有 20 mL 浓 HCl 的水中，再用水稀释至 1 L。

(3) 配制 1 L 0.1 mol·L^{-1} $Fe(NO_3)_3$ 溶液，称取 404 g $Fe(NO_3)_3 \cdot 9H_2O$，溶于适量的含有 20 mL 浓 HNO_3 的水中，再用水稀释至 1 L。

(4) 配制 1 L 0.1 mol·L^{-1} $FeNH_4(SO_4)_2$溶液，称取 48 g $FeNH_4(SO_4)_2 \cdot 12H_2O$，加热溶于适量水中，再加入 20 mL 1∶1 H_2SO_4，再用水稀释至 1 L。

(5) 配制 1 L 0.1 mol·L^{-1} $Fe(NH_4)_2(SO_4)_2$ 溶液，称 39 g $Fe(NH_4)_2(SO_4)_2 \cdot 6H_2O$ 溶于水中，加入 20 mL 1∶1 H_2SO_4，再用水稀释至 1 L，临用时配制。

(6) 配制 1 L 0.1 mol·L^{-1} $Bi(NO_3)_3$ 溶液，称取 39.5 g $Bi(NO_3)_3$ 溶于(1+5)HNO_3 溶液中，再用(1+5) HNO_3 溶液稀释至 1 L。

(7) 配制 1 L 0.1 mol·L^{-1} $SnCl_4$ 溶液，称取 26 g $SnCl_4$ 溶于 6 mol·L^{-1} HCl 中，再用 6 mol·L^{-1} HCl 溶液稀释至 1 L。

(8) 配制 1 L 0.1 mol·L^{-1} $SnCl_2$ 溶液，烧杯中加入 170 mL 浓 HCl，将 225.6 g $SnCl_2 \cdot 2H_2O$ 溶于其中，再用水稀释至 1 L。加入少许纯 Sn 粒，以防止 Sn^{2+} 氧化。$SnCl_2$ 溶液不宜放置太久，最好临用时配制。

注意：配制溶液时为了避免引入杂质离子，加入的酸应该与盐中酸根离子一致。

1.5.3　缓冲溶液的配制

1. 酸碱缓冲溶液

分析化学中，某些滴定反应要求在一定的酸度范围内才能定量进行。具有调节和控制溶液酸度作用的溶液称为酸碱缓冲溶液(简称缓冲溶液)。缓冲溶液在一定的程度和范围内可以稳定溶液的酸碱度，减小和消除因加入少量酸、碱(或因化学反应产生的少量酸、碱)或适度稀释对溶液 pH 的影响，使其不致发生显著变化。

用于控制溶液酸度的缓冲溶液一般由浓度较大的弱酸及其盐或弱碱及其盐组成，如 HAc-NaAc、NH_3-NH_4Cl 等。

通常情况下，由共轭酸碱对组成的缓冲溶液可以用最简式直接计算 pH。以一元弱酸 HA(浓度为 c_a)及其共轭碱 NaA(浓度为 c_b)组成的缓冲溶液为例。两者在溶液中解离如下：

$$NaA \longrightarrow Na^+ + A^- \tag{1-6}$$

$$HA \rightleftharpoons H^+ + A^- \tag{1-7}$$

$$[H^+]=K_a\frac{[HA]}{[A^-]} \tag{1-8}$$

NaAc 中 Ac^- 的同离子效应使 HAc 的解离平衡向左移动，解离度更小，可以认为 $[HA]\approx c_a$，$[A^-]\approx c_b$。因此

$$c_{H^+}=K_a\frac{c_a}{c_b} \tag{1-9}$$

$$pH=pK_a-\lg\frac{c_a}{c_b} \tag{1-10}$$

对于弱酸及其盐组成的缓冲溶液，其$[OH^-]$及其 pH 计算公式如下：

$$[OH^-]=K_b\frac{c_b}{c_a} \tag{1-11}$$

$$pH=14-pK_b+\lg\frac{c_b}{c_a} \tag{1-12}$$

由两性化合物组成的缓冲溶液，其 H^+ 浓度由下式计算：

$$c_{H^+}=\sqrt{K_{a_1}K_{a_2}} \tag{1-13}$$

$$pH=\frac{1}{2}pK_{a_1}+\frac{1}{2}pK_{a_2} \tag{1-14}$$

2. 缓冲容量与缓冲范围

(1) 缓冲容量(缓冲指数)β是衡量缓冲溶液缓冲能力大小的尺度。数学表达式：

$$\beta=db/dpH=-da/dpH$$

物理意义：使 1 L 溶液 pH 增加 dpH 单位时所需强碱的量为 db(mol)；或使 1 L溶液 pH 减小 dpH 单位时所需强酸的量为 da(mol)。

β越大，溶液的缓冲能力越大。

$$\beta=2.3c\cdot 2.3\delta_{A^-}\cdot\delta_{HA}$$

显然，缓冲容量的大小与共轭酸碱组分的总浓度 c 及其比值有关。当 c_{HA}/c_{A^-} 一定时，总浓度越大，缓冲容量也越大；当总浓度一定时，c_{HA} 与 c_{A^-} 越接近(其比值接近于 1)，缓冲容量也越大。若需增加或减少缓冲液的缓冲容量时，可相应增加或减少共轭酸碱对物质的量。

当 $pH=pK_a$，即 $c_{HA}=c_{A^-}=0.5c$ 时，缓冲容量有最大值，$\beta=2.3\times 0.5^2c=0.58c$。

(2) 缓冲范围。缓冲溶液的缓冲作用都有一个有效的 pH 范围，它在 pK_a 值两侧各一个 pH 单位之内，即

$$pH=pK_a\pm 1 \tag{1-15}$$

对于碱式缓冲溶液，则为

$$pH=14-(pK_b\pm1) \tag{1-16}$$

例如，HAc-NaAc 缓冲溶液，$pK_a=4.74$，其缓冲范围为 pH 4.74±1，即 3.74～5.74；NH_3-NH_4Cl 缓冲溶液，$pK_b=4.74$. 其缓冲范围为 pH 8.26～10.26。

3. 缓冲溶液的选择与配制

1）选择原则

(1) 使其中酸组分的 pK_a 等于或接近于所需要稳定的 pH，至少使要求控制的酸度落在缓冲溶液的缓冲范围之内。

(2) 缓冲溶液应具有一定的总浓度(一般为 0.01～1 $mol\cdot L^{-1}$)。

(3) 缓冲剂各组分对分析反应不应产生干扰。

高浓度强酸(pH<2)及强碱(pH>12)则因为本身浓度大，对少量的酸或碱的加入不敏感，也具有一定的缓冲。此外，有些酸式盐也可制成缓冲溶液，如 $Na_2HPO_4+NaH_2PO_4$。

为了使同一缓冲溶液能在较广泛 pH 范围内起缓冲作用，可以采用多元弱酸和弱碱组成的缓冲体系。

例如，在需要 pH 为 5.0 左右的缓冲溶液时，选择 HAc-NaAc 缓冲体系，因为 HAc 的 pK_a 为 4.74，接近所需要 pH。若需要 pH 为 9.5 左右的缓冲溶液时，选择 NH_3-NH_4Cl 体系。对需要保持溶液 pH 为 0～2 或 pH 为 12～14 时，可用强酸或强碱控制溶液的酸度。

【例 1.4】 欲配制 pH=5 的缓冲溶液，现有 HAc、苯甲酸、甲酸及其对应的共轭碱供选用。已知 $pK_{HAc}=4.74$，$pK_{苯甲酸}=4.18$，$pK_{甲酸}=3.68$，选用哪种体系最合适？其酸与共轭碱的比例如何？

解： pH=5，应选用 HAc-NaAc 体系

$$pH=pK_a+\lg c_{A^-}/c_{HA}=5$$

$$\lg c_{A^-}/c_{HA}=5-4.74=0.26$$

$$c_{A^-}/c_{HA}=10^{0.26}=1.82$$

在上述类型的缓冲体系中，都只有一个 K_a(或 K_b)值在起作用，缓冲范围比较窄。由多元酸或多元碱组成的缓冲体系，其中有多个 K_a 或 K_b 值，可以在比较广泛的 pH 范围内起作用。例如，柠檬酸($pK_{a_1}=3.13$，$pK_{a_2}=4.76$，$pK_{a_3}=6.40$)和磷酸氧二钠($pK_{a_1}=2.12$，$pK_{a_2}=7.20$，$pK_{a_3}=12.30$)两种溶液按不同比例混合，可得到 pH 为 2.0～8.0 的一系列缓冲溶液。

2）配制

一般情况下使用的缓冲溶液多由弱酸及其盐、弱碱及其盐或不同浓度的酸式盐组成。这类缓冲溶液的配制可根据要求利用有关公式计算各组分的用量，也可

在分析化学手册中直接查找配制方法(表 1-12、表 1-13、表 1-14)。

注意:缓冲溶液配制后可用 pH 试纸检查。如 pH 不对,可用共轭酸或碱调节。要求 pH 精确时,可用 pH 计调节。

表 1-12 常用缓冲溶液的配制方法

缓冲溶液组成	pK_a	缓冲溶液 pH	缓冲溶液配制方法
氨基乙酸-HCl	2.35(pK_{a_1})	2.3	取氨基乙酸 150 g 溶于 500 mL 水中,加浓 HCl 溶液 80 mL,稀释至 1 L
一氯乙酸-NaOH	2.86	2.8	取 200 g 一氯乙酸溶于 200 mL 水中,加 NaOH 40 g,溶解后稀释至 1 L
邻苯二甲酸氢钾	2.95(pK_{a_1})	2.9	取 500 mL 邻苯二甲酸氢钾溶于 500 mL 水中,加浓 HCl 溶液 80 mL,稀释至 1 L
甲酸-NaOH	3.76	3.7	取 95 g 甲酸和 40 g NaOH 于 500 mL 水中溶解,稀释至 1 L
NaAc-HAc	4.74	4.7	取无水 NaAc 83 g 溶于水中,加冰醋酸60 mL,稀释至 1 L
六次甲基四胺-六次甲基四胺盐	5.15	5.4	取六次甲基四胺 40 g 溶于 200 mL 水中,加浓 HCl 10 mL,稀释至 1 L
tris-HCl [三羟甲基氨基甲烷 $CNH_2(HOCH_3)_3$]	8.21	8.2	取 25 g tris 试剂溶于水中,加浓 HCl 溶液 8 mL,稀释至 1 L
NH_3-NH_4Cl	9.26	9.2	取 NH_4Cl 54 g 溶于水中,加浓氨水 63 mL,稀释至 1 L

表 1-13 标准缓冲溶液的配制方法

试剂名称	分子式	浓度	试剂的干燥与预处理	缓冲溶液的配制方法
四草酸钾	$KH_3(C_2O_4)_2 \cdot 2H_2O$	0.05 $mol \cdot L^{-1}$	(57±2) ℃下干燥至恒量	12.7096 g $KH_3(C_2O_4)_2 \cdot 2H_2O$ 溶于适量蒸馏水,定量稀释至 1 L
酒石酸氢钾	$KC_4H_5O_6$	饱和	不必预先干燥	$KC_4H_5O_6$溶于(25±3) ℃蒸馏水中直至饱和
邻苯二甲酸氢钾	$KHC_8H_4O_4$	0.05 $mol \cdot L^{-1}$	(110±5) ℃下干燥至恒量	取 10.2112 g $KHC_8H_4O_4$ 溶于适量蒸馏水中,定量稀释至 1 L

续表

试剂名称	分子式	浓度	试剂的干燥与预处理	缓冲溶液的配制方法
磷酸二氢钾和磷酸氢二钠	KH_2PO_4 和 Na_2HPO_4	0.025 mol·L^{-1}	KH_2PO_4 在(110±5) ℃下干燥至恒量 Na_2HPO_4 在(120±5) ℃下干燥至恒量	称取 3.53 g Na_2HPO_4 和 3.39 g KH_2PO_4 溶于预先煮沸并冷却的蒸馏水中，稀释至 1 L
四硼酸钠	$Na_2B_4O_7 \cdot 10H_2O$	0.01 mol·L^{-1}	$Na_2B_4O_7 \cdot 10H_2O$ 放在含有 NaCl 和蔗糖饱和溶液的干燥器中	取 3.8137 g $Na_2B_4O_7 \cdot 10H_2O$ 溶于适量除去 CO_2 的蒸馏水中，定量稀释至 1 L

表 1-14　不同温度下标准缓冲溶液的 pH

t/℃	0.05 mol·L^{-1} 四草酸钾	饱和酒石酸氢钾	0.05 mol·L^{-1} 邻苯二甲酸氢钾	0.05 mol·L^{-1} 磷酸二氢钾和磷酸氢二钠	0.05 mol·L^{-1} 四硼酸钠
0	1.67	—	4.01	6.98	9.40
5	1.67	—	4.01	6.95	9.39
10	1.67	—	4.00	6.92	9.33
15	1.67	—	4.00	6.90	9.27
20	1.68	—	4.00	6.88	9.22
25	1.69	3.56	4.01	6.86	9.18
30	1.69	3.55	4.01	6.84	9.14
35	1.69	3.55	4.02	6.84	9.10
40	1.70	3.54	4.03	6.84	9.07
45	1.70	3.55	4.04	6.83	9.04
50	1.71	3.55	4.06	6.83	9.01
55	1.72	3.56	4.08	6.84	8.99
60	1.73	3.57	4.10	6.84	8.96

1.5.4　指示剂的配制

在滴定分析法中常用指示剂判断滴定的终点。按照滴定分析的方法，指示剂可分为酸碱指示剂、金属指示剂、氧化还原指示剂、吸附指示剂。

指示剂的配制方法有下列几种：

(1) 易溶于水、在水中较稳定的指示剂都用水作溶剂，如甲基橙、二苯胺磺酸钠等。

(2) 对于难溶于水的指示剂，可用有机溶剂作溶剂，如酚酞、酚红等用乙醇作溶剂。

(3) 有的指示剂根据它的特殊性质来配制，如二苯胺溶于浓 H_2SO_4。

(4) 有些金属指示剂易被日光、氧化剂、空气所分解，有些在水溶液中不稳定，有些日久变质。例如，固体铬黑 T 很稳定，但其水溶液只能稳定数日，在酸性溶液中易发生聚合反应，聚合后不能再与金属离子显色；在酸性溶液中易被氧化褪色而变质。针对它的这些性质用下列三种方法配制。

(i) 将铬黑 T 烘干，和研细的 NaCl 研磨混匀成固体混合物(质量比 1∶100 或 1∶200)，可较长期地保存。

(ii) 用乙醇作溶剂，加入三乙醇胺，防止聚合。

(iii) 用乙醇作溶剂，加入盐酸羟胺或抗坏血酸等还原剂，防止氧化。

用第(ii)种和第(iii)种配制方法配制的铬黑 T 指示剂约可保存一个月。

各有关指示剂配制方法详见表 1-15～表 1-19。

表 1-15　酸碱指示剂的配制方法

指示剂名称	pH 变色范围	颜色变化	溶液配制方法
甲基紫(第一变色范围)	0.13～0.05	黄～绿	1 g·L^{-1}或 0.5 g·L^{-1}的水溶液
甲酚红(第一变色范围)	0.2～1.8	红～黄	0.04 g 指示剂溶于 100 mL 50%乙醇
甲基紫(第二变色范围)	1.0～1.5	绿～蓝	1 g·L^{-1}水溶液
百里酚蓝(麝香草酚蓝)(第一变色范围)	1.2～2.8	红～黄	0.1 g 指示剂溶于 100 mL 20%乙醇
甲基紫(第三变色范围)	2.0～3.0	蓝～紫	1 g·L^{-1}水溶液
甲基橙	3.1～4.4	红～黄	1 g·L^{-1}水溶液
溴酚蓝	3.0～4.6	黄～蓝	0.1 g 指示剂溶于 100 mL 20%乙醇
刚果红	3.0～5.2	蓝紫～红	1 g·L^{-1}水溶液
溴甲酚绿	3.8～5.4	黄～蓝	0.1 g 指示剂溶于 100 mL 20%乙醇
甲基红	4.4～6.2	红～黄	0.1 g 或 0.2 g 指示剂溶于 100 mL 20%乙醇
溴酚红	5.0～6.8	黄～红	0.1 g 或 0.2 g 指示剂溶于 100 mL 20%乙醇

续表

指示剂名称	pH 变色范围	颜色变化	溶液配制方法
溴百里酚蓝	6.0～7.6	黄～蓝	0.05 g 指示剂溶于 100 mL 20%乙醇
中性红	6.8～8.0	红～亮黄	0.1 g 指示剂溶于 100 mL 60%乙醇
酚红	6.8～8.0	黄～红	0.1 g 指示剂溶于 100 mL 20%乙醇
甲酚红	7.2～8.8	亮黄～紫红	0.1 g 指示剂溶于 100 mL 50%乙醇
百里酚蓝(麝香草酚蓝)（第二变色范围）	8.0～9.6	黄～黄	0.1 g 指示剂溶于 100 mL 20%乙醇
酚酞	8.2～10.0	无色～紫红	0.1 g 指示剂溶于 100 mL 60%乙醇
百里酚酞	9.3～10.5	无色～蓝	0.1 g 指示剂溶于 100 mL 90%乙醇

表 1-16　酸碱混合指示剂的配制方法

指示剂溶液的组成	变色点 pH	颜色		备注
		酸色	碱色	
三份 1 g · L^{-1}溴甲酚绿乙醇溶液 一份 2 g · L^{-1}甲基红乙醇溶液	5.1	酒红	绿	—
一份 2 g · L^{-1}甲基红乙醇溶液 一份 1 g · L^{-1}亚甲基蓝乙醇溶液	5.4	红紫	绿	pH 5.2 红紫 pH 5.4 暗蓝 pH 5.6 绿
一份 1 g · L^{-1}溴甲酚绿钠盐水溶液 一份 1 g · L^{-1}氯酚红钠盐水溶液	6.1	黄绿	蓝紫	pH 5.4 蓝绿 pH 5.8 蓝 pH 6.2 蓝紫
一份 1 g · L^{-1}中性红乙醇溶液 一份 1 g · L^{-1}亚甲基蓝乙醇溶液	7.0	蓝紫	绿	pH 7.0 蓝紫
一份 1 g · L^{-1}溴百里酚蓝钠盐水溶液 一份 1 g · L^{-1}酚红钠盐水溶液	7.5	黄	绿	pH 7.2 暗绿 pH 7.4 淡紫 pH 7.6 深紫
一份 1 g · L^{-1}甲酚红钠盐水溶液 一份 1 g · L^{-1}百里酚蓝钠盐水溶液	8.3	黄	紫	pH 8.2 玫瑰色 pH 8.4 紫色 pH 7.6 深紫

表 1-17 金属指示剂的配制方法

指示剂名称	解离平衡和颜色变化	溶液配制方法
铬黑 T (EBT)	$pK_{a_2}=6.3$ $pK_{a_3}=11.55$ $H_2In^- \rightleftharpoons HIn^{2-} \rightleftharpoons In^{3-}$ 紫红 蓝 橙	5 g · L^{-1}水溶液
二甲酚橙 (XO)	$pK_a=6.3$ $H_2In^{4-} \rightleftharpoons H_2In^{5-}$ 黄 红	2 g · L^{-1}水溶液
K-B 指示剂	$pK_{a_1}=8$ $pK_{a_2}=13$ $H_2In \rightleftharpoons HIn^{2-} \rightleftharpoons In^{2-}$ 红 蓝 紫红	0.2 g 酸性铬蓝 K 与 0.4 g 萘酚绿 B 溶于 100 mL 水中
钙指示剂	$pK_{a_2}=7.4$ $pK_{a_3}=13.5$ $H_2In^- \rightleftharpoons HIn^{2-} \rightleftharpoons In^{3-}$ 酒红 蓝 酒红	5 g · L^{-1}的乙醇溶液
PAN 指示剂	$pK_{a_1}=1.9$ $pK_{a_2}=12.2$ $H_2In^- \rightleftharpoons HIn^{2-} \rightleftharpoons In^{3-}$ 酒红 蓝 酒红	1 g · L^{-1}的乙醇溶液
Cu-PAN (CuY-PAN 溶液)	$CuY+PAN+M \longrightarrow MY+Cu\text{-}PAN$ 浅绿 无色 红色	取 0.05 mol · L^{-1} Cu^{2+}溶液 10 mL,加入 pH 5～6 的 HAc 缓冲液 5 mL、1 滴 PAN 指示剂,加热至 60 ℃左右,用EDTA滴至绿色,得到约 0.025 mol · L^{-1}的溶液。使用时取 2～3 mL 于试液中,再加数滴 PAN 溶液
磺基水杨酸	$pK_{a_1}=2.7$ $pK_{a_2}=13.1$ $H_2In \rightleftharpoons HIn^- \rightleftharpoons In^{2-}$ 无色	10 g · L^{-1}的水溶液
钙镁试剂 (calmagite)	$pK_{a_2}=8.1$ $pK_{a_3}=12.4$ $H_2In^- \rightleftharpoons HIn^{2-} \rightleftharpoons In^{3-}$ 红 蓝 红橙	5 g · L^{-1}的水溶液

表 1-18　氧化还原指示剂的配制方法

指示剂名称	$E^\ominus$/V [H^+]=1 mol·L^{-1}	颜色变化		溶液配制方法
		氧化态	还原态	
二苯胺	0.76	紫	无色	10 g·L^{-1}的浓 H_2SO_4 溶液
二苯胺磺酸钠	0.85	紫红	无色	5 g·L^{-1}的水溶液
N-邻苯胺基苯甲酸	1.08	紫红	无色	0.1 g 指示剂加 20 mL 50 g·L^{-1}的 Na_2CO_3 溶液，用水稀释至 100 mL
邻二氮菲-Fe(Ⅱ)	1.06	浅蓝	红	1.485 g 邻二氮菲加 0.965 g $FeSO_4$，溶解，稀释至 100 mL (0.025 mol·L^{-1}水溶液)
5-硝基邻二氮菲-Fe(Ⅱ)	1.25	浅蓝	紫红	1.608 g 5-硝基邻二氮菲加 0.695 g $FeSO_4$，溶解，稀释至 100mL (0.025 mol·L^{-1}水溶液)

表 1-19　吸附指示剂的配制方法

名称	配制	用于测定		
		测元素(括号内为滴定剂)	颜色变化	测定条件
荧光黄	1%钠盐水溶液	Cl^-、Br^-、I^-、SCN^-(Ag^+)	黄绿～粉红	中性或弱碱性
二氯荧光黄	1%钠盐水溶液	Cl^-、Br^-、I^-(Ag^+)	黄绿～粉红	pH 4.4～7.2
四溴荧光黄(曙红)	1%钠盐水溶液	Br^-、I^-(Ag^+)	橙红～红紫	pH 1～2

1.6　数据的记录、处理和实验报告

1.6.1　有效数字

1. 有效数字及位数

在化学实验中，不仅要准确测量物理量，还应正确地记录所测定的数据并进行合理的运算。测定结果不仅能表示其数值的大小，还能反映测定的精密度。

例如，用托盘天平称量某试样 1 g 与用万分之一的分析天平称量 1 g 实际上是不相同的。托盘天平只能准确称至 0.1 g，而万分之一的分析天平可以准确称至 0.0001 g。记录称量结果时，前者应记为 1.0 g，而后者应记为 1.0000 g，后者较前者准确 1000 倍。同理，在测定结果的计算过程中也有类似的问题。因此，在记录实验数据和计算结果时，应保留几位数字是很重要的。

有效数字就是在测量和运算中得到的具有实际意义的数值。也就是说，在构

成一个数值的所有数字中，除最末一位允许是可疑的、不确定的外，其余所有的数字都必须是可靠的、准确的。

除特殊说明外，可疑数字一般可理解为该数字的最末位有±1单位的误差。例如，用分析天平称量一坩埚的质量为19.0546 g，可理解为该坩埚的真实质量为(19.0546±0.0001) g，即为19.0545～19.0547 g，因为万分之一的分析天平能够准确地称量至0.0001 g。

为了正确判别和写出测量数值的有效数字，首先必须明确以下几点：

(1) 1～9(非零数字)都是有效数字。

(2) “0”在数值中是不是有效数字应具体分析。

(i) 位于数值中间的“0”均为有效数字，如1.008、10.98%、100.08、6.5004中所有的0都是有效数字，因为它代表了该位数值的大小。

(ii) 位于数值前的“0”不是有效数字，因为它仅起定位作用，如0.0041、0.0562中的0。

(iii) 位于数值后面的“0”需根据情况区别对待。“0”在小数点后则是有效数字，如0.5000中5后面的三个0和0.0040中4后面的0都是有效数字；“0”在整数的尾部算不算有效数字，则比较含糊。例如，3600若为四位有效数字，则后面两个0都有效；若为三位有效数字，则后面一个0无效；若为两位有效数字，则后面两个0都无效。较为准确的写法应分别为3.600×10^3(四位)、3.60×10^3(三位)、3.6×10^3(两位)。

(3) 若数值的首位等于或大于8，其有效位数一般可多取一位，如0.83(两位)可视为三位有效数字，88.65(四位)可视为五位有效数字。

(4) 对于pH、pK、pM、lg$K$等对数的有效位数，只由小数点后面的位数决定，整数部分是10的幂数，与有效位数无关，如pH=10.28换算为H^+浓度时，应为$[H^+]=2.1\times10^{-11}$ mol·L^{-1}，只有两位有效数字。求对数时，原数值有几位有效数字，对数也应取几位，如$[H^+]=0.1$ mol·L^{-1}，pH $=-\lg[H^+]=1.0$；$K_{CaY}=4.9\times10^{10}$，$\lg K_{CaY}=10.69$。

(5) 在化学的许多计算中常涉及各种常数，一般认为其值是准确数值。准确数值的有效位数是无限的，需要几位就可算几位。

2. 有效数字的运算规则

在实验过程中，一般要经过几个测定步骤获得多个测量数据，然后根据这些测量数据经过适当的计算得出分析结果。由于各个数据的准确度不一定相同，因此运算时必须按照有效数字的运算规则进行。

1) 数字的修约规则

当有效数字的位数确定后，其余数字(尾数)应一律舍去。舍弃办法采用“四舍六入五留双”的规则。即在拟舍弃的数字中，若左边第一个数字小于或等于 4 则舍去；若左边第一个数字大于或等于 6 则进 1；若左边第一个数字等于 5，其后的数字不全为 0，则进 1；若左边第一个数字等于 5，其后的数字全为 0，若保留下来的末位数字为奇数则进 1，若为偶数(包括 0)则不进位。例如，将下列数值修约成两位有效数字，其结果为

0.2636 修约为 0.26　　0.2573 修约为 0.26　　0.3252 修约为 0.33

0.3250 修约为 0.32　　0.2450 修约为 0.24　　2.1500 修约为 2.2

2) 加减运算规则

几个测量值相加减时，它们的和或差的有效位数的取舍应以参加运算各数值中小数点后位数最少(绝对误差最大)的为标准。

例如，求 12.35 g+0.0066 g+7.8903 g，参加运算各数值中绝对误差最大的是 12.35 g，小数点后只有两位小数，故其和只应保留两位小数。因此，可将参加运算各数值先修约再运算，即

$$12.35\ \text{g}+0.01\ \text{g}+7.89\ \text{g}=20.25\ \text{g}$$

3) 乘除运算规则

几个测量值相乘除，其积或商的有效位数的取舍应以参加运算各数值中有效位数最少(相对误差最大)的为标准。

例如，求 0.0121×25.64×1.05782，其中 0.0121 的有效位数最少，只有三位，25.64 有四位有效数字，1.05782 有六位有效数字，它们的相对误差分别为

$$0.0121 \quad \frac{\pm 0.0001}{0.0121}\times 100\% = \pm 0.8\%$$

$$25.64 \quad \frac{\pm 0.01}{25.64}\times 100\% = \pm 0.04\%$$

$$1.05782 \quad \frac{\pm 0.00001}{1.05782}\times 100\% = \pm 0.0009\%$$

可见，0.0121 数值的有效位数最少，其相对误差最大，应以此为标准确定其他数值的有效位数，即按数字修约规则将各数值都保留三位有效数字后再乘除。

$$0.0121\times 25.6\times 1.06=0.328$$

计算结果的准确度(相对误差)应该与相对误差最大的数值保持在同一数量级，不能高于它的准确度。

3. 有效数字在分析化学实验中的应用

1) 正确记录测量数据

在记录测量所得数值时，要如实地反映测量的准确度，只保留一位可疑数字。

用万分之一的分析天平称量时，要记录到小数点后四位，即±0.0001 g，如

0.2500 g、1.3483 g；如果用托盘天平（台秤）称量，则应记录到小数点后一位，如 0.5 g、2.4 g、10.7 g 等。

用合格的玻璃量器量取溶液时，准确度视量器不同而异。5 mL 以上滴定管应记到小数点后两位，即±0.01 mL；5 mL 以下的滴定管则应记到小数点后三位，即±0.001 mL。当从滴定管读取的体积为 24 mL 时，应记为 24.00 mL，不能记为 24 mL或 24.0 mL。

对于 50 mL 以下的无分度移液管，应记录到小数点后两位，如 50.00 mL、25.00 mL、5.00 mL 等；有分度的移液管，只有 25 mL 以下的才能记录到小数点后两位。

10 mL 以上的容量瓶总体积可记录到四位有效数字，如常用的 50.00 mL、100.0 mL、250.0 mL。

50 mL 以上的量筒只能记录到个位数，5 mL、10 mL 量筒则应记录到小数点后一位。

正确记录测量所得数值，不仅反映实际测量的准确度，也反映测量时所耗费的时间和精力。例如，称量某样品的质量为 0.5000 g，表明是用万分之一分析天平称取的，该样品的实际质量应为(0.5000±0.0001) g，相对误差为(±0.0001)/0.5000×100%=±0.02%；如果记为 0.5 g，则相对误差为(±0.1)/0.5×100% =±20%，准确度差了 1000 倍。如果只要一位有效数字，用托盘天平就可称量，不必费时费事地用分析天平称取。

由此可见，记录测量数据时，切记不要随意舍去小数点后的“0”，当然也不允许随意增加位数。

2）正确选取试剂、样品用量和适当的量器

滴定分析法、重量分析法的准确度较高，方法的相对误差一般为 0.1%～0.2%。为了保证方法的准确度，在分析过程中每一步骤的误差都要控制在 0.1%左右。

如果用分析天平称量，要保证称量误差小于 0.1%，称取样品（或试剂）的质量就不应太小。分析天平可准确称量至 0.0001 g，每个称量值都需要经过两次称量，故称量的绝对误差为±0.0002 g。为了使称量误差小于 0.1%，则

$$试料质量=\frac{绝对误差}{相对误差}=\frac{\pm 0.0002}{0.1\%}=0.2\ (\mathrm{g})$$

只有称量样品大于 0.2 g，其称量的相对误差才能小于 0.1%。如果称量样品大于 2 g，则选用千分之一的工业天平也能满足对准确度的要求。如果仍用万分之一的分析天平称量，则准确至小数点后三位已足够，没有必要对第四位苛求了。

同理，滴定过程中常量滴定管的读数误差为±0.01 mL，得到一个体积值的读数需要两次读取，可能造成的最大误差为±0.02 mL。为保证测量体积的相对误

差小于 0.1%，则滴定剂的用量就必须大于 20 mL。

3) 正确表示分析结果

经过计算得出的分析结果所表述的准确度应符合实际测量的准确度，即与测量中所用仪器设备所能达到的准确度相一致。

1.6.2　实验数据的记录

实验数据的采集通常可通过自动采集和人工采集两种方式。自动采集一般采用与计算机的联用技术，根据程序进行实时采集。在以化学反应手段为主的化学实验中，大多采用的是人工采集，即通过测定记录相应的实验教据。因此，在实验数据采集中应保证实验数据的完整、客观和真实。通常应注意以下几方面。

(1) 要养成记录所有原始数据的良好习惯。例如，在记录滴定消耗的体积时，应按以下方式记录：

末读数 V/mL	25.68
初读数 V/mL	0.02
滴定体积 V/mL	25.66

而不能只记下 V=25.66。

(2) 所记录的实验数据应准确、清晰，不得随意涂改，也不得使用铅笔、橡皮和涂改液等。若万一看错刻度或读错数据需要修正，应在原数据旁写上正确数据，加以说明，并保留原数据备查。例如，在读取滴定管读数时将 22.76 错看成 22.26，这时不可以直接将 2 涂改成 7，而应将原数据用一条横线划去，在旁边写上正确的数据，加以说明，即按以下方式改正：

22.76

V=~~22.26~~(看错)

(3) 实验数据应及时记录在实验报告本上，不要凭记忆或随意记在小纸条上，否则万一遗忘或遗失都将造成不可挽回的损失。

(4) 有些实验应注意记录有关的实验条件，如温度、大气压、湿度、仪器、校正值等。记录数据时还应注明其实验内容(标题)及所用单位。对一些重要的实验现象也应予以记录。

1.6.3　实验数据的取舍

在实验中得到一组数据，往往个别数据离群较远，这种数据称为异常值，又称可疑值或极端值。如果这是由过失造成的，如溶解试样不充分或有溶液溅出，滴定时加入了过量的滴定剂等，则这种数据必须舍去。若并非这种情况，则对异常值不能随意取舍，特别是当测量数据较少时，异常值的取舍对分析结果将产生很大影响，必须慎重对待。对于不是因为过失而造成的异常值，应按一定的统计学方法进行处理。统计学处理异常值的方法有很多种,下面重点介绍处理方法较简单的 $4\bar{d}$ 法、Q 检验法。

1. $4\bar{d}$ 法

根据正态分布的规律,偏差超过 3σ 的个别测定值的概率小于 0.3%,故这种个别测量值通常可以舍去。而 $\delta=0.80\sigma$,$3\sigma\approx4\delta$,即偏差超过 4δ 的个别测定值可以舍去。

对于少量实验数据,只能用 s 代替 σ,用 $\bar{d}$ 代替 δ,故可粗略地认为偏差大于 $4\bar{d}$ 的个别测定值可以舍去。这样处理问题存在较大的误差。但是这种方法比较简单,不必查表,至今仍为人们所采用。当 $4\bar{d}$ 法与其他检验法矛盾时,应以其他法则为准。

用 $4\bar{d}$ 法判断异常值的取舍时,首先求出异常值外的其余数据的平均值 $\bar{x}$ 和平均偏差 $\bar{d}$,然后将异常值与平均值进行比较,如绝对差值大于 $4\bar{d}$,则将可疑值舍去,否则保留。

2. Q 检验法

(1) 将数据由小到大排列。

(2) 计算统计量 $Q=\dfrac{x_n-x_{n-1}}{x_n-x_1}$($x_n$ 为可疑值),$Q=\dfrac{x_2-x_1}{x_n-x_1}$($x_1$ 为可疑值)。

$$Q_{计算}=\frac{|x_{可疑}-x_{邻近}|}{x_{max}-x_{min}} \tag{1-17}$$

(3) 比较 $Q_{计算}$ 和 $Q_{表}$($Q_{P,n}$),若 $Q_{计算}>Q_{表}$,舍去,反之保留。

如果 $Q_{计算}=Q_P$,最好再补测一两次,或用中位值作为测定结果。Q 值表见表 1-20。

表 1-20 Q 值表

测定次数(n)		3	4	5	6	7	8	9	10
置信度	90%($Q_{0.90}$)	0.94	0.76	0.64	0.56	0.51	0.47	0.44	0.41
	95%($Q_{0.95}$)	0.98	0.85	0.73	0.64	0.59	0.54	0.51	0.48
	99%($Q_{0.99}$)	0.99	0.93	0.82	0.74	0.68	0.63	0.60	0.57

最后应该指出,异常值的取舍是一项十分重要的工作。在实验过程中得到一组数据后,如果不能确定个别异常值是由过失引起的,就不能轻易地去掉这个数据,而是要用上述统计检验方法进行判断之后,才能确定其取舍。在这一步工作完成后,就可以计算该组数据的平均值标准偏差以及进行其他有关数理统计工作。

1.6.4　实验数据的处理

为了衡量分析结果的精密度，一般对单次测定的一组结果 $x_1, x_2, \cdots, x_n$，计算出平均值后，应再次用单次测量结果的相对偏差、平均偏差、相对平均偏差、标准偏差等表示出来，这些是分析实验中最常用的几种处理数据的表示方法。

$$\text{平均值}\quad \overline{x} = \frac{\sum x_i}{n} = \frac{x_1 + x_2 + \cdots + x_n}{n} \tag{1-18}$$

$$\text{相对偏差}\quad d_r = \frac{x_i - \overline{x}}{\overline{x}} \times 100\% \tag{1-19}$$

$$\text{平均偏差}\quad \overline{d} = \frac{1}{n}\sum_{i=0}^{n} |d_i| = \frac{1}{n}\sum_{i=0}^{n} |x_i - \overline{x}| \tag{1-20}$$

$$\text{相对平均偏差}\quad \overline{d_r} = \frac{\overline{d}}{\overline{x}} \times 100\% \tag{1-21}$$

$$\text{标准偏差}\quad s = \sqrt{\frac{\sum_{i=1}^{n} (x_i - \overline{x})^2}{n-1}} \tag{1-22}$$

$$\text{相对标准偏差(RSD 或 CV)}\quad s_r = \frac{s}{\overline{x}} \times 100\% \tag{1-23}$$

其中相对平均偏差是分析化学实验中最常用的衡量分析测量结果精密度优劣的方法。

为了衡量分析结果的准确度，可计算出分析结果的绝对误差和相对误差。测定结果的平均值($\overline{x}$)与真实值(x_T)之差称为绝对误差(E_a)，即

$$E_a = \overline{x} - x_T \tag{1-24}$$

相对误差(E_r)是指误差在真实值中所占的百分数，即

$$E_r = \frac{E_a}{x_T} \times 100\% \tag{1-25}$$

高含量组分分析的相对误差要求小一些，微量、痕量组分分析可允许相对误差大一些。通常无机定量分析所允许的相对误差和被测组分含量关系可参考表 1-21。

表 1-21　允许的相对误差与被测组分含量的关系

成分含量范围/%	≈100	≈50	≈10	≈1	≈0.1	0.01～0.001
允许相对误差/%	0.2～0.3	0.3	1	2～5	5～10	≥10

1.6.5　实验结果的表达

整个分析过程的最后一个环节是计算待测组分的含量，同时对分析结果进行

评价，判断分析结果的准确度、灵敏度、选择性等是否达到要求。

日常分析中测定次数是很有限的，总体平均值自然不为人所知。但是随机误差的分布规律表明，测定值总是在以 μ（总体平均值，可看作真值）为中心的一定范围内波动，并有向 μ 集中的趋势。可以用有限的测定结果来估计 μ 可能存在的范围（称为置信区间）。该范围越小，说明测定值与 μ 越接近，即测定的准确度越高。但由于测定次数毕竟较少，由此计算出的置信区间也不可能百分之百将 μ 包含在内，因此只能以一定的概率进行判断。

报告分析结果时应给出精密度、准确度和测定次数三个必不可少的参数。学生实验中的真值一般是未知的，在报告分析结果时，要报出该组数据的集中趋势和精密度，并应明确表示一定置信度下总体平均值的置信区间，即

平均值 $\bar{x}$　　（集中趋势）

测量次数 n　　（3、4 次）

$\overline{d_r}$　　（精密度）

总体平均值的置信区间

$$\mu=\bar{x}\pm ts_{\bar{x}}=\bar{x}\pm\frac{t_{\alpha,f}s}{\sqrt{n}} \tag{1-26}$$

式中，$t_{\alpha,f}$是随置信度 P 和自由度 f 而变化的统计量，$f=n-1$。t 值见表 1-22。

表 1-22　$t_{\alpha,f}$值（双边）

f	置信度，显著性水准		
	$P=0.90$ $\alpha=0.10$	$P=0.95$ $\alpha=0.05$	$P=0.99$ $\alpha=0.01$
1	6.31	12.71	63.66
2	2.92	4.30	9.92
3	2.35	3.18	5.84
4	2.13	2.78	4.60
5	2.02	2.57	4.03
6	1.94	2.45	3.71
7	1.90	2.36	3.50
8	1.86	2.31	3.36
9	1.83	2.26	3.25
10	1.81	2.23	3.17
20	1.72	2.09	2.84
∞	1.64	1.96	2.58

1.6.6 实验报告

实验完毕，应用专门的实验报告本，根据预习和实验中的现象及数据记录等，及时、认真地写出实验报告。分析化学实验报告一般包括以下内容。

实验(编号) 实验名称

一、实验目的

明确说明本次实验要达到的效果。

二、实验原理

用文字和化学反应式简要说明。例如，对于滴定分析，通常应有标定和滴定反应方程式，基准物质和指示剂的选择，标定和滴定的计算公式等。对特殊仪器的实验装置，应画出实验装置图。

三、主要仪器及试剂

列出实验中所要使用的主要仪器及试剂。

四、实验步骤

应简明扼要地写出实验步骤。

五、实验数据及其处理

应用文字、表格、图形将数据表示出来。根据实验要求及计算公式计算出分析结果，并进行有关数据和误差处理，尽可能地使记录表格化。

六、实验结果

按要求报出实验结果，对实验结果的可靠性与合理性进行评价，并解释所观察到的实验现象。

七、问题讨论

针对实验中遇到的疑难问题，提出自己的见解和收获，也可对实验方法和实验内容提出自己的见解。

【实验报告实例】

盐酸标准溶液的标定

一、实验目的

(1) 掌握盐酸标准溶液的配制、标定的原理和方法。

(2) 掌握甲基红指示剂的使用和终点的变化,学习正确判断滴定终点。

(3) 进一步巩固分析天平称量和滴定操作技术。

(4) 掌握定量分析实验报告的正确表示方式(格式、内容、有效数字等)。

二、实验原理

以硼砂为基准物,标定 HCl 的滴定反应如下:

$$Na_2B_4O_7+2HCl+5H_2O=\!=\!=4H_3BO_3+2NaCl$$

化学计量点时

$$pH_{sp}=\sqrt{K_a c}=\sqrt{5.6\times10^{-10}\times0.1}=10^{-5.1}$$

以甲基红作指示剂,终点颜色变化为黄色→橙色(或微红色)

$$n_{HCl}=2\frac{m_{Na_2B_4O_7\cdot10H_2O}}{M_{Na_2B_4O_7\cdot10H_2O}}$$

$$c_{HCl}=2\frac{m_{Na_2B_4O_7\cdot10H_2O}}{M_{Na_2B_4O_7\cdot10H_2O}V_{HCl}}\times10^3\quad M_{Na_2B_4O_7}=381.37$$

三、主要仪器及试剂

仪器:50 mL 酸式滴定管;100 mL 烧杯;250 mL 锥形瓶;分析天平。

试剂:浓盐酸;硼砂(基准物质);2 g · L^{-1}甲基红指示剂。

四、实验步骤(现象)

1. 0.1 mol · L^{-1}HCl 标准溶液的配制

用洁净的小量筒量取 4~4.5 mL 浓 HCl ⟶盛有水的烧杯中,搅拌、冷却⟶洁净的 500 mL 试剂瓶⟶加水稀释至约 500 mL ⟶振摇混匀,贴上标签,备用。

2. 0.1 mol · L^{-1} HCl 溶液的标定

$\frac{\text{准确称取基准物硼砂 0.4～0.5 g(三份)}}{\text{250 mL 锥形瓶}}$⟶+20~30 mL H_2O 溶解⟶加 1~2 滴甲基红指示剂⟶用 0.1 mol · L^{-1} HCl 溶液滴定至溶液恰由黄色变为微红色,即为终点。

五、实验数据及其处理

表 1　HCl 标准溶液标定实验数据及处理

项目＼次数		1	2	3
$m_{硼砂}$/g	m_1	26.2835	25.8392	25.3880
	m_2	25.8392	25.3880	24.8947
	m_B	0.4443	0.4512	0.4933
V_{HCl}/mL	V_1	22.95	23.30	25.34
	V_2	0.00	0.10	0.00
	V_B	22.95	23.20	25.34

续表

项目 \ 次数	1	2	3
$c_{HCl}/(mol \cdot L^{-1})$	0.1018	0.1020	0.1021
$\bar{c}_{HCl}/(mol \cdot L^{-1})$	0.1020		
绝对偏差	−0.0002	0.00	0.0001
相对平均偏差($\bar{d}_r$)	0.1%		

六、实验结果

以硼砂为基准物对盐酸标准溶液标定得

$n=3$,$\bar{c}_{HCl}=0.1020\ (mol \cdot L^{-1})$,$\bar{d}_r=0.1\%$

实验精密度满足要求($P=0.95$,$n=3$ 时,$t=4.30$,计算得 $s=1.6\times10^{-4}$)。

平均值的置信区间为 $\bar{c}_{HCl}=(0.1020\pm0.0004)(mol \cdot L^{-1})$

本实验中指示剂颜色变化明显,实验数据重现性好,分析结果具有较好的准确度。

七、问题讨论

(1) 为什么只能用间接法配制盐酸标准溶液?

答:市售的盐酸为无色透明的氯化氢水溶液,HCl 的含量为 36%~38%,密度约为 1.18 g · mL^{-1},HCl 易挥发使其浓度不确定,故配制盐酸溶液只能用间接法。

(2) 溶解基准物质时加入 20~30 mL 水,是用量筒量取,还是用移液管移取?为什么?

答:因为这时所加的水只是溶解基准物质,而不会影响基准物质的量。因此加入的水不需要非常准确,用量筒量取即可。

(3) 通过这两次滴定实验,自己对判断滴定终点有了一定的体会。在邻近终点时,先要用少量纯水冲洗锥形瓶的内壁,使全部反应物进入溶液;然后要控制滴定速度,使滴定剂按滴滴下;充分摇动锥形瓶,注意观察指示剂颜色的突然变化;当一滴(或半滴)滴定剂滴下时,溶液的颜色发生了突然变化,这一点就是滴定终点。

八、教师评语

成　　绩:
教师签名:
日　　期:

1.7　分析化学文献检索

1.7.1　分析化学文献简介

分析化学文献属化学文献和科技文献的一种,按其出版形式可分为图书、期刊、科技报告、会议资料、学位论文、专利、技术标准等;按文献的性质,则可分为一级文献、二级文献、三级文献和四级文献。一级文献即原始文献,如期刊上发表的论文、科技报告、学位论文、会议资料及专利说明书。二级文献即检索工具,是把大量分散的原始文献加以收集、摘录，并进行科学分类、组织、整理，以便查阅的文摘、索引、题录等。三级文献是指通过二级文献，选择一级文献的内容而编写出来的成果，如专题评论、综述、动态、进展报告、手册、指南等。四级文献是指以磁带(盘)为载体，把题录、文摘甚至全文经过编号存入计算机所形成的机读文献。一级文献是检索的对象和目的，二级文献是检索的手段和工具，三级、四级文献既可作为检索的手段，从中得到检索文献的线索，又可作为检索对象，从中得到所需的知识与信息。

1. 丛书、大全、手册和教科书

1）分析化学丛书

《分析化学丛书》是科学出版社组织编辑出版的一套分析化学丛书，共 6 卷，29 册。

2）分析化学大全

大全(treatise 或 monograph)又称专著，是指围绕某一学科或某一专题进行系统且较深入论述的著作，其学术价值比较高。专著中所列的参考文献往往可以为某些课题的研究工作提供重要的文献线索，如 *Treatise on Analytical Chemistry*(分析化学大全)、*Comprehensive Analytical Chemistry*(综合分析化学)等。

3）分析化学手册

手册(handbook)是某一范围内基础知识和基本数据资料的汇编，其主题明确、内容丰富、实用，是从事某种专项工作的专业人员的参考性工具书。手册除用一定篇幅的文字对概念、定义、原理、现象、方法等做出适当的阐述外，还采用大量的数据、表格、图例、照片。由化学工业出版社组织编写的《分析化学手册》是一部比较全面地反映现代分析技术，供化学工作者使用的专业工具书。

4）分析化学教材与参考书

这是专为学习这门学科编写的书籍，它具有严格的科学性、系统性。其内容是最基本的理论知识，论点较成熟，论据经实践反复验证比较可靠。有些教材与参考书经长期使用、反复修改，成为国内的经典教科书或教学参考书。例如：

(1) 武汉大学. 2010. 分析化学(上、下册). 5 版. 北京：高等教育出版社.

(2) 华东理工大学，四川大学. 2009. 分析化学. 6 版. 北京：高等教育出版社.

(3) 李克安. 2005. 分析化学教程. 北京：北京大学出版社.

(4) 胡育筑，孙毓庆. 2011. 分析化学(上、下册). 3 版. 北京：科学出版社.

(5) 张锡瑜. 1991. 化学分析原理. 北京：科学出版社.

(6) 潘祖亭. 2010. 分析化学. 北京：科学出版社.

2. 期刊

期刊是及时报道新理论、新技术、新方法等的定期出版物，其特点是出版周期短，刊登近期论文，内容新颖，能及时反映相关学科的科技水平。

1）国内分析化学期刊

《分析化学》、《理化检验(化学分册)》、《分析试验室》、《分析测试学报》、《分析科学学报》、《药物分析杂志》、《分析仪器》、《色谱》、《光谱学与光谱分析》等。

2）国外分析化学期刊

Analytical Chemistry（分析化学，美国）、*The Analyst*（分析家，英国）、*Talanta*（塔兰塔，英国）、*Analytica Chimica Acta*（分析化学学报，荷兰）、*Analytical Letters*（分析通讯，美国）等。

3. 文摘

文摘(abstract)又称摘要、提要。它是用简练的文字把每篇论文、专利、图书等缩小成摘要，使读者用较短的时间了解原资料的要点，判断与读者的工作有无关系，以决定是否需要取得原文献做进一步的了解。每条文摘包括题目名称、作者姓名、文摘出处、主要内容等。文摘均有索引，它是将文摘的某期或某卷的著者、关键词、分子式等按一定原则与方法排列，便于检索。例如，《分析化学文摘》(中国)、*Chemical Abstracts*(CA，美国)等。

1.7.2　分析化学文献检索步骤

为了教学、科研、生产的需要，分析化学工作者需要查阅有关资料。在分析化学的设计实验中，要求学生自己查阅相关文献资料，制订实验方案。

检索方法归纳如下：

(1) 查阅有关化学常数、物理常数、缓冲溶液的配制、各类有机试剂的应用等，一般是查手册。

(2) 查阅有关分析方法。当接受一项分析任务时，如何选用合适的分析方法，要根据被分析物的性质、组成、含量的高低及对分析结果准确度等的要求来选择。

(3) 查阅某一研究课题的有关资料。需要系统地检索近几年甚至十几年来该课题有关的研究动态，这就需要借助引文、索引和文摘。

利用计算机等现代化设备进行检索，途径多、速度快。例如，利用互联网上的化学信息，打破了地理上的障碍，避免了时间的延迟，极大地提高了情报资料的可获取性和速度。

1.7.3　几种常用的科技文献检索数据库

1. 中国知网全文数据库

中国知网(China National Knowledge Infrastructure,CNKI)是目前世界上最大的连续动态更新的中国学术期刊全文数据库,收录了国内 7000 多种学术期刊,内容覆盖自然科学、工程技术、农业、哲学、医学、人文科学、社会科学等各个领域,全文文献总量 2200 多万篇。总库共分为 8 个专业文献库(基础科学、工程科技Ⅰ、工程科技Ⅱ、哲学与人文科学、社会科学Ⅰ、社会科学Ⅱ、信息科技和经济与管理科学),168 个专题数据库。收录年限从 1915 年至今。CNKI 中心网站及数据库交换服务中心每日更新,各镜像站点通过互联网或者卫星传送数据可实现每日更新。CNKI 主页网址为 http://www. cnki. net,如图 1-2 所示。

图 1-2　中国知网全文数据库主页

进入主页后选择一种文献类型,如文献、期刊、博硕论文、会议论文等,然后选择一种检索途径(字段),包括:主题、篇名、作者、单位、关键词、摘要、参考文献、中图分类号、文献来源等。其检索方式有两种:①基本检索(默认状态),方法是输入检索词,点击检索,即可查询相关文献,方便快捷;②高级检索,可控制多个检索条件,使结果更符合期望。

注意:全文采用 CAJ 格式和 PDF 格式阅读,CAJ 格式必须用 CAJ Viewer 阅读,而 PDF 格式可以用 Acrobat Reader 和 CAJ Viewer 阅读。所以推荐读者使用 CAJ Viewer。可在中国知网主页点击“常用软件下载”,下载并安装阅读器。CAJ 全文浏览器已更新多版本,如果版本太旧,打开全文时可能会出现乱码等现象,可关注并下载安装最新版 CAJ 全文浏览器软件。

2. *万方数据库*

万方数据库是由北京万方数据股份有限公司开发的，是涵盖期刊、会议纪要、论文、学术成果、学术会议论文的大型网络数据库，也是和中国知网齐名的专业学术数据库。其开发公司——北京万方数据股份有限公司是国内第一家以信息服务为核心的股份制高新技术企业，是在互联网领域集信息资源产品、信息增值服务和信息处理方案为一体的综合信息服务商。万方数据库主页网址为 http://www.wanfangdata.com.cn，如图 1-3 所示。

图 1-3　万方数据库主页

3. *超星数字图书馆*

超星数字图书馆为目前世界最大的中文在线数字图书馆，提供大量的电子图书资源，包括数百万册电子图书、500 万篇论文，全文总量 13 亿余页，数据总量 1×10^6 GB，并且每天仍在不断地增加与更新。超星数字图书馆成立于 1993 年，是国家“863”计划中国数字图书馆示范工程项目，2000 年 1 月在互联网上正式开通，由北京世纪超星信息技术发展有限责任公司投资兴建。图书馆内容覆盖范围涉及哲学、宗教、社科总论、经典理论、民族学、经济学、自然科学总论、计算机等各个学科门类。收录年限为 1977 年至今。超星数字图书馆的主页网址为 http://book.chaoxing.com，如图 1-4 所示。

4. *ISI 数据库*

美国费城科学情报所（Institute for Scientific Information，ISI）编辑出版了三种分别涉及各学科领域的引文索引，即 *Science Citation Index*（SCI，科学引文索引）、*Social Science Citation Index*（SSCI，社会科学引文索引）、*Arts & Humani-*

图 1-4　超星数字图书馆主页

ties Citation Index（A&HCI，艺术和人文科学引文索引）。其中 SCI 的内容主要侧重自然科学的基础学科，所选刊物来源于 40 多个国家，有 50 多种文字形式。与 SCI 对应，SSCI 和 A&HCI 主要反映社会科学、艺术和人文科学方面的内容。

ISI 在选择期刊时运用引文分析和同行评估相结合的方法，充分考虑期刊的学术价值，使得 SCI 等成为国际公认的反映基础学科科研水准的代表性工具，并成为世界公认的文献统计源和检索源。目前 ISI 引文索引（以 SCI 为例）的出版形式有四种：印刷版、光盘版（SCI CDE ）、联机版（SeiSearch ）和 Web 版（SCI-EXPANDED）。可直接通过 Web 版对 ISI 的引文索引数据库进行检索。随着计算机和互联网的迅猛发展，网上存储介质可容纳海量信息的特点使得 ISI 数据库 Web 版提供的信息量较其他版本大，其收录的期刊也比其他版本多。Web 界面的人性化特点使得用户无需掌握任何检索命令，只要按界面提示进行操作即可，检索过程简单方便，易于对用户进行普及。由于 WWW 技术的发展，各种检索技术和检索功能在 Web 界面中都能得到实现和不断完善，因而基于 Web 的检索是当前的主要趋势。Web of Knowledge 数据库的主页网址为 http://isiknowledge.com，如图 1-5 所示。

Web of Knowledge 能对 ISI 三种引文索引的目录信息数据库进行存取，每周都有数据更新到数据库中。由于这些数据库是被索引过的，所以提供了从主题、著者、期刊名称及著者地址的角度进行检索的常规检索途径。在数据库的记录中包括文章引用的参考文献书目，数据库还提供"引用参考文献检索"的途径，即从某篇已知论著的著者入手，检索引用参考了这篇论著的其他文章。通过 Web of Knowledge 的页面，可以在数据库中查找已发表或出版的论著，可以浏览完整的书目记录，并通过标记表将这些记录或打印输出，或保存成文本文件，或发送

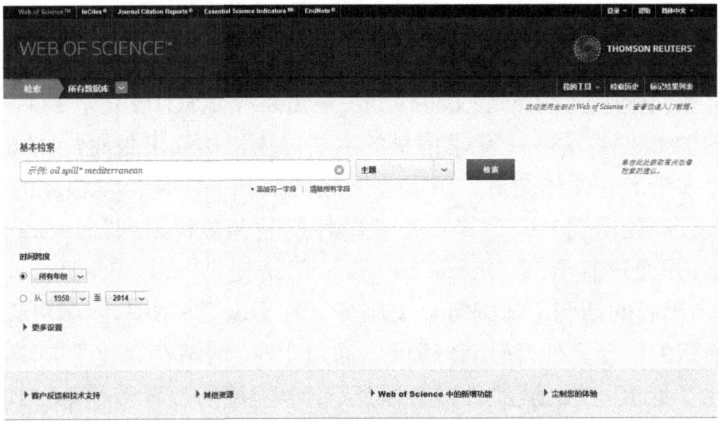

图 1-5　ISI 数据库主页

Email，或订购全文。浏览书目记录时，能直接与同一主题的其他文章的书目记录链接。对常用的检索式，可保存到硬盘上，以备以后使用。

5. 美国化学学会数据库

美国化学学会(American Chemical Society，ACS)成立于 1876 年，现已成为世界上最大的科技协会之一。ACS 一直致力于为全球化学研究机构、企业及个人提供高品质的文献资讯及服务，在科学、教育、政策等领域提供多方位的专业支持，成为享誉全球的科技出版机构。ACS 出版的化学及相关学科期刊具有很高的质量，据 JCR 统计，ACS 的期刊是化学领域中被引用次数最多的期刊。ACS 出版的 36 种纸本期刊都有电子版，每一种期刊都回溯到期刊的创刊卷，最早的到 1879 年。ACS 的主页网址为 http://pubs. acs. org，如图 1-6 所示。

图 1-6　美国化学学会数据库主页

6. 英国皇家化学学会数据库

英国皇家化学学会(Royal Society of Chemistry,RSC)成立于1841年,是一个国际权威的学术机构,是一个化学信息的主要传播机构和出版商,目前拥有来自全世界的4万多个人和团体会员。该学会出版的期刊一向是化学领域的核心刊物,属被引频次较高的期刊。RSC提供检索单种期刊和多种期刊“Advance Articles”的专门检索,并通过其RSC Online Journals网站提供“Advance Articles”先于印刷版4～6周出版的期刊论文网络全文服务。在RSC网站中,除了可以获得RSC出版期刊的相关信息之外,使用者还可以通过RSC网站获得化学领域相关资源,如最新的化学研究进展、学术研讨会信息、化学领域的教育传播等。RSC的主页网址为http://www.rsc.org,如图1-7所示。

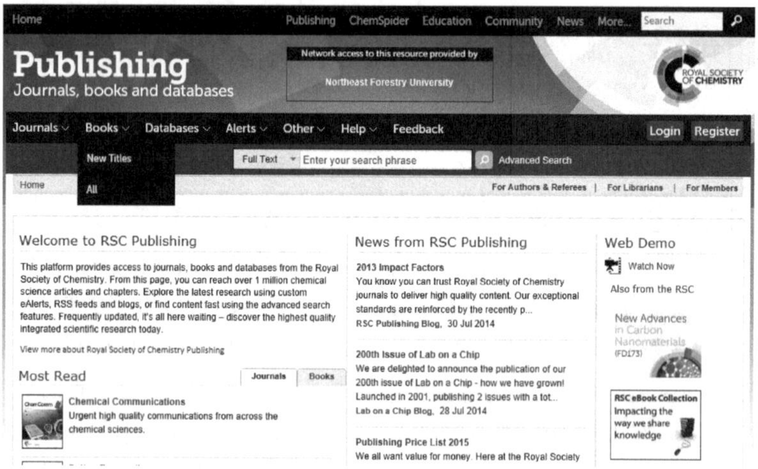

图1-7　英国皇家化学学会数据库主页

7. Elsevier数据库

荷兰Elsevier出版集团是全球最大的科技与医学文献出版发行商之一,已有180多年的历史。ScienceDirect系统是Elsevier公司的核心产品,自1999年开始向读者提供电子出版物全文在线服务,包括Elsevier出版集团所属的2500多种同行评议期刊和6000多种系列丛书、手册及参考书等,内容涵盖四大类、24个学科、数百个专业领域,数据库收录全文文章总数已超过950多万篇,可提供检索、浏览、下载或打印期刊原文服务。Elsevier数据库的主页网址为http://www.sciencedirect.com,如图1-8所示。

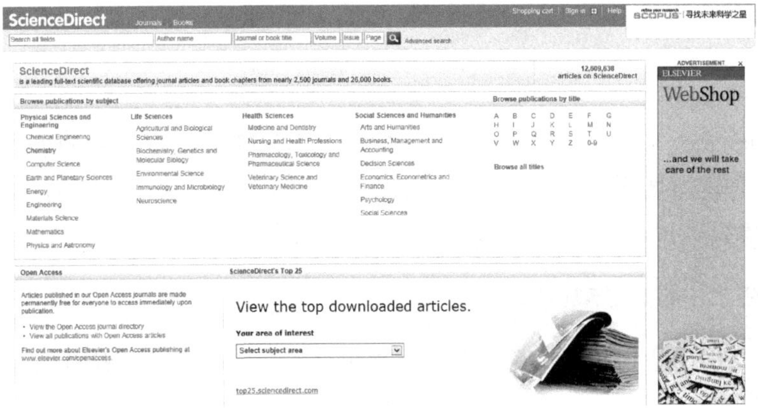

图 1-8　Elsevier 数据库主页

8. SpringerLink 数据库

自 1996 年推出以来，SpringerLink 已是全球超大的在线科学、技术和医学领域学术资源平台。New Springer 出版社由原 Kluwer 出版社与原 Springer 出版社合并，现通过 SpringerLink 网络平台提供 1600 余种学术期刊的全文服务。涉及的学科范围包括：生物医学和生命科学、数学、医学、物理与天文、行为科学、商业与经济、化学和材料科学、计算机科学、地球和环境科学、工程科学、人文、社会科学和法律、统计学。Springer 回溯期刊库包括 920 余种期刊，共 3 万余期，其中绝大部分期刊均从第 1 卷第 1 期开始提供，有些期刊的访问年限远至 1854 年。SpringerLink 数据库的主页网址为 http://link.springer.com，如图 1-9 所示。

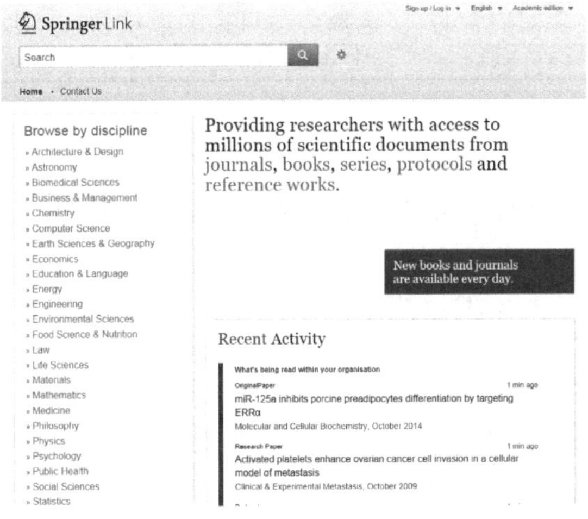

图 1-9　SpringerLink 数据库主页

1.8 实验室安全

保护实验人员的安全和健康，防止环境污染，保证实验安全而有效地进行是实验教师工作的重要内容。根据实验室工作的特点，实验室安全包括防火、防爆、防毒、保证压力容器和气瓶的安全、电气安全和防止环境污染等方面。

1.8.1 防止中毒、化学灼伤、割伤

(1) 一切药品和试剂要有与其内容物相符的标签。剧毒药品严格遵守保管、领用制度。

(2) 严禁试剂入口及以鼻直接接近瓶口进行鉴别。如需鉴别，应将试剂瓶口远离鼻子，用手轻轻煽动，稍闻即止。

(3) 处理有毒的气体、产生蒸气的药品及有毒有机溶剂(如氮氧化物、溴、氯、硫化氢、汞、砷化物、甲醇、乙腈、吡啶等)必须在通风橱内进行。

(4) 取用腐蚀性药品，如强酸、强碱、浓氨水、浓过氧化氢、氢氟酸、冰醋酸和溴水等，尽可能戴上防护眼镜和手套，操作后立即洗手。如果瓶子较大，应一手托底部，一手拿瓶颈。

(5) 稀释硫酸时，必须在烧杯等耐热容器中进行，必须在玻璃棒不断搅拌下缓慢地将酸加入水中。溶解氢氧化钠、氢氧化钾等时大量放热，也必须在耐热的容器中进行。

(6) 切割玻璃管(棒)及将玻璃管插入橡皮塞时极易割伤，应按规程操作，垫以厚布。向玻璃管上套橡皮管时，应选择合适直径的橡皮管，并用水、肥皂水润湿，玻璃管口先烧圆滑。把玻璃管插入橡皮塞时，应握住塞子的侧面进行。

1.8.2 防火、防爆

(1) 实验室内应备有灭火用具、急救箱和个人防护器材。实验人员要熟知这些器材的使用方法。

(2) 煤气灯及煤气管道要经常检查是否漏气。如果在实验室已闻到煤气的气味，应立即关闭阀门，打开门窗，不要接通任何电器开关(以免发生火花)。禁止用火焰在煤气管道上寻找漏气的地方，应该用家用洗涤剂水或肥皂水来检查漏气。

(3) 操作、倾倒易燃液体时应远离火源，瓶塞打不开时，切忌用火加热或贸然敲打。倾倒易燃液体时要有防静电措施。

(4) 加热易燃溶剂必须在水浴或严密的电热板上缓慢进行，严禁用火焰或电炉直接加热。

(5) 点燃煤气灯时,必须先关闭风门,划着火柴,再开煤气,最后调节风量。停用时要先闭风门,后闭煤气。不依次序,就有发生爆炸和火灾的危险。另外,要防止煤气灯内燃。

(6) 使用酒精灯时,注意酒精切勿装满,应不超过容量的2/3,灯内酒精不足1/4容量时,应灭火后添加酒精。燃着的灯焰应用灯帽盖灭,不可用嘴吹灭,以防引起灯内酒精起燃。酒精灯应用火柴点燃,不应用另一燃着的酒精灯来点燃,以防失火。

(7) 易爆炸类药品(如苦味酸、高氯酸、高氯酸盐、过氧化氢等)应放在低温处保管,不应和其他易燃物放在一起。

(8) 蒸馏可燃物时,应先通冷却水后通电,要时刻注意仪器和冷凝器是否正常工作。如需往蒸馏器内补充液体,应先停止加热,放冷后再进行。

(9) 易发生爆炸的操作不得对着人进行,必要时操作人员应戴面罩或使用防护挡板。

(10) 身上或手上沾有易燃物时,应立即清洗干净,不得靠近灯火,以防着火。

(11) 严禁将可燃物与氧化剂一起研磨。工作中不要使用不知成分的物质,因为反应时可能形成危险的产物(包括易燃、易爆或有毒产物)。在必须进行性质不明的试验时,应尽量先从最小剂量开始,同时要采取安全措施。

(12) 易燃液体的废液应设置专用储器收集,不得倒入下水道,以免引起燃爆事故。

(13) 煤气灯、电炉周围严禁有易燃物品。电烘箱周围严禁放置可燃、易燃及挥发性易燃液体。不能烘烤释放易燃蒸气的物料。

一旦发生火灾,要冷静沉着,及时采取灭火措施。若局部起火,应立即切断电源,关闭煤气阀门,用湿抹布或石棉布覆盖熄灭。若火势较猛,应根据具体情况选用适当的灭火器进行灭火,并立即与有关部门联系,请求救援。

我国对火灾的分类采用国际标准化组织的分类方法,根据燃烧物的性质将火灾分为A、B、C、D四类。A类火灾是指由固体物质燃烧发生的火灾。产生A类火灾的物质包括:木材、棉、麻等纤维材料,丝、毛等含蛋白材料,合成纤维、塑料、橡胶等。B类火灾是指由液体物质和在燃烧条件下可熔化的固体物质燃烧所产生的火灾。产生B类火灾的物质包括:石油及石油工业产品,如原油、汽油、煤油、柴油、燃料油、苯、萘等含有烷烃的有机液体;醇、酯、醚、酮、胺等极性液体;沥青、石蜡、油脂等合成材料。C类火灾是指由气体物质燃烧造成的火灾。常见的产生C类火灾的气体有煤气、天然气、乙烷、丁烷、乙烯、氢等。D类火灾是指由金属燃烧产生的火灾。常见的产生D类火灾的物质有镁、钠、钾等碱金属或轻金属。

燃烧必须具备三要素——着火源、可燃物、助燃剂(如氧气)。灭火就是去掉其中一个因素。水是最廉价的灭火剂，适用于一般木材、各种纤维及可溶(或半溶)于水的可燃液体着火。沙土的灭火原理是隔绝空气，用于不能用水灭火的着火物。石棉毯或薄毯的灭火原理也是隔绝空气，用于扑灭人身上燃着的火。

实验室应配备灭火器，不同灭火器适用的火灾类型及场所不同，表 1-23 列出了常用的灭火器及适用范围。实验室应选择适用的灭火器，实验人员都应熟知灭火器的使用方法。灭火器材应定期检查，并按有效期更换。

表 1-23　常用灭火器及适用范围

灭火器	灭火剂	适用范围
二氧化碳灭火器	液体二氧化碳(气态的清洁灭火器)	用于扑灭油类、易燃液体、气体和电气设备的初起火灾，人员应避免长期接触
"1211"灭火器	"1211"即二氟一氯一溴甲烷(灭火原理为化学抑制)	用于油类、档案资料、电气设备及贵重精密仪器的着火，因破坏大气臭氧层，逐渐限制生产和使用
干粉灭火器	ABC 型为内装磷酸铵盐干粉灭火剂，BC 型为内装碳酸氢钠干粉灭火剂	用于扑灭油类、可燃液体、气体和电气设备的初起火灾，灭火速度快
合成泡沫	发泡剂为蛋白、氟碳表面活性剂等	扑救非水溶性可燃液体、油类和一般固体物质火灾

1.8.3　化学毒物及中毒的救治

1. 毒物

某些侵入人体的少量物质引起局部刺激或整个机体功能障碍的任何疾病都称为中毒，这类物质称为毒物。根据毒物侵入的途径，中毒分为摄入中毒、呼吸中毒和接触中毒。接触中毒和腐蚀性中毒有一定区别，接触中毒是通过皮肤进入皮下组织，不一定立即引起表面的灼伤，腐蚀性中毒是使接触它的那一部分组织立即受到伤害。

毒物的剂量与效应之间的关系称为毒物的毒性，习惯上用半致死剂量(LD_{50})或半致死浓度(LC_{50})作为衡量急性毒性大小的指标，将毒物的毒性分为剧毒、高毒、中等毒、低毒、微毒五级。上述分级未考虑其慢性毒性及致癌作用，我国国家标准 GB 5044—1985《职业性接触毒物危害程度分级》根据毒物的 LD_{50} 值、急慢性中毒的状况与后果、致癌性、工作场所最高允许浓度等 6 项指标全面权衡，将毒物的危害程度分为Ⅰ～Ⅳ级，分级依据列于表 1-24 中。

表 1-24　职业性接触毒物危害程度分级

级别	毒物名称
Ⅰ级(极度危害)	汞及其化合物、苯、砷及其无机化合物(非致癌的除外)、氯乙烯、铬酸盐与重铬酸盐、黄磷、铍及其化合物、对硫磷、羰基镍、八氟异丁烯、氯甲醚、锰及其无机化合物、氰化物
Ⅱ级(高度危害)	三硝基甲苯、铅及其化合物、二硫化碳、氯、丙烯腈、四氯化碳、硫化氢、甲醛、苯胺、氟化氢、五氯酚及其钠盐、镉及其化合物、敌百虫、氯丙烯、钒及其化合物、溴甲烷、硫酸二甲酯、金属镍、甲苯二异氰酸酯、环氧氯丙烷、砷化氢、敌敌畏、光气、氯丁二烯、一氧化碳、硝基苯
Ⅲ级(中度危害)	苯乙烯、甲醇、硝酸、硫酸、盐酸、甲苯、二甲苯、三氯乙烯、二甲基甲酰胺、六氯丙烯、苯酚、氮氧化物
Ⅳ级(轻度危害)	溶剂汽油、丙酮、氢氧化钠、四氟乙烯、氨

2. 中毒症状与救治方法

实验人员应了解毒物的侵入途径、中毒症状和急救办法。在工作中贯彻预防为主的方针,减少化学毒物引起的中毒事故。一旦发生中毒应争分夺秒正确地采取自救互救措施,力求在毒物被吸收以前实现抢救,直至医生到来。表 1-25 简要地列出了部分化学毒物的中毒症状及救治办法,供参考。

表 1-25　常见化学毒物的急性致毒作用、症状与救治方法

分类	名称	主要致毒作用及症状	救治方法
酸	硫酸 盐酸 硝酸	接触:硫酸致局部红肿痛,重者起水泡、呈烫伤症状;硝酸、盐酸腐蚀性小于硫酸 吞服:强烈腐蚀口腔、食道、胃黏膜	立即用大量流动清水冲洗,再用 2%碳酸氢钠水溶液冲洗,然后清水冲洗 初服可洗胃,时间长忌洗胃以防穿孔,应立即服 7.5%氢氧化镁悬液 60 mL,鸡蛋清调水或牛奶 200 mL
	氢氟酸	局部烧灼感,开始疼痛较小不易察觉;氢氟酸渗入指甲,剧痛 眼烧伤	立即用大量水冲洗,伤处浸入:①0.1%～0.133%氯化苄烷铵水或乙醇溶液(冰镇);②饱和硫酸镁溶液(冰镇);③70%乙醇溶液(冰镇)。上述方法任选一种,①的效果最佳 大量清洁冷水淋洗,每次 15 min,间隔 15 min

续表

分类	名称	主要致毒作用及症状	救治方法
强碱	氢氧化钠 氢氧化钾	接触：强烈腐蚀性，化学烧伤 吞服：口腔、食道、胃黏膜糜烂	迅速用水、柠檬汁、2%乙酸或2%硼酸水溶液洗涤 禁洗胃或催吐，给服稀乙酸或柠檬汁500 mL，或0.5%盐酸100～500 mL，再服蛋清、牛奶、淀粉糊、植物油等
无机物	汞及其化合物	大量吸入汞蒸气或吞食二氯化汞等汞盐会引起急性汞中毒，表现为恶心、呕吐、腹痛、腹泻、全身衰弱、尿少或尿闭，甚至死亡 汞蒸气慢性中毒症状：头晕、头痛、失眠等神经衰弱症候群；自主神经功能紊乱、口腔炎及消化道症状及震颤皮肤接触	误服者不得用生理盐水洗胃，迅速灌服鸡蛋清、牛奶或豆浆，送医院治疗 脱离接触汞的岗位，医院治疗 大量水冲洗后，湿敷3%～5%硫代硫酸钠溶液，不溶性汞化合物用肥皂和水洗
	砷及其化合物	皮肤接触 吞服：恶心、呕吐、腹痛、剧烈腹泻 粉尘和气体也可引起慢性中毒	用肥皂和水冲洗，皮炎可涂2.5%二巯基丙醇油膏 立即洗胃、催吐，洗胃前服新配氢氧化铁溶液（12%硫酸亚铁与20%氧化镁混悬液等量混合）催吐，或服蛋清或牛奶，导泻，医生处置
	氰化物	皮肤烧伤 吸入氰化钾或吞食氰化钾：量大者造成组织细胞窒息，呼吸停止而死亡 急性中毒：胸闷、头痛、呕吐、呼吸困难、昏迷 慢性中毒：神经衰弱症状、肌肉酸痛等	大量水冲洗，依次用万分之一的高锰酸钾和硫化铵洗涤，或用0.5%硫代硫酸钠冲洗 用亚硝酸异戊酯、亚硝酸钠、硫代硫酸钠解毒（医生进行）
	铬酸、重铬酸钾等铬化合物	铬酸、重铬酸钾对黏膜有剧烈的刺激，产生炎症和溃疡；铬的化合物可以致癌	用5%硫代硫酸钠溶液清洗受污染皮肤
有机物	石油烃类（石油产品中的各种饱和或不饱和烃）	吸入高浓度汽油蒸气，出现头痛、头晕、心悸、神志不清等 汽油对皮肤有脂溶性和刺激性，皮肤干燥、皲裂，个别出现红斑、水疱 石油烃能引起呼吸、造血、神经系统慢性中毒症状 某些润滑油和石油残渣长期刺激皮肤可能引发皮癌	移至新鲜空气处，重症可给予吸氧 温水清洗 医生治疗 涂5%炉甘石洗剂

续表

分类	名称	主要致毒作用及症状	救治方法
有机物	苯及其同系物(如甲苯)	吸入蒸气及皮肤渗透 急性:头晕、头痛、恶心,重者昏迷、抽搐甚至死亡 慢性:损害造血系统、神经系统	皮肤接触用清水洗涤 人工呼吸、输氧、医生处置
	三氯甲烷	皮肤接触:干燥、皲裂 吸入高浓度蒸气急性中毒:眩晕、恶心、麻醉 慢性中毒:肝、心、肾损害	皮肤皲裂者选用 10%尿素冷霜 脱离现场,吸氧,医生处置
	四氯化碳	接触:皮肤因脱脂而干燥、皲裂 吸入,急性:黏膜刺激、中枢神经系统抑制和胃肠道刺激症状 慢性:神经衰弱症候群,损害肝、肾	2%碳酸氢钠或 1%硼酸溶液冲洗皮肤和眼 脱离中毒现场并采取急救,人工呼吸、吸氧
	甲醇	吸入蒸气中毒,也可经皮肤吸收 急性:神经衰弱症状,视力模糊,酸中毒症状 慢性:神经衰弱症状,视力减弱,眼球疼痛 吞服 15 mL 可导致失明,70～100 mL 致死	皮肤污染用清水冲洗 溅入眼内,立即用 2%碳酸氢钠冲洗 误服,立即用 3%碳酸氢钠溶液充分洗胃,然后由医生处置
	芳烃、芳族硝基化合物	吸入或皮肤渗透 急性中毒致高铁血红蛋白症、溶血性贫血及肝脏损害	皮肤接触用温肥皂水(忌用热水)洗,苯胺可用 5%乙酸或 70%乙醇洗
气体	氮氧化物	呼吸系统急性损害 急性中毒:口腔、咽喉黏膜、眼结膜充血,头晕,支气管肺炎、肺炎、肺水肿 慢性:呼吸道病变	移至新鲜空气处,必要时吸氧
	二氧化硫 三氧化硫	对上呼吸道及眼结膜有刺激作用;结膜炎、支气管炎、胸痛、胸闷	移至新鲜空气处,必要时吸氧,用 2%碳酸氢钠洗眼
	硫化氢	眼结膜、呼吸及中枢神经系统损害 急性:头晕、头痛甚至抽搐昏迷;久闻不觉其气味更具危险性	移至新鲜空气处,必要时吸氧,用生理盐水洗眼

注:严重者现场急救处理后速送医院。

实验室接触毒物造成中毒可能发生在取样、管道破裂或阀门损坏等意外事故中，或样品溶解时通风不良，有机溶剂萃取、蒸馏等操作中发生意外。预防中毒的措施主要有：①改进实验设备与试验方法，尽量采用低毒品代替高毒品；②有符合要求的通风设施将有害气体排除；③消减二次污染源，即减少有毒蒸气的逸出及有毒物质的洒落、泼溅；④选用必要的个人防护用具如眼镜、防护油膏、防毒面具、防护服装等。

1.8.4 有毒化学物质的处理

实验室需要排放的废水、废气、废渣称为实验室“三废”。由于各类实验室测定项目不同，产生的“三废”中所含化学物质的毒性不同，数量也有很大的差别。为了保证实验人员的健康及防止环境污染，实验室“三废”的排放也应遵守《中华人民共和国环境保护法》、《中华人民共和国水污染防治法》等法规的有关规定。

1. 汞蒸气及其他废气

长期吸入汞蒸气会造成慢性中毒，为了减少汞液面的蒸发，可在汞液面上覆盖化学液体：甘油效果最好，5% $Na_2S \cdot 9H_2O$ 溶液次之，水效果最差。

对于溅落的汞，应尽量捡拾起来，颗粒直径大于 1 mm 的汞可以用吸气球或真空泵抽吸的拣汞器拣起来。拣过汞的地点可以洒上多硫化钙、硫磺或漂白粉，或喷洒药品使汞生成不挥发的难溶盐，干后扫除。药品为：①20%三氯化铁溶液；②1%碘-1.5%碘化钾溶液，每平方米使用 300～500 mL。

对吸附在墙壁、地板及设备表面上的汞可以用加热熏碘法除去，按每平方米 0.5 g 碘加热熏蒸，或下班前关闭门窗，任其自然升华，次日移去。

以上除汞方法中，三氯化铁及碘蒸气对碱金属有腐蚀作用，采用这两种方法时要注意对室内精密仪器的防护。

另外，也可用紫外灯除汞，紫外辐射激发产生的臭氧可使分散在物体表面和缝隙中的汞氧化为不溶性的氧化汞。可以利用无人的非工作时间辐照。

实验室的少量废气一般可由通风装置直接排至室外，毒性大的气体可参考工业废气处理办法用吸附、吸收、氧化、分解等方法处理后排放。

2. 废液

为了控制水污染，我国制定了多个国家标准，按照国家综合排放标准与国家行业排放标准不交叉执行的原则，很多行业（如造纸、纺织、钢铁、磷肥、烧碱、聚氯乙烯工业等）执行各自的水污染排放标准，其他单位执行 GB 8978—1996《污水综合排放标准》。

GB 8978—1996《污水综合排放标准》中将能在环境或动物体内蓄积、对人体产生长远影响的污染物称为第一类污染物，对其允许排放浓度做了严格的规定。长远影响小于第一类污染物的称为第二类污染物，根据排入水域的 3 种级别对挥发酚、氰化物、氟化物、生化需氧量、化学耗氧量等 20 种污染物规定了最高允许排放浓度，详见 GB 8978—1996。

实验室废液可以分别搜集进行处理，下面介绍集中处理方法。

(1) 无机酸类：将废液缓慢倒入含碳酸钠或氢氧化钙的水溶液中或用废碱相互中和，中和后用大量水稀释。

(2) 氢氧化钠、氨水：用 6 $mol \cdot L^{-1}$盐酸水溶液中和，用大量水稀释。

(3) 含汞、砷、锑、铋等离子的溶液：控制溶液酸度为 0.3 $mol \cdot L^{-1}$，使其生成硫化物沉淀。

(4) 含氰废液：加入氢氧化钠使 pH≥10，加入过量的高锰酸钾(3%)溶液，使 CN^- 氧化分解。如果 CN^- 含量高，可加入过量的次氯酸钙和氢氧化钠溶液。

(5) 含氟废液：加入石灰使生成氟化钙沉淀。

(6) 可燃性有机物：用焚烧法处理。焚烧炉的设计要确保安全、保证充分燃烧，如果有有毒气体产生应设洗涤器。不易燃烧的可先用废易燃溶剂稀释。

3. 废渣

废弃的有害固体药品严禁倒在生活垃圾处，必须经处理解毒后丢弃。处理方法可参阅有关专著[姚守拙. 1992. 现代实验室安全与劳动保护手册(下册). 北京：化学工业出版社]。

1.8.5　电气安全

实验室接触的物质可能是易燃易爆的，如有机溶剂、高压气体等，又可能使用大型现代化仪器。因此，保障电气安全对人身及仪器设备的保护都是非常重要的。

1. 电击防护

触电事故主要指电击。通过人体的电流越大，伤害越严重。电流取决于施加的电压和人体电阻。不能引起生命危险的电压称为安全电压，一般规定为 36 V。电击的防护措施如下：

(1) 电气设备完好，绝缘好。发现设备漏电要立即修理。不得使用不合格的或绝缘损坏、已老化的线路。建立定期维护检查制度。

(2) 良好的保护接地。将电气设备在正常情况下不带电的金属部分与接地体之间做良好的金属连接。

(3) 使用漏电保护器。

2. 静电防护

静电是在一定的物体中或其表面上存在的电荷。一般 3～4 kV 的静电电压便会使人有不同程度的电击感觉。

1）静电危害

（1）危及大型精密仪器的安全。现代化仪器中大量使用高性能元件，很多元件对静电放电敏感，造成器件损坏，安装在印刷电路板上的元器件更易损坏。

（2）静电电击危害。静电电击和触电电击不同，触电电击是指触及带电物体时电流持续通过人体造成的伤害，而静电电击是静电放电时瞬间产生的冲击性电流通过人体时造成的伤害。它虽不会引起生命危险，但放电时引起人摔倒、电子仪器失灵及放电的火花可引起易燃混合气体的燃烧爆炸，因此必须加以防护。

2）静电防护措施

（1）防静电区内不要使用塑料地板、地毯或其他绝缘性好的地面材料，可以铺设导电性地板。

（2）在易燃易爆场所，应穿导电纤维及材料制成的防静电工作服、防静电鞋（电阻应在 150 kΩ 以下），戴防静电手套。不要穿化纤类织物、胶鞋及绝缘鞋底的鞋。

（3）高压带电体应有屏蔽措施，以防人体感应产生静电。

（4）进入实验室应徒手接触金属接地棒，以消除人体从外界带来的静电。坐着工作的场所可在手腕上戴接地腕带。

（5）提高环境空气中的相对湿度，当相对湿度超过 65%～70%时，物体表面电阻降低，便于静电逸散，但这对精密仪器的生产、使用、维修过程仍不能满足要求（在防静电安全区内静电电压不得超过 100 V）。

3. 用电安全守则

（1）不得私自拉接临时供电线路。

（2）不准使用不合格的电气设备。室内不得有裸露的电线。保持电器及电线的干燥。

（3）正确操作闸刀开关，应使闸刀处于完全合上或完全拉断的位置，不能若即若离，以防接触不良打火花。禁止将电线头直接插入插座内使用。

（4）新购的电器使用前必须全面检查，防止因运输震动电线连接松动，确认没问题并接好地线后方可使用。

（5）使用烘箱和高温炉时，必须确认自动控温装置可靠。同时还需人工定时监测温度，以免温度过高。不得把含有大量易燃易爆溶剂的物品送入烘箱或高温炉加热。

(6) 电源或电器的保险丝烧断时,应先查明原因,排除故障后再按原负荷换上适宜的保险丝。

(7) 使用高压电源工作时,要穿绝缘鞋、戴绝缘手套并站在绝缘垫上。

(8) 擦拭电气设备前应确认电源已全部切断。严禁用潮湿的手接触电器和用湿布擦电门。

第 2 章　定量分析仪器和基本操作

2.1　分析化学实验常用玻璃器皿

2.1.1　常用玻璃器皿简介

实验室中大量使用玻璃仪器，是因为玻璃具有一系列可贵的性质，有很高的化学稳定性、热稳定性，有很好的透明度、一定的机械强度和良好的绝缘性能。玻璃原料来源方便，并可以用多种方法按需要制成各种不同形状的产品。用于制作玻璃仪器的玻璃称为仪器玻璃，用改变玻璃化学组成的方法可以制出适应各种不同要求的玻璃。

玻璃的化学成分主要是 SiO_2、CaO、Na_2O、K_2O。引入 B_2O_3、Al_2O_3、ZnO、BaO 等可使玻璃具有不同的性质和用途。表 2-1 列出了各种仪器玻璃的化学组成、性质及用途。

表 2-1　仪器玻璃的化学组成、性质及用途*

玻璃名称	通称	化学组成 $w/\%$①						线膨胀系数②	耐热急变温差	软化点	主要用途
		SiO_2	Al_2O_3	B_2O_3	Na_2O/K_2O	CaO	ZnO				
特硬玻璃	特硬料	80.7	2.1	12.8	3.8	0.6	—	3.2×10^{-6}	≥270 ℃	820 ℃	制作烧器类耐热产品
硬质玻璃	九五料	79.1	2.1	12.5	5.7	0.6	—	4.1×10^{-6}～4.2×10^{-6}	≥220 ℃	770 ℃	制作烧器及玻璃仪器
一般仪器玻璃	管料	74	4.5	4.5	12	3.3	1.7	7.1×10^{-6}	≥140 ℃	750 ℃	制作滴管、吸管及培养皿等
量器玻璃	白料	73	5	4.5	13.2	3.8	0.5	7.3×10^{-6}	≥120 ℃	740 ℃	制作量器等

* 参见《北京玻璃厂产品样本》。

① w 是质量分数。

② 线膨胀系数是指当物体温度升高 1 K 时，单位长度上所增加的长度。

从表 2-1 中可以看出，特硬玻璃和硬质玻璃含 SiO_2 和 B_2O_3 较高，均属于高硼砷酸盐玻璃一类。它们具有较高的热稳定性，在化学稳定性方面耐酸、耐水性能好，耐碱性能稍差。一般仪器玻璃和量器玻璃为软质玻璃，其热稳定性及耐腐蚀性稍差。

玻璃的化学稳定性较好，但并不是绝对不受浸蚀，而是其受浸蚀的程度符合一定的标准。因玻璃被浸蚀而有痕量离子进入溶液中以及玻璃表面吸附溶液中的待测分析离子，是微量分析要注意的问题。氢氟酸很强烈地腐蚀玻璃，故不能用玻璃仪器进行含有氢氟酸的实验。碱液特别是浓或热碱液明显地腐蚀玻璃。储存碱液的玻璃仪器如果是磨口仪器，还会使磨口粘在一起无法打开。因此，玻璃容器不能长时间存放碱液。

石英玻璃属于特种仪器玻璃，其理化性能与玻璃有同又有异，它有极其优良的化学稳定性和热稳定性，但价格较贵。

化学实验室所用的玻璃仪器种类很多，各种不同专业的实验室还用到一些特殊的玻璃仪器，这里主要介绍一般的玻璃仪器及一些磨口玻璃仪器的知识。常用玻璃仪器的名称、规格、用途见表 2-2。

表 2-2　常用玻璃仪器名称、规格、用途

名称	规格	主要用途	使用注意事项
烧杯	容量/mL：10、15、25、50、100、250、400、500、600、1000、2000	配制溶液、溶样等	加热时应置于石棉网上，使其受热均匀，一般不可烧干
锥形瓶（三角烧瓶）	容量/mL：50、100、250、500、1000	加热处理试样和容量分析滴定	除有与上相同的要求外，磨口三角烧瓶加热时要打开塞，非标准磨口要保持原配塞
碘瓶	容量/mL：50、100、250、500、1000	碘量法或其他生成挥发性物质的定量分析	同锥形瓶
洗瓶	容量/mL：250、500、1000	装纯水洗涤仪器或装洗涤液洗涤沉淀	玻璃制的带磨口塞；也可用锥形瓶自己装配；可置于石棉网上加热；聚乙烯制的不可加热
量筒 量杯	容量/mL：5、10、25、50、100、250、500、1000、2000 量出式	粗略量取一定体积的液体	沿壁加入或倒出溶液，不能加热
容量瓶	容量/mL：5、10、25、50、100、200、250、500、1000、2000 量入式，无色、棕色	配制准确体积的标准溶液或被测溶液	非标准的磨口塞要保持原配；不能用直接火加热，可水浴加热
滴定管	容量/mL：5、10、25、50、100 无色、棕色，量出式 酸式，碱式（或聚四氟乙烯活塞）	容量分析滴定操作	活塞要原配；不能加热；不能长期存放碱液；碱管不能盛放与橡皮作用的标准溶液

续表

名称	规格	主要用途	使用注意事项
座式滴定管	容量/mL:1、2、5、10 量出式	微量或半微量分析滴定操作	只有活塞式,其余注意事项同滴定管
自动滴定管	滴定管容量 25 mL,储液瓶容量 1000 mL,量出式	自动滴定;可用于滴定液需隔绝空气的操作	除有与一般的滴定管相同的要求外,注意成套保管,另外要配打气用双连球
移液管	容量/mL:1、2、5、10、15、20、25、50、100 量出式	准确地移取一定量的液体	如果移液管未标明"吹"字,则残留在管尖末端内的溶液不可吹出
吸量管	容量/mL:0.1、0.2、0.25、0.5、1、2、5、10、25、50 完全流出式、不完全流出式	准确地移取各种不同量的液体	同移液管
称量瓶	扁形: 容量/mL 瓶高/mm 直径/mm 10 25 35 15 25 40 30 30 50 高形: 10 40 25 20 50 30	扁形用作测定水分或在烘箱中烘干基准物;高形用于称量基准物、样品	不可盖紧磨口塞烘烤,磨口塞要原配
试剂瓶、细口瓶、广口瓶、下口瓶	容量/mL:30、60、125、250、500、1000、2000、10000、20000 无色、棕色	细口瓶用于存放液体试剂;广口瓶用于装固体试剂;棕色瓶用于存放见光易分解的试剂	不能加热;不能在瓶内配制在操作过程放出大量热量的溶液;磨口塞要保持原配;不能长期存放碱性溶液,存放时应使用橡皮塞
滴瓶	容量/mL:30、60、125 无色、棕色	装需滴加的试剂	同试剂瓶
漏斗	长颈:口径 50 mm、60 mm、75 mm;管长 150 mm 短颈:口径 50 mm、60 mm;管长 90 mm、120 mm 锥体均为 60°	长颈漏斗用于定量分析、过滤沉淀;短颈漏斗用作一般过滤	不可直接明火加热
分液漏斗	容量/mL:50、100、250、500、1000 玻璃活塞或聚四氟乙烯活塞	分开两种互不相溶的液体;用于萃取分离和富集	磨口旋塞必须原配,漏水的漏斗不能使用;不可加热

续表

名称	规格	主要用途	使用注意事项
比色管	容量/mL:10、25、50、100 带刻度、不带刻度,具塞、不具塞	光度分析	不可直接明火加热,非标准磨口塞必须原配;注意保持管壁透明,不可用去污粉刷洗,以免磨伤透光面
表面皿	直径/mm:45、60、75、90、100、120	盖烧杯及漏斗等	不可直接明火加热,直径要略大于所盖容器
研钵	厚料制成;内底及杆均匀磨砂 直径/mm:70、90、105	研磨固体试剂及试样等,不能研磨与玻璃作用的物质	不能撞击,不能烘烤
干燥器	直径/mm:150、180、210 无色、棕色	保持烘干或灼烧过的物质的干燥,也可干燥少量样品	底部放变色硅胶或其他干燥剂,在磨口处涂适量凡士林;不可将红热的物体放入,放入热的物体后要时时开盖以免盖子跳起
砂芯玻璃漏斗	容量/mL:35、60、140、500	过滤	必须抽滤;不能骤冷骤热;不能过滤氢氟酸、碱等;用毕立即洗净
砂芯玻璃坩埚	容量/mL:10、15、30	重量分析中烘干需称量的沉淀	同砂芯玻璃漏斗

2.1.2　玻璃器皿的洗涤

在定量分析实验中,常使用量度溶液体积的玻璃器皿(容量器皿),如容量瓶、滴定管、移液管、吸量管等。如果这些容量器皿内壁不干净,则直接影响测量体积的准确度甚至产生杂质离子的影响,引入分析误差。可见,仪器洗涤是否符合要求,对分析工作的准确度和精密度均有影响,因此,洗净玻璃仪器不仅是一项必须做的实验前准备工作,也是一项技术性工作。已洗净的玻璃仪器应该是洁净透明的,内壁被水均匀湿润,器壁不挂水珠。玻璃仪器洗涤的方法很多,应根据实验的要求、污物的性质、沾污程度来选择。

一般来说,附着在仪器上的污物有尘土和其他不溶性物质、可溶性物质、有机物质及油污等。针对这些情况,可采用下列方法。

1. 用水刷洗

用自来水和毛刷刷洗容器上附着的尘土和水溶物。注意洗刷时不能用旧的秃顶的毛刷，也不能用力过猛，否则会戳破仪器。

2. 用去污粉洗

去污粉由碳酸钠、白土、细沙等组成，它与肥皂、合成洗涤剂一样，能去除油污和一些有机物。细沙的摩擦和白土的吸附作用使洗涤的效果更好。洗涤时，可用少量水将要洗涤的仪器润湿，用毛刷蘸取少量去污粉刷洗仪器的内外壁，最后用自来水冲去去污粉颗粒。

3. 用合成洗涤剂洗

合成洗涤剂有洗衣粉和洗洁精。市售的餐具洗涤剂是以非离子表面活性剂为主要成分的中性洗液，适合于洗涤被油脂或某些有机物沾污的器皿。可配成1%～2%的合成洗涤剂水溶液(也可用5%的洗衣粉水溶液)刷洗仪器，温热的洗涤剂去油能力更强，必要时可短时间浸泡。将滴管、吸量管、小试管等仪器浸于温热的洗衣粉水溶液中，在超声波清洗机液槽内清洗数分钟，洗涤效果极佳。

4. 用铬酸洗液洗

重铬酸钾为氧化剂，它与硫酸组成的铬酸洗液氧化力强，是实验室里最常用的强氧化洗液之一，一般称为铬酸混合剂或洗液。其配制方法十分简单，但在反应过程中能产生大量的热，并有迸溅的危险，所以在配制铬酸洗液时要特别注意。一些铬酸洗液的配方见表2-3。新配制的铬酸洗液应为深橙红色，配制比例中浓硫酸含量高的洗液效果好。铬酸洗液的配制应视需要来选择，无论使用哪种配制比例，只要是含水的，即使含水量很少，也要先将重铬酸钾溶于水，必要时可加热促溶，待溶液冷却后，再在不断搅拌下将浓硫酸缓缓加入。注意不可使温度上升得太快且不要出现铬酸结晶，配制铬酸洗液时应使用耐热的容器如酸缸等，在大量配制时需穿上防护服。

表2-3 铬酸洗液的配方

重铬酸钾	水	浓硫酸	重铬酸钾	水	浓硫酸
2 g	5 mL	65 mL	50 g	5 mL	1000 mL
10 g	20 mL	200 mL	80 g	1000 mL	100 mL
20 g	40 mL	360 mL	200 g	500 mL	500 mL

实验室的洗液有多种，表2-4为几种常用的洗液配方及使用方法。

表 2-4　几种常用的洗液配方及使用方法

洗涤液及其配方	使用方法
铬酸洗液(尽量不用):研细的重铬酸钾 20 g 溶于 40 mL 水中,慢慢加入 360 mL 浓硫酸	用于除去器壁残留油污,用少量洗液刷洗或浸泡一夜,洗液可重复使用 洗涤废液经处理解毒后方可排放
工业盐酸[浓或(1+1)]	用于洗碱性物质及大多数无机物残渣
纯酸洗液[(1+1)或(1+2)的盐酸或硝酸]	用于除去微量的离子 常法洗净的仪器浸泡于纯酸洗液中 24 h
碱性洗液(10%氢氧化钠水溶液)	水溶液加热(可煮沸)使用,其去油效果较好;注意,煮的时间太长会腐蚀玻璃
氢氧化钠-乙醇(或异丙醇):120 g 氢氧化钠溶于 150 mL 水中,用 95%乙醇稀释至 1 L	用于洗去油污及某些有机物
碱性高锰酸钾洗液:4 g 高锰酸钾溶于水中,加入 10 g 氢氧化钠,用水稀释至 100 mL	清洗油污及其他有机物质,洗后容器沾污处有褐色二氧化锰析出,再用浓盐酸或草酸洗液、硫酸亚铁、亚硫酸钠等还原剂去除
草酸洗液:5～10 g 草酸溶于 100 mL 水中,加入少量浓盐酸	洗涤使用高锰酸钾洗液后产生的二氧化锰,必要时加热使用
硝酸-氢氟酸洗液:50 mL 氢氟酸、100 mL HNO_3、350 mL 水混合,储存于塑料瓶中盖紧	利用氢氟酸对玻璃的腐蚀作用有效地去除玻璃、石英器皿表面的金属离子 不可用于洗涤量器、砂芯玻璃滤器、吸收池及光学玻璃零件
碘-碘化钾溶液:1 g 碘和 2 g 碘化钾溶于水中,用水稀释至 100 mL	洗涤用过硝酸银滴定液后留下的黑褐色沾污物,也可用于擦洗沾过硝酸钾的白瓷水槽
有机溶剂:汽油、二甲苯、乙醚、丙酮、二氯乙烷等	可洗去油污或溶于该溶剂的有机物质,用时要注意其毒性及可燃性;用乙醇配制的指示剂溶液的干渣可用盐酸-乙醇(1+2)洗液洗涤
乙醇、浓硝酸(不可事先混合)	用一般方法很难洗净的少量残留有机物可用此法:于容器内加入不多于 2 mL 的乙醇,加入 4 mL 浓硝酸,静置片刻,立即发生剧烈反应,放出大量热及二氧化氮,反应停止后再用水冲洗,操作应在通风橱中进行,不可塞住容器,应做好防护

注:如无特殊说明,实验室所用洗液均为铬酸洗液。

铬酸洗液是由重铬酸钾和浓硫酸混合组成的,具有强烈的腐蚀性和毒性,使用洗液应按以下方法操作:

(1) 使用洗液前,必须先将器皿用自来水和毛刷洗刷,倾尽水,以免稀释洗液。

(2) 洗液使用过后应倒回原瓶,以备下次再用,不能随便乱倒。当洗液变为绿色而失效时,绝不能倒入下水道,以免腐蚀金属管道,只能倒入废液缸中。

(3) 用洗液洗涤过的器皿应先用自来水冲净,再用蒸馏水润洗内壁两三次。

(4) 洗液具有很强的腐蚀性,会灼伤皮肤和破坏衣物。如果不慎将洗液洒在皮肤、衣物和实验桌上,应立即用水冲洗。

(5) 因重铬酸钾严重污染环境,应尽量少用洗液。

必须指出,洗液不是万能的,以为任何污垢都能用它洗去的看法是不对的。例如,被 MnO_2 沾污的器皿用洗液是无效的,此时可用工业盐酸、$H_2O_2+H_2SO_4$、$NaNO_2$、盐酸羟胺等还原剂洗去污垢。

实验室中常用的烧杯、锥形瓶、量筒等玻璃器皿,先用自来水润洗,可用毛刷蘸去污粉或合成洗涤剂刷洗,再用自来水冲净,最后用蒸馏水或去离子水润洗两三次。洗涤过程中还应注意刷洗器皿的外壁。

光度法中所用的比色皿是由光学玻璃制成的,也不能用毛刷刷洗。通常视被沾污的情况选用盐酸-乙醇、合成洗涤剂等浸泡后,用自来水冲净,再用蒸馏水润洗两三次。

对于每天使用的器皿或在实验室中需再洗涤的器皿,先用自来水冲净,然后用蒸馏水或去离子水润洗两三次即可。

洗涤容器时应符合少量(每次用少量的洗涤剂)多次的原则。这样既节约,又提高了效率。已洗净的容器壁上不应附着不溶物或油污。这样的器壁可以被水完全润湿。检查是否洗净时,将容器倒转过来,水即顺着器壁流下,器壁上只留下一层既薄又均匀的水膜,而不应有水珠。这样的容量器皿再用去离子水(或蒸馏水)润洗两三次便可以使用。

凡已洗净的仪器内壁不能再用布或纸擦拭,否则布或纸上掉落的纤维会沾污仪器。

2.1.3 玻璃器皿的干燥

做实验经常要用到的器皿应在每次实验完毕后洗净备用。用于不同实验的器皿对干燥有不同的要求,一般定量分析中用的烧杯、锥形瓶等器皿洗净即可使用,而用于有机分析的器皿很多是要求干燥的,有的要求没水迹,有的则要求无水。应根据不同的要求来干燥器皿。

1. 晾干

不急用的要求一般干燥的器皿,可在纯水涮洗后在无尘处倒置控去水分,然后自然干燥。可用带有透气孔的玻璃柜放置器皿。

2. 烘干

洗净的器皿控去水分,放在电烘箱或红外灯干燥箱中烘干,烘箱温度为 105～120 ℃,烘 1 h 左右。称量用的称量瓶等在烘干后要放在干燥器中冷却和保存。砂芯玻璃滤器、带实心玻璃塞的及厚壁的器皿烘干时,要注意慢慢升温并且温度不可过高，以免烘裂。玻璃量器的烘干温度不得超过 150 ℃，以免引起容积变化。

3. 吹干

急需干燥又不便于烘干的玻璃器皿，可以使用电吹风机吹干。用少量乙醇、丙酮(或最后用乙醚)倒入器皿中润洗，倒净溶剂，再用电吹风机吹。开始用冷风，然后吹入热风至干燥，再用冷风吹去残余的溶剂蒸气。此法要求通风好，要防止中毒，并要避免接触明火。

2.1.4　玻璃器皿的保管

在储藏室里玻璃器皿要分门别类地存放，以便取用。下面列出一些器皿的保管方法。

(1) 移液管：洗净后置于防尘的盒中。

(2) 滴定管：用毕洗去内装的溶液，用纯水洗后注满纯水，上盖玻璃短试管或塑料套管，也可倒置夹于滴定管夹上。

(3) 比色皿：用毕后洗净，在小瓷盘或塑料盘中下垫滤纸，倒置晾干后收于比色皿盒或洁净的器皿中。

(4) 带磨口塞的器皿：容量瓶或比色管等最好在清洗前就用小线绳或塑料细套管把塞和管口拴好，以免打破塞子或弄混。需长期保存的磨口器皿要在塞间垫一张纸片，以免日久粘住。长期不用的滴定管要除掉凡士林后垫纸，用皮筋拴好活塞保存。磨口塞间如有沙粒不要用力转动，以免损伤其精度。同理，不要用去污粉擦洗磨口部位。

(5) 成套器皿：如索氏萃取器、气体分析器等用完要立即洗净，放在专门的纸盒里保存。

不要在容器里遗留油脂、酸液、腐蚀性物质(包括浓碱液)或有毒药品，以免造成后患。

2.1.5　使用玻璃器皿常见问题的解决方法

1. 打开粘住的磨口塞

当磨口活塞打不开时，如用力拧就会拧碎，可试用以下方法：用木器敲击固着的磨口部件的一方，使固着部位因受震动而渐渐松动脱离；加热磨口塞外层，可用热水、电吹风、小火烤，间以敲击；在磨口固着的缝隙滴加几滴渗透力强的液体，如石油醚等溶剂或稀表面活性剂溶液等，有时几分钟就能打开，但也有时需几天才见效。

针对不同的情况可采取以下相应的措施：

(1) 凡士林等油状物质粘住活塞时，可以用电吹风或微火慢慢加热使油类黏度降低，或熔化后用木棒轻敲塞子来打开。

(2) 活塞长时间不用被尘土等粘住，可把它泡在水中，几小时后可打开。

(3) 活塞被碱性物质粘住时，可将器皿在水中加热至沸，再用木棒轻敲塞子来打开。

(4) 内有试剂的试剂瓶塞打不开时，若瓶内是腐蚀性试剂如 H_2SO_4 等，要在瓶外放好塑料圆桶以防瓶破裂，操作者要戴有机玻璃面罩，操作时不要使脸部离瓶口太近。打开有毒蒸气(如液溴)的瓶口要在通风橱内操作。准备工作做好后，可用木棒轻敲瓶盖，也可洗净瓶口，用洗瓶吹洗一点蒸馏水润湿磨口，再轻敲瓶盖。

(5) 对于因结晶或碱金属盐沉积及强碱粘住的瓶塞，可把瓶口泡在水中或稀盐酸中，经过一段时间可能打开。

(6) 将粘住的活塞部位置于超声波清洗机的清洗槽中，通过超声波的震动和渗透作用打开活塞，此法效果很好。

2. 玻璃磨口塞的修配

有时买来的滴定管或容量瓶等的磨口塞漏水，可以自己再进行磨口配合。把塞子和塞孔洗净，蘸上水，涂以很细的金刚砂(顺序用 300 号和 400 号金刚砂，禁止用粗颗粒的，因为它擦出的深痕以后很难去掉)，把塞子插入塞孔，用力不断转动，使其互相研磨，经过一定时间取出检查是否磨配合适。磨好的塞子不涂润滑油也不应漏水，接触处几乎透明。

2.2　分析天平基本操作

2.2.1　分析天平简介

分析天平是分析化学实验中最重要、最常用的仪器之一。常用的分析天平有半自动电光天平、全自动电光天平、单盘电光天平和电子天平等。

1. 分析天平的分类

1) 按天平结构分类

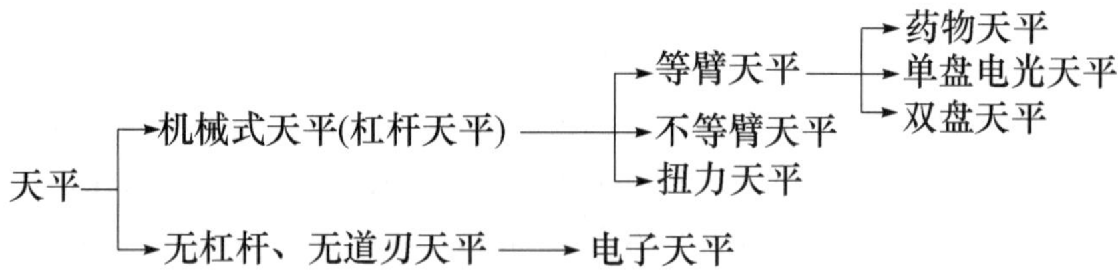

2) 按天平的准确度分类

机械式天平可分为四级：Ⅰ——特种准确度(精细天平)，Ⅱ——高准确度(精密天平)，Ⅲ——中等准确度(商用天平)，Ⅳ——普通准确度(粗糙天平)。

国家标准 GB/T 4168—1992《非自动天平 杠杆天平》将机械式天平的Ⅰ级和Ⅱ级细分为 10 个级别。按其最大称量与分度值之比(m_{max}/D,即分度数 n 值的大小),在Ⅰ级中又分为 7 个小级,Ⅱ级中分为 3 个小级,见表 2-5。

表 2-5　Ⅰ级、Ⅱ级天平级别的细分

准确度级别	最大称量与分度值之比	准确度级别	最大称量与分度值之比
I_1	$1\times10^7\leqslant n<2\times10^7$	I_6	$2\times10^5\leqslant n<4\times10^5$
I_2	$4\times10^6\leqslant n<1\times10^7$	I_7	$1\times10^5\leqslant n<2\times10^5$
I_3	$2\times10^6\leqslant n<4\times10^6$	II_8	$4\times10^4\leqslant n<1\times10^5$
I_4	$1\times10^6\leqslant n<2\times10^6$	II_9	$2\times10^4\leqslant n<4\times10^4$
I_5	$4\times10^5\leqslant n<1\times10^6$	II_{10}	$1\times10^4\leqslant n<2\times10^4$

对于电子天平,我国目前暂不细分天平的级别,但使用时必须指出天平的最大称量(m_{max})和天平的检定标尺分度值(D)。

3) 按分度值大小分类

分析天平按分度值大小分为常量(0.1 mg)、半微量(0.01 mg)、微量(0.001 mg)等。通常所说的分析天平是指最大称量在 200 g 以下、灵敏度高、误差小的天平。

在精度等级分类中,4～6 级天平称为普通分析天平,1～3 级天平称为精密微量分析天平。分析天平的型号及规格见表 2-6。

表 2-6　分析天平型号及规格

类别	产品名称	型号	规格和主要技术数据		生产厂家
			最大称量/g	分度值/mg	
双盘天平	全机械加码分析天平	TG-328A	200	0.1	上海天平仪器厂
	部分机械加码分析天平	TG-328B	200	0.1	湖南仪器仪表总厂
单盘天平	单盘分析天平	TG-729	100	1.0	上海天平仪器厂 湖南仪器仪表总厂
		DTQ-160	160	0.1	
		TD-18	160	0.1	
	单盘精密分析天平	DT-100	100	0.1	湖南仪器仪表总厂
电子天平	上皿式电子天平	FA-1004	100	0.1	上海天平仪器厂
		FA-1604	160	0.1	
		AZ-200	205	0.1	瑞士梅特勒公司

电子天平所具有的优越性能使它在分析化学实验中的应用越来越广泛,故本书只着重介绍电子天平的使用。

2. 电子天平的结构与称量原理

电子天平是天平中最新发展的一种,目前应用的主要有顶部承载式电子天平和底部承载式电子天平两种。顶部承载式电子天平是根据电磁力补偿工作原理制造的,其结构如图 2-1 所示。

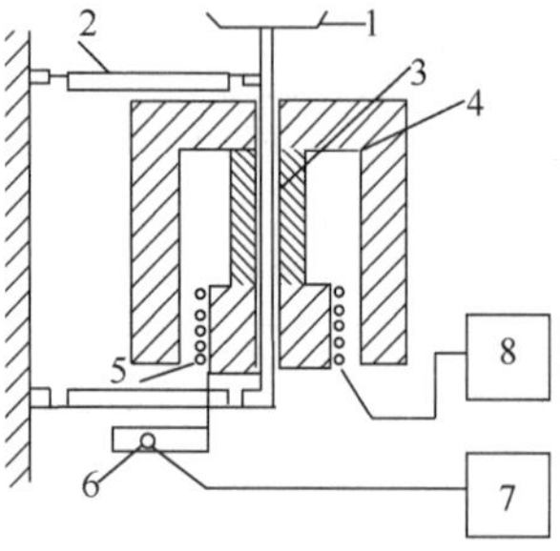

图 2-1　顶部承载式电子天平结构示意图
1. 托盘;2. 簧片;3. 磁钢;4. 磁回路体;
5. 线圈及线圈架;6. 位移传感器;
7. 放大器;8. 电流控制电路

托盘通过支架连杆与线圈相连,线圈置于磁场中。托盘及被称物体的重力通过连杆支架作用于线圈上,方向向下。线圈内有电流通过时,产生一个向上作用的电磁力,与托盘重力方向相反、大小相等。位移传感器处于预定的中心位置,当托盘上的物体质量发生变化时,位移传感器发出位移信号,经调节器和放大器改变线圈中的电流,直至线圈回到中心位置为止,然后通过数字显示出物体的质量。

3. 常用天平的主要性能指标和功能键

本书以目前比较常用的 ESJ 180-4 型电子天平为例,介绍其主要性能指标和功能键的用法。图 2-2 为 ESJ 180-4 型电子天平的外形图。

1) 主要性能指标

称量范围:0～200 g;

读数精度:0.1 mg;

皮重称量范围(减):0～200 g;

再现性(标准偏差):±0.0001 g;

线性误差:±0.0002 g;

稳定时间:约 5 s。

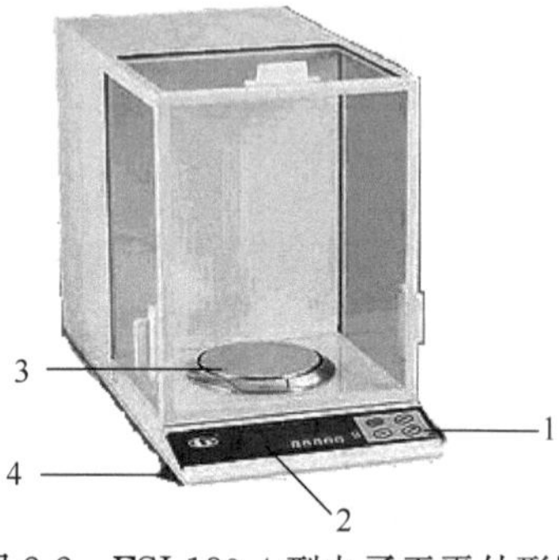

图 2-2　ESJ 180-4 型电子天平外形图
1. 键盘;2. 显示器;3. 托盘;4. 水平调节旋钮

2) 键盘功能

(1) ON/OFF,显示开/关键。开启时轻按一下 ON/OFF 键,显示器全亮并显示

▼　0.0000

关闭时再按一次 ON/OFF 键,显示器即熄灭。

(2) TARE,清零、去皮键。置容器于托盘上,显示出容器的质量,如

25.0369

然后轻按 TARE 键，天平自动除去容器质量，显示

0.0000

即去皮重(天平清零)。

(3) CAL，校准键。天平校准时使用。

(4) PRINT，输出键。输出称量结果，一般不用。

4. 电子天平的特点

(1) 电子天平支承点采用弹性簧片，没有机械天平的宝石或玛瑙刀口，取消了升降枢装置，采用数字显示方式代替指针刻度式指示。使用寿命长、性能稳定、灵敏度高、操作方便。

(2) 电子天平采用电磁力平衡原理制造，称量全程不需砝码。放上称量物后，在几秒钟内即达到平衡显示读数。称量速度快，精度高。

(3) 有的电子天平具有称量范围和读数精度可变的功能，如瑞士梅特勒 AE-240 天平，在 0～205 g 称量范围内，读数精度为 0.1 mg，在 0～41 g 称量范围内，读数精度为 0.01 mg，可以一机多用。

(4) 分析及半微量电子天平一般具有内部校正功能。天平内部装有标准砝码，使用校准功能时，标准砝码被启用，天平的微处理器将标准砝码的质量值作为校准标准，以获得正确的称量数据。

(5) 电子天平是高智能化的仪器，可在全量程范围内实现去皮重、累加、超载显示、故障报警等。

(6) 电子大平具有质量电信号输出的功能，可以连接打印机、计算机，实现称量、记录和计算的自动化。同时也可以在生产、科研中作为称量、检测的手段及组成各种新仪器。

2.2.2　分析天平的使用

分析天平是精密仪器，使用时要认真、仔细，遵守“分析天平的使用规则”，做到快速完成称量而不损坏天平。

1. 使用方法

电子天平使用方法简介如下：

(1) 天平使用前的检查与准备。拿下天平罩，叠平后放在天平箱上方或一旁。检查托盘是否洁净，如发现托盘上(或外部)有灰尘或撒落的药品，应用天平特配的软毛刷或丝帕轻轻拂去。

(2) 水平调节。观察水平仪，如果水平仪水泡偏移，需调节水平调节旋钮，使水泡位于水平仪中心。

(3) 预热。称量前接通电源,预热 1 h(最少 30 min)后方可开启显示器进行称量操作。实验期间,一般不用切断电源(若 2 h 内暂不用天平),再用时可省去预热时间。

(4) 开启显示器。轻按 ON/OFF 键,显示器全亮,约 2 s 后显示天平的型号,然后显示称量模式 0.0000 g。

(5) 称量。按 TARE 键,显示为"0.0000 g"后,置被称物于托盘上,关上天平门,待数字稳定即显示器左下角的"▼"标志出现后,显示数字即为被称物质的质量值。

(6) 去皮称量。按 TARE 键清零,置容器于托盘上,天平显示容器质量,再按 TARE 键,显示零,即去皮。再置被称物于容器中,或将被称物逐步加入容器中直至加物达到所需质量,待显示器左下角的"▼"标志出现后,这时显示的数字是被称物质的净质量。将托盘上的所有物品拿开后,天平显示负值,按 TARE 键,天平显示"0.0000 g"。

(7) 称量结束后,按 ON/OFF 键,关闭显示器,用毛刷清理托盘。若当天不再使用天平,应拔下电源插头。盖上天平罩,并在天平使用登记本上登记。

2. 使用注意事项

电子天平与传统的杠杆天平相比,称量原理差别较大,正确使用才能获得准确的称量结果。使用者必须了解其称量特点:

(1) 电子天平在安装后第一次使用前,必不可少的一个环节是校准。因存放时间长、位置移动、环境变化或为获得精确测量,一般也应进行校准操作。天平采用内校准(有的天平采用外校准),学生用天平时不需校准。

(2) 电子天平开机后要预热较长一段时间(至少 30 min),才能进行正式称量。

(3) 电子天平的稳定性监测器是用来确定天平摆动消失及机械系统静止程度的器件。当稳定性监测器表示达到要求的稳定性时(显示器左下角的"▼"标志出现后),方可以读取称量值。

(4) 开关天平侧门放取被称物等,其动作要轻、慢、稳,切不可用力过猛、过快,以免损坏天平。天平前门供安装、检修和清洁使用,通常不打开。

(5) 读取称量读数时,要关好天平门。称量读数要立即记录在实验记录本中。

(6) 对于热的或过冷的被称物,应置于干燥器中直至其温度同天平室温度一致后才能进行称量。

(7) 使用时,严禁超过天平的最大载重量,避免损坏天平。

(8) 必须使用指定的天平。如果发现天平不正常,应及时报告教师或实验室工作人员,不得擅自处理。称量完成后,应及时对天平进行清理并在天平使用登记本上登记。

3. 天平的维护和保养

电子天平是一种比较精密的仪器，使用时应注意维护和保养。

(1) 天平应放在清洁、稳定的环境中，以保证测量的准确性。勿放在通风、有磁场或产生磁场的设备附近。勿在温度变化大、有震动或存在腐蚀性气体的环境中使用。

(2) 注意保持天平、天平托盘和天平室的安全、整洁和干燥，以保证天平的准确性。通常在天平箱内放置变色硅胶作干燥剂，当变色硅胶失效后应及时更换。

(3) 较长时间不使用的电子天平应该隔一段时间通电一次，以保持电子元器件干燥，特别是湿度大时更应经常通电。

2.2.3　分析天平的称量方法

1. 固定质量称量法

此法用于称取某一固定质量的试剂。要求被称物在空气中稳定、不吸潮、不吸湿，试样为粉末状、丝状或片状，如金属、矿石等。例如，指定称取 0.5000 g 某铁矿试样，将天平 ON/OFF 键按下，过几秒钟显示称量模式后，将一洁净干燥的小烧杯轻放在托盘中，显示质量数后，轻按 TARE 键，去皮重，用药匙取试样且轻轻振动，使之慢慢落在接收器中间，至显示数值为 0.5000 g 即可。按 ON/OFF 键关闭天平，取出小烧杯。

2. 直接称量法

此法用于称量物体的质量，如容量器皿校正中称量锥形瓶的质量、干燥小烧杯的质量，重量分析法中称量瓷坩埚等的质量。例如，称量小烧杯的质量时，按 ON/OFF 键，几秒钟后进入称量模式，轻按 TARE 键，去皮重，将小烧杯轻放在托盘中央，显示的数值即为烧杯的质量，记录数据，按 ON/OFF 键关闭天平，取出烧杯即可。

3. 递减称量法

此法用于称量一定质量范围的试样。其样品主要为易挥发、易吸湿以及易与 O_2 和 CO_2 反应的物质。由于此法称量试样的量为两次称量之差，故又称差减法。例如，称取某粉末样品，从干燥器中取出洁净、干燥过的称量瓶，打开瓶盖，用药匙加入适量样品(一般为称一份试样的整数倍，最好是称量瓶总容积的 1/3)，盖上瓶盖，用准备好的纸条套在称量瓶上，轻放在已进入称量模式的托盘上。称出称量瓶加试样后的准确质量，然后取出称量瓶，用另一小纸条夹起瓶盖，将称量瓶倾斜放在容器上方，用瓶盖轻轻敲瓶口上部，使试样慢慢落入容器中。当倒出的试样已接近所需的量时，慢慢地将瓶抬起，再用瓶盖轻敲瓶口上部，使沾在瓶口的试样落下，然后盖上瓶盖，放回托盘中，再准确称量其质量，两次质量之差即为试样质量。用同样的方法称取第二份、第三份试样。其操作如图 2-3 所示。

(a) 用纸条拿称量瓶　　(b) 磕试样

图 2-3　递减法称样操作示意图

2.3　滴定分析仪器基本操作

2.3.1　滴定管的使用

滴定管是滴定时可准确测量滴定剂体积的玻璃量器。滴定管分为酸式滴定管和碱式滴定管两种，它们的结构分别如图 2-4(a)和(b)所示。管身由细长且内径均匀的玻璃制成，上面刻有均匀的分度线，线宽不超过 0.3 mm。下端流液口为一尖嘴，中间通过玻璃旋塞或乳胶管(配以玻璃珠)连接，以控制滴定速度。通常标有商标、标准温度(20 ℃)、量出式符号(EA)、精度级别(A 或 B)和标称总容量等。

酸式滴定管下端带有磨口玻璃旋塞，用于装酸性、中性及氧化性溶液，不适宜装碱性溶液，否则磨砂旋塞会被腐蚀。碱式滴定管下端连接一小段乳胶管，管内装有玻璃珠，乳胶管下端接一尖嘴玻璃管。碱式滴定管用来装碱性及无氧化性溶液，能与乳胶管发生反应的溶液及高锰酸钾、碘和硝酸银等溶液不能加入碱式滴定管中。

常量分析最常用的是容量为 50 mL 和 25 mL 的滴定管，其最小刻度为 0.1 mL，最小刻度间可估计到 0.01 mL，因此读数可达小数点后第二位，一般读数误差为 ±0.01 mL。另外，还有容量为 10 mL、5 mL、2 mL 和 1 mL 的微量滴定管。滴定管除有无色玻璃的之外，还有棕色玻璃的，用于装见光易分解的溶液，如 $AgNO_3$、$KMnO_4$ 等溶液。

1. 滴定管的准备

在进行某项滴定分析工作时，首先应考虑选择什么样的滴定管。根据所装溶液的性质选择使用酸式滴定管还是碱式滴定管以及它们的颜色；根据所消耗滴定剂的体积选择滴定管的容量。然后应仔细检查滴定管，看滴定管各部位是否完好无损。碱式滴定管需检查乳胶管是否老化破损，玻璃珠大小是否合适，玻璃珠过大不易操作，过小则漏水，应予更换；酸式滴定管应检查旋塞转动是否灵活，旋塞孔是否被堵塞，再检查滴定管是否漏液。试漏的方法是先将旋塞关闭，在滴定管内充满水，然后将滴定管垂直夹在滴定管架上，放置 2 min，观察管口及旋塞两端是否有水渗出，将旋塞转动 180°，再放置 2 min，看是否有水渗出。若前后两次均无水渗出，旋塞转动也灵活，即可洗净使用，否则应对旋塞进行涂油处理。

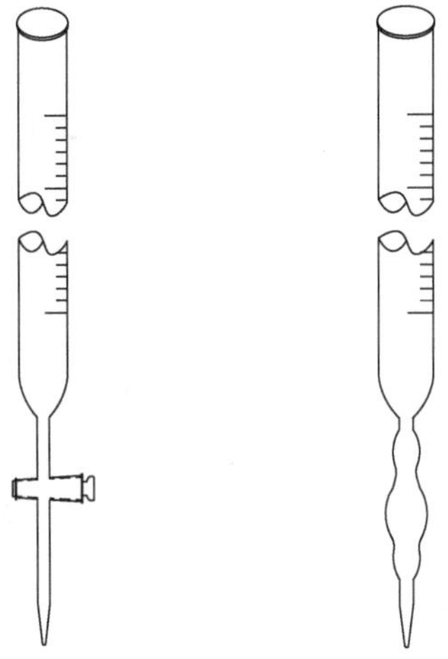

图 2-4　酸式滴定管(a)和碱式滴定管(b)

旋塞的处理十分关键，凡士林涂得太多，易堵塞旋塞的孔，涂得太少，则旋塞转动不灵活，还可能会漏液，因此，必须掌握其操作要领。将滴定管中的水倒掉，平放在实验台上，取出旋塞，用滤纸将旋塞及旋塞槽内的水擦干，用玻璃棒蘸少许凡士林，先在滴定管旋塞槽细的一端内壁均匀地涂一薄层，再在旋塞粗的一端涂上薄薄一层，这种涂法可避免凡士林进入旋塞孔。然后，将旋塞直接插入旋塞槽中，按紧，朝一个方向转动旋塞，直至旋塞中油膜均匀透明。如发现旋塞转动不灵活或出现纹路，表示凡士林涂得不够，可取下旋塞再按上述方法涂一遍。初学者应注意，切勿一次涂过多的凡士林，滴定管一旦被凡士林堵塞，处理十分麻烦。涂好凡士林后，应在旋塞末端套上一个橡皮圈，或用橡皮筋将旋塞与滴定管拴牢，以防旋塞脱落打碎。再装水试漏，如不漏水，即可洗涤。酸式滴定管的涂凡士林操作如图 2-5 所示。

滴定管若无油污，可先用自来水冲洗，再用蒸馏水润洗 3 次。润洗的方法是：每次装入 5～10 mL 蒸馏水，两手平端滴定管，缓慢旋转滴定管，使蒸馏水润湿整个滴定管内壁，然后将水从下管口放出。如果滴定管内壁挂水，说明有油污，可用铬酸洗液浸洗。先将滴定管内的水沥干，倒入 10 mL 左右洗液，双手平托滴定管的两端使其稍倾斜，不断转动滴定管，使洗液布满全部管内壁(操作时管口对准洗

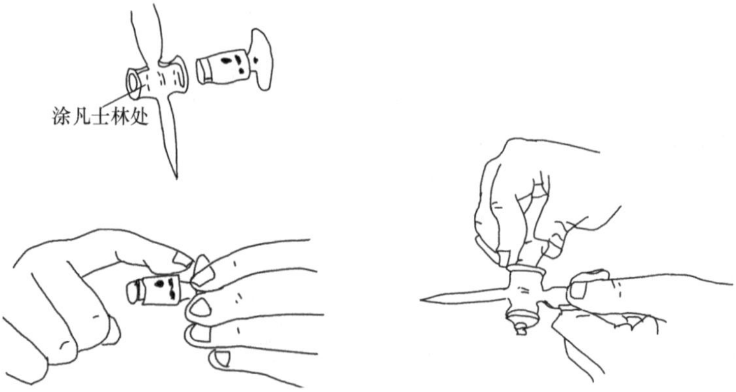

活塞涂凡士林　　插入活塞

图 2-5　酸式滴定管的涂凡士林操作

液瓶口，以防洗液外流)，浸泡 1～2 min，然后打开旋塞将洗液分别由两端放回原瓶中。最后用大量自来水冲洗滴定管，用少量蒸馏水润洗 3 次。洗净后的滴定管内壁应被水均匀湿润而不挂水珠。如果滴定管太脏，可将洗液装满整根滴定管浸泡一段时间，甚至用温热的洗液浸泡。

若旋塞孔或出口尖嘴被凡士林堵塞，将滴定管充满水后，将旋塞打开且用手握住，再用洗耳球在滴定管上部挤压、鼓气，可以将凡士林排除。

碱式滴定管的洗涤方法与酸式滴定管基本相同，但要注意铬酸洗液不能直接接触乳胶管，否则乳胶管变硬损坏。应先除去乳胶管，用橡胶乳头将滴定管下口堵住后再装入洗液洗涤。

2. 装入溶液

将溶液装入酸式滴定管或碱式滴定管之前，应将试剂瓶中的溶液摇匀。混匀后的操作溶液应直接倒入滴定管中，不得使用其他容器(如烧杯、漏斗等) 转移，以免标准溶液浓度改变或造成污染。

滴定管在装入操作溶液之前，必须用 5～6 mL 待装的操作溶液润洗两三次，以免操作溶液装入滴定管后其浓度改变，然后将操作溶液注入滴定管至零刻度以上。管充满操作液后，应检查是否留有气泡，气泡的存在会导致操作溶液体积读数错误。酸式滴定管气泡排除：右手拿滴定管上部无刻度处，并使滴定管倾斜 30°，左手迅速打开活塞，使溶液冲出管口，将气泡排出。反复操作，可达到排除酸式滴定管出口处气泡的目的。对于碱式滴定管，将乳胶管弯曲，使滴定管的尖端向上，挤压玻璃珠一侧的乳胶管，使溶液从尖嘴处喷出，即可排出气泡(图 2-6)。

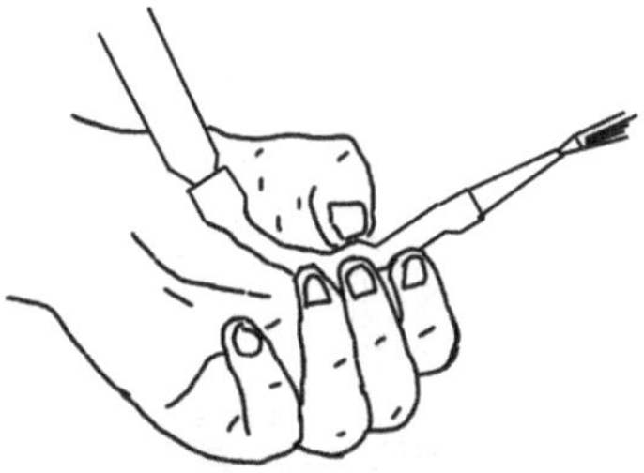

图 2-6　碱式滴定管排气泡操作

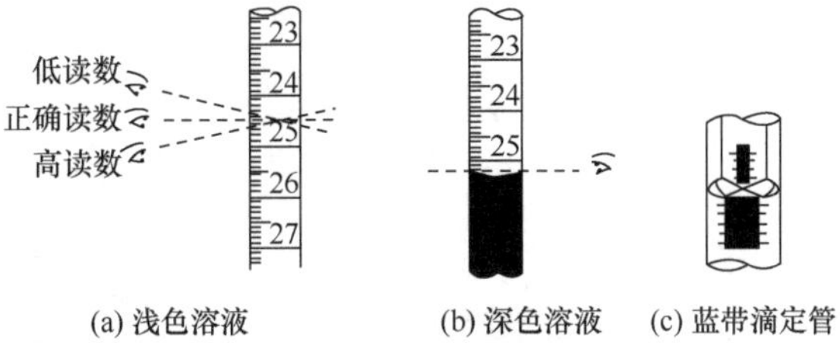

图 2-7　滴定管的读数

3. 滴定管的读数

正确地进行滴定管读数是减少误差的重要环节。读数时应遵守以下规则:

(1) 读数应在停止滴定 1～2 min 后进行,使附着在内壁上的溶液流下。

(2) 将滴定管从滴定管架上取下,用拇指和食指捏住管上端无刻度处,让滴定管自然下垂,保持垂直,使管内液面与视线处于同一水平线,然后读数。

(3) 对于无色或浅色溶液,应读取与弯月面最低点相切的刻度线[图 2-7(a)];对于有色溶液,由于弯月面不十分清晰,应读取与液面两侧最高点相切的刻度线[图 2-7(b)]。

(4) 对于初学者应先熟悉滴定管每个大、小刻度所代表的体积,避免记下错误的数据。读数必须读到小数点后第二位(以 mL 为单位),即准确至 0.01 mL。

(5) 若使用带有蓝带的滴定管,无色溶液在其中形成两个弯月面,如图 2-7(c)所示。两个弯月面交于蓝带的某一点,读数时,视线应与交点处在同一条水平线上。

(6) 由于滴定管的体积标刻不可避免地会有误差,当进行多次平行测定时,最好每次滴定都使用滴定管的同一个体积范围,以减小偶然误差。通常每次滴定前将液面调节在"0.00"刻度或稍下一点的位置,这样每次都使用滴定管的上段。

4. 滴定操作

取一定量的被滴定试液放入锥形瓶中,滴定之前先记录滴定管的初始读数,然后将滴定管垂直夹在滴定管架上,开始滴定。

酸式滴定管操作:左手握滴定管,无名指和小指向手心弯曲,轻轻地贴着出口部分,拇指、食指和中指控制旋塞的转动,同时轻轻向内扣住旋塞,手心要悬空,防止手心将旋塞顶出,造成溶液渗漏,如图 2-8(a)所示。

碱式滴定管操作:左手握管,其拇指在前,食指在后,其他三个手指辅助夹住出口管。用拇指和食指捏住玻璃珠所在部位,向右边挤乳胶管,使玻璃珠移至手心一

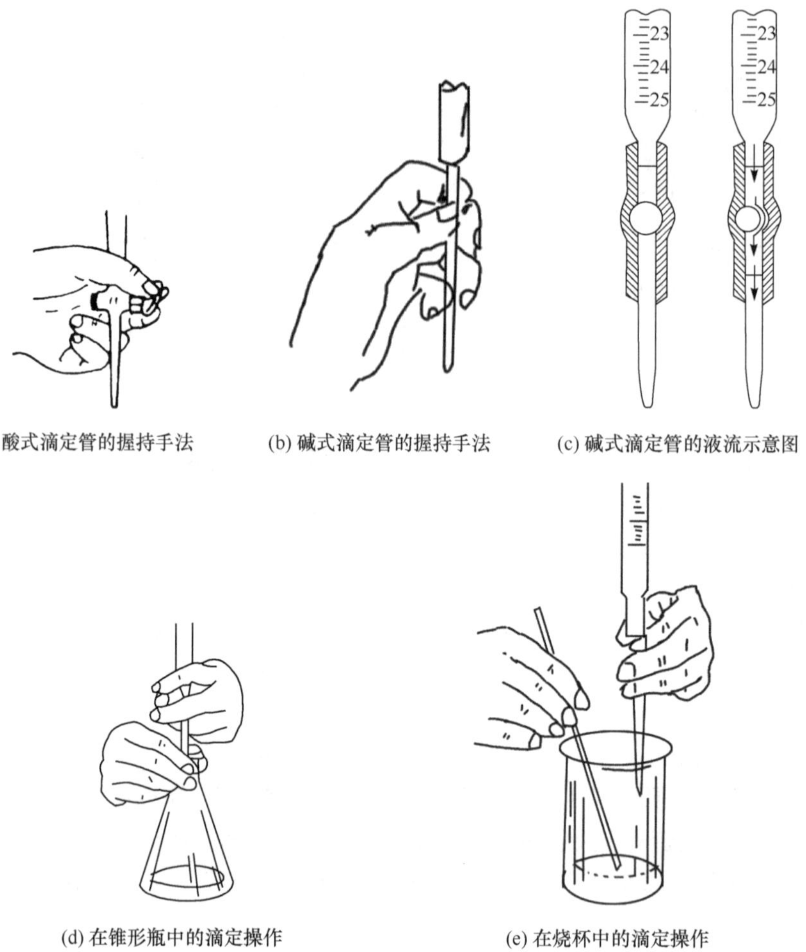

(a) 酸式滴定管的握持手法　(b) 碱式滴定管的握持手法　(c) 碱式滴定管的液流示意图

(d) 在锥形瓶中的滴定操作　(e) 在烧杯中的滴定操作

图 2-8　滴定操作

侧，溶液即可从玻璃珠旁边的空隙流出，如图 2-8(b)和(c)所示。必须指出，不要用力捏玻璃珠，也不要使玻璃珠上下移动，不要捏玻璃珠下部乳胶管，以免空气进入形成气泡，造成体积误差。

滴定操作可在锥形瓶或烧杯内进行。在锥形瓶中进行滴定时，用右手拇指、食指和中指拿住锥形瓶，其余两指辅助在下侧，使瓶底离滴定台 2～3 cm，滴定管下端伸入瓶口内约 1 cm。左手握住滴定管，按前述方法，边滴加溶液，边用右手摇动锥形瓶。其两手操作姿势如图 2-8(d)所示。

在烧杯中滴定时，将烧杯放在滴定台上，调节滴定管的高度，使其下端伸入烧杯内约 1 cm。滴定管下端应在烧杯中心的左后方处(放在中央影响搅拌，离杯壁过近不利于搅拌均匀)。左手滴加溶液，右手持玻璃棒搅拌溶液，如图 2-8(e)所示。

玻璃棒应做圆周搅动，不要碰到烧杯和底部。

开始滴定时，溶液滴加的速度可以稍快些，但不能形成水柱，应使溶液逐滴加入，边滴边摇瓶，同时注意观察锥形瓶中溶液颜色的变化，正确控制终点。滴入溶液时，锥形瓶中往往形成一个色斑，当色斑褪色较缓慢时，预示终点已临近。此时应一滴一滴地加入，滴一滴，摇几下，并用洗瓶吹入少量蒸馏水冲洗锥形瓶内壁，使附在内壁上的滴定剂也参加反应。滴至溶液颜色发生明显的突变即为终点，停止滴定，记录读数。

为使终点控制得恰到好处，减小终点误差，应掌握半滴的操作要领。酸式滴定管：轻轻转动旋塞，使溶液“悬而不落”挂在出口管嘴上，形成半滴，用锥形瓶内壁将其沾落，用洗瓶吹洗。也可采用倾斜锥形瓶的方法，将附在壁上的溶液涮至瓶中，这样可避免吹洗次数太多，造成被滴物过度稀释。还可以用玻璃棒下端承接此悬挂的半滴溶液于锥形瓶或烧杯中，再用洗瓶吹洗玻璃棒。但要注意，玻璃棒只能接触液滴，不能接触管尖。

进行滴定操作时进应注意如下几点：

(1) 最好每次滴定都从 0.00 mL 开始，或接近 0 的任一刻度开始，这样可以减少滴定误差。

(2) 滴定时，左手不能离开旋塞，而任溶液自流。

(3) 摇瓶时，应微动腕关节，使溶液向同一方向旋转(左、右旋转均可)，不能前后振动，以免造成溶液溅出。摇瓶时，一定要使溶液旋转出现一旋涡，因此，要求有一定速度，不要摇得太慢，以免影响化学反应的进行。

(4) 滴定要观察滴落点周围颜色的变化。不要去看滴定管上的刻度变化，而不顾滴定反应的进行。

(5) 使用碱式滴定管时，欲停止滴定时，应先松开拇指和食指，将悬挂的半滴溶液沾在锥形瓶内壁上，再轻轻放开无名指和小指，避免出口管尖出现气泡造成体积误差。

滴定速度的控制应注意以下几点：

(1) 开始时“见滴成线”，即每秒三四滴，防止滴成“水线”。

(2) 接近终点时，一滴一滴加入，即加一滴摇几下，再加，再摇。

(3) 最后，每加半滴，摇几下锥形瓶，直至溶液出现明显的颜色变化。

5. 滴定管用后的处理

滴定结束后，把滴定管剩余的溶液倒掉(不能倒回原储液瓶)，先用自来水冲洗，然后用少量蒸馏水洗两三次，再用蒸馏水充满滴定管，夹在滴定管架上，上面用滴定管帽盖住管口。

2.3.2　容量瓶的使用

容量瓶是一种细颈梨形的平底瓶，带有磨口玻璃塞。瓶颈上刻有环形标线，表示在指定温度下(一般指 20 ℃)液体充满至标线时的容积。容量瓶属于量入式量器，主要用于配制或稀释准确浓度的溶液。常用的容量瓶有 25 mL、50 mL、100 mL、250 mL、500 mL、1000 mL 等规格。

当使用容量瓶配制或稀释溶液时，应根据需要选择适当容量的容量瓶。首先检查容量瓶是否漏水。检查的方法如下：注入自来水至标线附近，用手指压紧瓶塞，将其倒立 2 min，观察瓶塞周围是否有水渗出，如果不漏，再把瓶塞旋转 180°，塞紧，倒置，如仍不漏水，则可洗净后使用(图 2-9)。容量瓶的磨口玻璃塞与瓶体是配套的，如若盖错，易造成漏水，最好用橡皮筋将瓶塞系在瓶颈上。

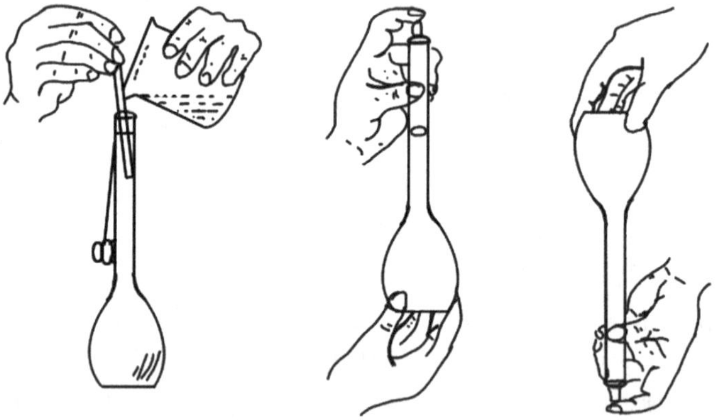

(a)　　(b)　　(c)

图 2-9　容量瓶的试漏

配制溶液时，先用分析天平准确称量所需质量的试剂或试样于小烧杯中，加入少量水，用玻璃棒搅拌使其溶解。然后将溶液定量地移入容量瓶中，定量转移溶液的方法如图 2-9(a)所示，手持玻璃棒伸入瓶口中，使烧杯嘴紧贴玻璃棒，慢慢倾斜烧杯，使溶液沿着玻璃棒流下，倾完溶液后，将烧杯沿玻璃棒轻轻上提，同时将烧杯直立，以避免溶液沿烧杯外壁流下。然后用洗瓶吹洗玻璃棒和烧杯内壁，再将洗涤液定量转入容量瓶中，如此吹洗、定量转移的操作一般应重复 5 次以上，以保证定量转移。在此操作过程中，玻璃棒应始终放在烧杯里，不得将玻璃棒随意放在其他地方，否则会造成浓度误差。然后加蒸馏水至容量瓶的 2/3 容积时，应旋摇容量瓶进行初步混匀(注意此时不能倒转容量瓶)。继续加水至标线以下约 1 cm 时，用滴管逐滴加水至弯月面最低点恰好与标线相切，此时应使标线与视线在同一水平面上。盖紧瓶塞，用食指压住瓶塞，另一只手托住容量瓶底部，倒转容量瓶，使瓶内气泡上升至顶部，摇动瓶底混合溶液，如此反复倒转摇动数次，使瓶内溶液充分混合均匀，如图 2-9(b)和(c)所示。

使用容量瓶需注意以下几点：

(1) 容量瓶的瓶塞是配套的，不得“张冠李戴”。

(2) 容量瓶不能定容热溶液，先冷却至室温后再转入容量瓶、稀释至标线，否则会造成体积误差。

(3) 容量瓶不得在烘箱中烘烤，也不许以任何方式对其加热。

(4) 容量瓶是量器而不是容器，不宜长期存放溶液，若需要长期保存，应转移到试剂瓶中。

(5) 使用完毕，应立即将容量瓶冲洗干净。如长期不用，磨口处应洗净擦干，并用小纸片将磨口隔开。

2.3.3　移液管和吸量管的使用

移液管是中间有膨大部分的玻璃管，上端的细管部分刻有一条标线，如图 2-10(a)所示。移液管用来准确移取一定体积的溶液，属于量出式量器。常用的移液管有 5 mL、10 mL、25 mL、50 mL 等规格。

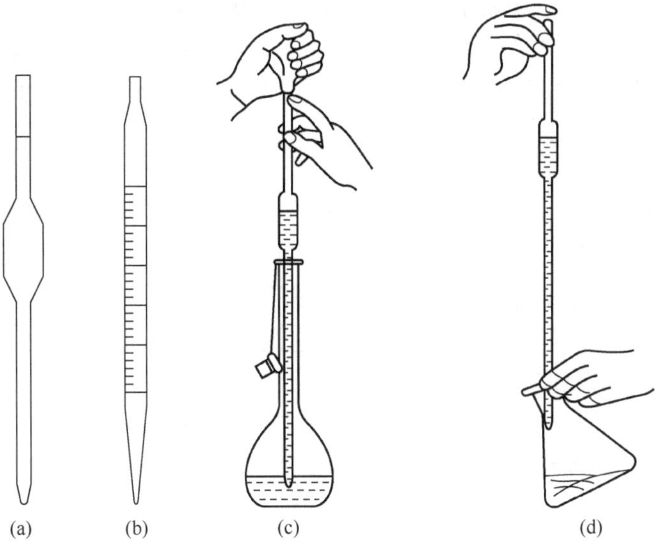

图 2-10　移液管和吸量管

吸量管是具有分刻度的玻璃管，如图 2-10(b)所示，可准确移取所需的不同体积的溶液。常用的吸量管有 1 mL、2 mL、5 mL、10 mL 等。移液管和吸量管的操作方法基本相同，对于吸量管应注意其分刻度的标值，有的吸量管零刻度在上，有的则在下，使用时应分辨清楚，以免读数错误。下面以移液管为例介绍它们的使用方法。

根据所移取溶液的量选择合适容量的移液管。用前必须洗净，确保移液管内壁不挂水珠。若内壁挂水珠，需用铬酸洗液浸洗。用洗耳球吸取少量铬酸洗液于移液管中，两手平端移液管并缓缓转动，使其内壁浸满铬酸洗液，然后将洗液从管尖放回原瓶中。由于铬酸具有很强的腐蚀性，操作时注意勿将洗液滴在容器以外的地方。用自来水将移液管冲洗干净，再用蒸馏水润洗 3 次。

移取溶液前，必须先用滤纸将移液管尖嘴内外的水吸去，并用少量待移取的溶液润洗移液管两三次。移取溶液应按下述方法操作：用右手的拇指和中指拿住管颈上面，尖端插入液面以下 1～2 cm 处，左手拿洗耳球。先把洗耳球捏扁，压出其中的空气，然后将洗耳球的尖端与移液管的上管口紧密接触，使其不漏气。如图 2-10(c)所示，缓缓松开左手使溶液吸入管内，当液面升高到标线以上时，移去洗耳球，立即用右手食指压紧管口。将移液管稍上提于液面上方，左手握住盛溶液的容器（容量瓶或试剂瓶等），使其略倾斜，让移液管垂直，尖端靠在容器内壁上。略微放松压住管口的食指，用拇指和中指轻轻捻转管身，使液面缓慢下降，直到溶液的弯月面与标线相切时，立即用食指压紧管口，使液体不再流出。将移液管移至承接溶液的容器中，稍倾斜承接容器（如锥形瓶等），使管尖靠在承接容器内壁上，移液管保持垂直。松开食指，让管内溶液自然地全部沿容器内壁流下，如图 2-10(d)所示。等待 10～15 s 以后，取出移液管。如移液管未标“吹”字，残留在移液管尖嘴内的溶液不可用外力使其流出，因为移液管的容积不包括末端残留的溶液。有的移液管上标有“吹”字，使用时末端的溶液必须吹出，不允许保留。

2.3.4　容量仪器的校准

滴定管、移液管和容量瓶是分析实验室常用的玻璃容量器皿（简称量器），这些量器都具有刻度和标称容量，此标称容量是 20 ℃时以水的体积来标定的。合格产品的容量误差应小于或等于国家标准规定的容量允差。但由于产品不合格、温度的变化、试剂的腐蚀等，量器的实际容量与它所标称的容量往往不完全相符，有时甚至会超过分析所允许的误差范围，若不进行容量校准就会引起分析结果的系统误差。因此，在准确度要求较高的分析工作中，必须对量器进行校准。

量器常采用两种校准方法：绝对校准法（称量法）和相对校准法（相对法）。

1. 称量法

称量法是指在校准室内温度波动小于 1 ℃ · h^{-1}，所用器皿和水都处于同一室温时，用分析天平称出容量器皿所量入或量出的纯水的质量，然后根据该温度下水的密度，将水的质量换算为容积。这种方法是基于在不同温度下水的密度都已经很准确地测定过。已知 3.98 ℃时，1 mL 水在真空中重 1.000 g，如果校准工作也是在 3.98 ℃和真空中进行，则称出的水的质量数(g)就等于容积的体积数(mL)。

但通常并不是在 3.98 ℃而是在室温下称量水，同时不是在真空中而是在空气中称量。因此，称量的结果必须对以下三点加以校正：

(1) 校准温度下水的密度。

(2) 校准温度下玻璃的热膨胀。

(3) 空气浮力对所称物质的影响。

为了便于计算，将此三项校正值合并而得一总校正值(表 2-7)，表中的数字表示在不同温度下用水充满 20 ℃时容积为 1 L 的玻璃容器，在空气中用黄铜砝码称取的水的质量。校正后的容积是指 20 ℃时该容器的真实容积。应用此表来校正容量仪器很方便。

表 2-7　不同温度下 1 L 水的质量

温度/℃	1 L 水在空气中的质量/g (用黄铜砝码称量)	温度/℃	1 L 水在空气中的质量/g (用黄铜砝码称量)
10	998.39	25	996.17
11	998.32	26	995.93
12	998.23	27	995.69
13	998.14	28	995.44
14	998.04	29	995.18
15	997.93	30	994.91
16	997.80	31	994.64
17	997.66	32	994.34
18	997.51	33	994.06
19	997.35	34	993.75
20	997.18	35	993.45
21	997.00	36	993.12
22	996.80	37	992.80
23	996.60	38	992.46
24	996.38	39	992.12

由于玻璃具有热胀冷缩的特性，在不同的温度下量器的容量也有所不同。因此，校准玻璃量器时必须规定一个确定的温度值，这个规定温度值为标准温度。国际标准和我国标准都规定以 20 ℃为标准温度，即在校准时都将玻璃量器的容量校准到 20 ℃时的实际容量，或者说，量器的标称容量都是指 20 ℃时的实际容量。例如，在 15 ℃时，欲称取在 20 ℃时容器容量恰为 1 L 的水，其值当为 997.93 g；反之，亦能从水的质量换算成体积。例如，在 20 ℃时，称得从某移液管放出纯水的质量 m_w，从表中查出该温度下纯水的表观密度 ρ_w，并利用下式计算移液管的实际容量。

$$V = m_w / \rho_w$$

2. 相对法

在分析化学实验中，经常利用容量瓶配制溶液，用移液管取出其中一部分进行测定，最后分析结果的计算并不需要知道容量瓶和移液管的准确容量，只需知道两者的容量比是否为准确的整数，即要求两种容器的容量之间有一定的比例关系，此时对容量瓶和移液管可采用相对法进行校准。

用洗净的 25 mL 移液管吸取蒸馏水，放入洗净沥干的 100 mL 容量瓶内，平行移取 4 次，观察容量瓶中水的弯月面下缘是否与割线相切，若不相切，记下弯月面下缘的位置，再重复实验一次。连续两次实验相符后，用一平直的窄纸条贴在与水弯月面下缘相切之处，并在纸条上刷蜡或贴一块透明胶布以保护此标记。以后使用的容量瓶与移液管即可按所标记配套使用。玻璃容器的最大允许公差见表 2-8。

表 2-8　标准温度(20 ℃)时标准容量限差

容量 V/mL	标准容量限差 (±)/mL													
	无塞滴定管 具塞滴定管 微量滴定管		吸量管							容量瓶		量筒		量杯
			单标线者		有分度和无分度二标线者									
					完全流出式		不完全流出式		吹出式					
	A级	B级	A级	B级	A级	B级	A级	B级		A级	B级	A级	B级	
2000	—	—	—	—	—	—	—	—	—	0.60	1.20	10.0	20.0	—
1000	—	—	—	—	—	—	—	—	—	0.40	0.80	5.0	10.0	10.0
250	—	—	—	—	—	—	—	—	—	0.25	0.50	2.5	5.0	6.0
200	—	—	—	—	—	—	—	—	—	0.15	0.30	—	—	—
100	0.10	0.20	0.080	0.160	—	—	—	—	—	0.10	0.20	0.5	1.0	1.5
50	0.05	0.10	0.05	0.100	0.100	0.200	0.100	0.200	—	0.05	0.10	0.25	0.5	1.0
40	—	—	—	—	0.100	0.200	0.100	0.200	—	—	—	—	—	—
25	0.05	0.10	0.030	0.030	0.100	0.200	0.100	0.200	—	0.03	0.06	0.25	0.5	—
20	—	—	0.030	0.060	—	—	—	—	—	—	—	—	—	0.5
15	—	—	0.025	0.050	—	—	—	—	—	—	—	—	—	—
10	0.025	0.05	0.020	0.040	0.050	0.100	0.050	0.100	0.100	0.02	0.04	0.1	0.2	0.4
5	0.01	0.02	0.015	0.030	0.025	0.050	0.025	0.050	0.050	0.02	0.04	0.05	0.1	0.2
4	—	—	0.015	0.030	—	—	—	—	—	—	—	—	—	—
3	—	—	0.015	0.030	—	—	—	—	—	—	—	—	—	—
2	0.01	0.02	0.007	0.015	0.008	0.015	0.008	0.015	0.015	—	—	—	—	—

续表

容量 V/mL	标准容量限差(±)/mL													
	无塞滴定管 具塞滴定管 微量滴定管		吸量管							容量瓶		量筒		量杯
			单标线者		有分度和无分度二标线者									
					完全流出式		不完全流出式		吹出式					
	A级	B级	A级	B级	A级	B级	A级	B级		A级	B级	A级	B级	
1	0.01	0.02	0.007	0.015	0.008	0.015	0.008	0.015	0.015	—	—	—	—	—
0.5	—	—	—	—	—	—	—	0.010	0.010	—	—	—	—	—
0.25	—	—	—	—	—	—	—	0.005	0.008	—	—	—	—	—
0.20	—	—	—	—	—	—	—	0.005	0.003	—	—	—	—	—
0.10	—	—	—	—	—	—	—	0.003	0.004	—	—	—	—	—

资料来源:国家技术监督局. 中华人民共和国国家标准 GB 12803-12808—1991,GB/T 12809-12810—1991. 1991. 北京:中国标准出版社。

相对法简单易行,应用较多,但必须在这两件容器配套使用时才有意义。

1) 滴定管的校正

将滴定管洗净至内壁不挂水珠,加入纯水,驱除活塞下的气泡,取一磨口塞锥形瓶,擦干瓶外壁、瓶口及瓶塞,在分析天平上称量。将滴定管的水面调节到正好在 0.00 刻度处。按滴定时常用的速度(每秒 3 滴)将一定体积的水放入已称量的具塞锥形瓶中,注意勿将水沾在瓶口上。在分析天平上称量盛水的锥形瓶质量,读出水质量,并计算真实体积。倒掉锥形瓶中的水,擦干瓶外壁、瓶口和瓶塞,称量瓶质量。滴定管重新充水至 0.00 刻度,再放另一体积的水至锥形瓶中,称量盛水的瓶质量,算出此段水的实际体积。如上法继续检定 0.00 至最大刻度的体积,算出真实体积。

2) 容量瓶的校正

将洗涤合格、倒置沥干的容量瓶放在分析天平上称量。将蒸馏水倒入已称量的容量瓶中至刻度,称量并测水温(准确至 0.5 ℃)。根据该温度下水的密度,计算真实体积。

3) 移液管的校正

将移液管洗净至内壁不挂水珠,取具塞锥形瓶,擦干外壁、瓶口及瓶塞,称量。按移液管使用方法量取已测温的纯水,放入已称量的锥形瓶中,在分析天平上称量盛水的锥形瓶,计算在该温度下的真容积。

重复检定一次,两次检定所得同一刻度的体积相差不应大于 0.01 mL,算出各个体积处的校正值(两次平均),以读数为横坐标,校正值为纵坐标,作校正值曲线,以备使用滴定管时查取。

按国家计量规定,常量滴定管分五段进行校正。一般 50 mL 滴定管每隔 10 mL 测一个校正值,25 mL 滴定管每隔 5 mL 测一个校正值,3 mL 微量滴定管每隔 0.5 mL 测一个校正值。

计算方法举例：某 25 mL 移液管在 25 ℃时放出的纯水的质量为 24.921 g，密度为 0.99617 g · mL^{-1}，则该移液管在 20 ℃时的实际容积为

$$V_{20}=\frac{24.921\ \text{g}}{0.99617\ \text{g}\cdot\text{mL}^{-1}}=25.02\ \text{mL}$$

该移液管的校正值为 25.02 mL－25.00 mL＝＋0.02 mL。

上述量器是以 20 ℃为标准进行校准的，严格来讲只有在 20 ℃时使用才是正确的。但实际使用不是在 20 ℃时，则量器的容量以及溶液的体积都会发生改变。玻璃的膨胀系数很小，在温度相差不太大时，量器的容量改变可以忽略，但量取的液体的体积亦须进行校准。

应当指出的是，校准不当和使用不当一样，都是产生误差的主要原因，其误差可能超过允许误差。所以，校准时必须仔细、正确地进行操作，使校准误差减至最小。凡是要使用校正值的，其校准次数不可少于两次，两次校准数据的偏差应不超过该量器容量允差的 1/4，并以其平均值为校准结果。如果操作不正确或没有把握，则校正结果不易在以后的实验中使用。

校正时需要注意：

(1) 称量时精确到 0.01 g 即可。

(2) 最好使用同一容器从头做到尾，要尽量减少放空次数。

(3) 校正容量仪器所用水应预先放在天平室，使其与天平室的温度达到平衡。

(4) 等待校正的容器应预先洗净沥干。校正容器的外面不可有水，瓶口内残留的水也要用滤纸吸干；从滴定管往容器中放水时，尽可能不要沾湿瓶口，也不要溅失。这些都是为了减小误差。

2.4 重量分析基本操作

重量分析法是利用沉淀反应使被测物质转变成一定的称量形式后测定物质含量的方法。

重量分析的基本操作包括：样品溶解、沉淀、过滤、洗涤、烘干和灼烧等步骤。任何过程的操作正确与否，都会影响最后的分析结果，故每一步操作都需认真、正确。

2.4.1 样品的溶解

根据被测试样的性质，选用不同的溶(熔)解试剂，以确保待测组分全部溶解，且不使待测组分发生氧化还原反应造成损失，加入的试剂应不影响测定。所用的玻璃仪器内壁(与溶液接触面)不能有划痕，玻璃棒两头应烧圆，以防黏附沉淀物。

溶解试样操作如下：

(1) 试样溶解时不产生气体。称取样品放入烧杯中，试剂沿下端紧靠着杯内壁的玻璃棒慢慢加入，盖上表面皿，轻轻摇动烧杯。

(2) 试样溶解时产生气体。称取样品放入烧杯中，用少量水将样品润湿，将表面皿凹面向上盖在烧杯上，用滴管滴加或沿玻璃棒将试剂自烧杯嘴与表面皿之间的缝隙缓慢加入，以防剧烈产生气体，加完试剂后，用水吹洗表面皿的凸面，流下来的水应沿烧杯内壁流入烧杯中，用洗瓶吹洗烧杯内壁。

(3) 试样溶解需加热或蒸发。应在水浴锅内进行，烧杯上必须盖上表面皿，以防溶液剧烈爆沸或迸溅，加热、蒸发停止时，用洗瓶洗表面皿、烧杯内壁及搅拌棒上沾的溶液。

2.4.2　试样的沉淀

重量分析时要求被测组分的洗涤应是完全和纯净的。要达到此目的，对晶形沉淀的沉淀条件应做到“五字原则”，即稀、热、慢、搅、陈。

稀：沉淀的溶液配制要适当稀。

热：沉淀时应将溶液加热。

慢：沉淀剂的加入速度要缓慢。

搅：沉淀时要用玻璃棒不断搅拌。

陈：沉淀完全后，要静置一段时间陈化。

为达到上述要求，沉淀操作时，应一手拿滴管缓慢滴加沉淀剂，另一手持玻璃棒不断搅拌溶液，搅拌时玻璃棒不要碰烧杯内壁和烧杯底，速度不宜快，以免溶液溅出。加热时应在水浴或电热板上进行，不得使溶液沸腾，否则会引起水溅或产生泡沫飞散，造成被测物的损失。

沉淀完后，应检查沉淀是否完全，方法是将沉淀溶液静置一段时间，使沉淀下沉，上层溶液澄清后，滴加一滴沉淀剂，观察交接面是否浑浊。如浑浊表明沉淀未完全，还需加入沉淀剂；反之，如清亮，则沉淀完全。

沉淀完全后，盖上表面皿，放置一段时间或在水浴上保温静置 1 h 左右，让沉淀的小晶体生成大晶体，不完整的晶体转为完整的晶体。

2.4.3　沉淀的过滤和洗涤

过滤和洗涤的目的在于将沉淀从母液中分离出来，使其与过量的沉淀剂及其他杂质组分分开，并通过洗涤将沉淀转化成纯净的单组分。对于需要灼烧的沉淀物，常在玻璃漏斗中用滤纸进行过滤和洗涤，对只需烘干即可称量的沉淀，则在古氏坩埚中进行过滤、洗涤。应根据沉淀的性质选用适当的滤纸或玻璃滤器，两者操作基本相同。以下重点介绍用滤纸过滤的操作步骤。

1. 滤纸的选择

滤纸分为定性滤纸和定量滤纸两大类，重量分析中使用的是定量滤纸。定量滤纸经灼烧后，灰分小于 0.0001 g 者称无灰滤纸，其质量可忽略不计；若灰分质量大于 0.0002 g，则需从沉淀物中扣除其质量，一般市售定量滤纸都已注明每张滤纸的灰分质量，可供参考。定量滤纸一般为圆形，按直径大小分为 11 cm、9 cm、7 cm、4 cm 等规格，按滤速可分为快速、中速、慢速三种。定量滤纸的选择应根据沉淀物的性质来定，滤纸大小的选择应注意沉淀物完全转入滤纸中后，沉淀物的高度一般不超过滤纸圆锥高度的 1/3 处。滤纸的型号、性质和适用范围见表 2-9。

表 2-9　国产滤纸的型号、性质和适用范围

分类与标志		型号	灰分/(mg·张$^{-1}$)	孔径/μm	过滤物晶形	适于过滤的沉淀	相对应的砂芯玻璃坩埚号
定量	快速 黑色或白色纸带	201	<0.10	80～120	胶状沉淀物	$Fe(OH)_3$ $Al(OH)_3$ H_2SiO_3	G1 G2 可抽滤胶体
	中速 蓝色纸带	202	<0.10	30～50	一般晶形沉淀	SiO_2 $MgNH_4PO_4$ $ZnCO_3$	G3 可抽滤粗晶形沉淀
	慢速 红色或橙色纸带	203	<0.10	1～3	较细晶形沉淀	$BaSO_4$ CaC_2O_4 $PbSO_4$	G4 G5 可抽滤细晶形沉淀
定性	快速 黑色或白色纸带	101	0.2%或 0.15%以下	>80	无机物沉淀的过滤分离及有机物重结晶的过滤		
	中速 蓝色纸带	102	0.2%或 0.15%以下	>50			
	慢速 红色或橙色纸带	103	0.2%或 0.15%以下	>3			

2. 漏斗的准备

将圆形滤纸轻轻地对折再对折成 4 层(暂不压紧)，或四方滤纸折叠成 4 层(四方滤纸折叠后还要剪成扇形)，展开成圆锥体。为了使滤纸三层那面能紧贴漏斗，把三层的外面两层滤纸撕去一角(妥善保存，以备后面制作沉淀帚)，放在选好的玻璃漏斗中。滤纸的边缘应略低于漏斗的边缘。用水润湿滤纸，并使它紧贴在玻璃漏斗的内壁上。这时如果滤纸和漏斗壁之间不密合，应该用手指轻压滤纸(不要用手指在滤纸上抹平，以免滤纸破裂)，把气泡赶走，然后向漏斗中加蒸馏水至几乎达到滤纸边。这时漏斗颈应全部被水充满，而且当滤纸上的水已全部流尽后，漏斗颈中的水柱仍能保留形成水柱(漏斗颈中充满水)。如形不成水柱，可以用手指堵住漏斗下口，稍稍掀起滤纸的一边，向滤纸和漏斗间加水，直到漏斗颈及锥体的大部分被水充满，并且颈内气泡完全排出。然后把纸边按紧，再放开下面堵住出口的手指,此时水柱即可形成。在整个过滤过程中,漏斗颈必须一直被液体所充满,这样过滤才能迅速。

3. 沉淀的过滤

过滤前应先调整漏斗架的高度,使漏斗末端紧靠接收器内壁。过滤分三步进行。第一步采用倾泻法,尽可能地过滤上层清液,如图 2-11 所示;第二步转移沉淀到漏斗上;第三步清洗烧杯和漏斗上的沉淀。此三步操作一定要一次完成,不能间断,尤其是过滤胶状沉淀时更应如此。

第一步采用倾泻法是为了避免沉淀过早堵塞滤纸上的空隙,影响过滤速度。沉淀剂加完后静置一段时间,待沉淀下降后,将上层清液沿玻璃棒倾入漏斗中,玻璃棒要直立,下端对着滤纸的三层边,尽可能靠近滤纸但不接触。倾入的溶液量一般只充满滤纸的 2/3,离滤纸上边缘至少 5 mm,否则少量沉淀因毛细管作用越过滤纸上缘,造成损失。暂停倾泻溶液时,将烧杯应沿玻璃棒向上提起,逐渐使烧杯直立,以免烧杯嘴上的液滴流失。带沉淀的烧杯放置方法如图 2-12 所示,烧杯下放一块木头,使烧杯倾斜,以利沉淀和清液分开,待烧杯中沉淀澄清后,继续倾注。重复上述操作,直至上层清液倾倒完为止。开始过滤后,要检查滤液是否透明,如浑浊,应另换一个洁净烧杯,将滤液重新过滤。

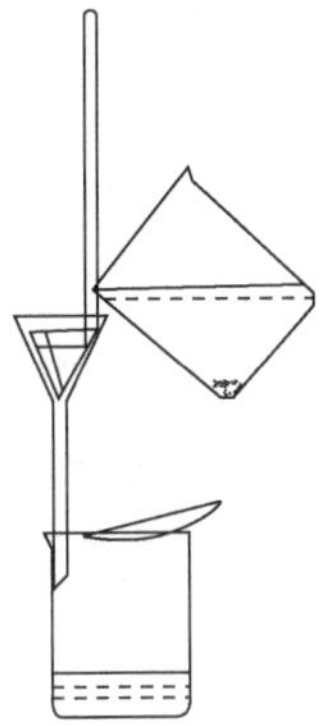

图 2-11　倾泻法过滤

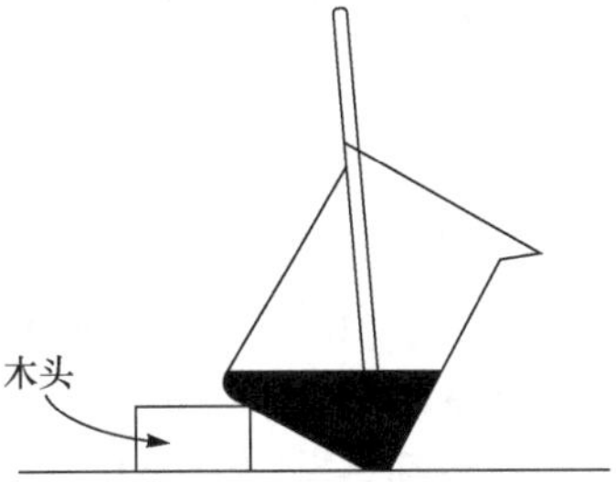

图 2-12　烧杯放置

用倾泻法将清液完全过滤后,应对沉淀进行初步洗涤。洗涤液的选择应根据沉淀的类型和实验内容而定。洗涤时,沿烧杯壁旋转着加入约 10 mL 洗涤液(或蒸馏水)以吹洗烧杯四周内壁,使黏附的沉淀集中在烧杯底部。待沉淀下沉后,按前述方法倾出过滤清液,如此重复三四次,然后加入少量洗涤液于烧杯中,搅动沉淀使之均匀,立即将沉淀和洗涤液一起通过玻璃棒转移至漏斗上,再加入少量洗涤液于烧杯中,搅拌均匀,转移至漏斗上。重复几次,使大部分沉淀都转移到滤纸上,然后将玻璃棒横架在烧杯口上,下端应在烧杯嘴上,且超出杯嘴 2～3 cm。用左手食指压住玻璃棒上端，拇指在前，其余手指在后，将烧杯倾斜放在漏斗上方，杯嘴向着漏斗，玻璃棒下端指向滤纸的三层边，用洗瓶或滴管吹洗烧杯内壁，沉淀连同溶液流入漏斗中(图 2-13)。如有少许沉淀牢牢黏附在烧杯壁上而吹洗不下来，可用前面折叠滤纸时撕下的纸角，先擦玻璃棒上的沉淀，再以水湿润后，从纸片的一侧开始紧密地卷在玻璃棒的尖端并留有 1/2 长度，用拇指和食指捏压紧玻璃棒外留下的纸卷，做成像扫帚的纸沉淀帚(图 2-14)。用沉淀帚沿杯壁自上而下、从左向右擦洗烧杯上的沉淀，用洗瓶吹洗烧杯，把擦“活”的沉淀微粒涮洗入漏斗中。在明亮处仔细检查烧杯内壁、玻璃棒、表面皿是否干净、不黏附沉淀，若仍有一点痕迹，再进行擦拭、转移，直到完全为止。然后用另一只玻璃棒轻推沉淀帚的根部将其拔出，放入漏斗中心的滤纸上，与主要沉淀合并。

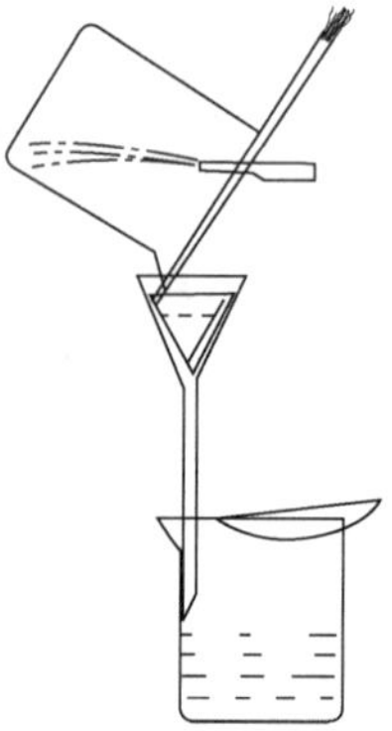

图 2-13　吹洗烧杯内壁

图 2-14　沉淀帚

4. 沉淀的洗涤

沉淀全部转移至滤纸后，接着要进行洗涤，目的是除去吸附在沉淀表面的杂质及残留液。洗涤方法如图 2-15 所示，将洗瓶在水槽上洗吹出洗涤剂，使洗涤剂充满洗瓶的导出管后，再将洗瓶拿在漏斗上方，使吹出洗瓶的水流从滤纸的多重边缘开始呈螺旋形往下移动，最后到多重部分停止，称为“从缝到缝”。这样，可将沉淀洗干净且集中到滤纸的底部。为了提高洗涤效率，应掌握洗涤方法的要领。洗涤沉淀时要少量多次，即每次呈螺旋形往下洗涤时，所用洗涤剂的量要少，以便于尽快沥干，沥干后再进行洗涤。如此反复操作，直至沉淀洗净为止。这通常称为少量多次原则。

过滤和洗涤沉淀的操作必须不间断地一次完成。若时间间隔过久，沉淀会干涸，黏成一团，就几乎无法洗涤干净了。无论是盛着沉淀还是盛着滤液的烧杯，都应该经常用表面皿盖好。每次过滤完液体后，应立即将漏斗盖好，以防落入尘埃。

5. 微孔玻璃漏斗(坩埚)过滤

不需称量的沉淀或烘干后即可称量或热稳定性差的沉淀，均应在微孔玻璃漏斗(坩埚)内进行过滤。微孔玻璃滤器如图 2-16所示,这种滤器的滤板是用玻璃粉末在高温下熔结而成的,因此又常称为砂芯玻璃漏斗(坩埚)。此类滤器均不能过滤强碱性溶液,以免强碱腐蚀玻璃微孔。按微孔的孔径由大到小可分为六级,即 G1～G6 (或称 1 号～6 号)。其规格和用途见表 2-10。

图 2-15　洗涤

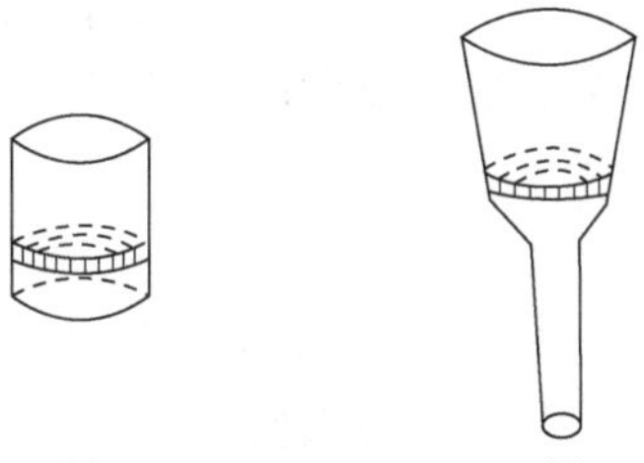

图 2-16　微孔玻璃坩埚(a)和微孔玻璃漏斗(b)

表 2-10　滤板规格及用途

滤板编号	孔径/μm	用途	滤板编号	孔径/μm	用途
G1	20～30	滤除大沉淀物及胶状沉淀物	G4	3～4	滤除液体中细的沉淀物或较细沉淀物
G2	10～15	滤除大沉淀物及气体沉淀	G5	1.5～2.5	滤除较大杆菌及酵母
G3	4.5～9	滤除细沉淀及水银过滤	G6	1.5 以下	滤除 1.4～0.6 μm 的病毒

砂芯玻璃滤器的洗涤:新的滤器使用前应以热浓盐酸或铬酸洗液边抽滤边清洗,再用蒸馏水洗净。使用后的砂芯玻璃滤器,针对不同沉淀物采用适当的洗涤剂洗涤。首先用洗涤剂、水反复抽洗或浸泡玻璃滤器,再用蒸馏水冲洗干净,在 110 ℃条件下烘干,保存在无尘柜或有盖容器中备用。表 2-11 列出洗涤不同沉淀物所用洗涤液,可供选用。

表 2-11　不同沉淀物所用洗涤液

沉淀物	洗涤液
AgCl	(1+1)氨水或 10% $Na_2S_2O_3$ 溶液
$BaSO_4$	100 ℃浓硫酸或 EDTA-NH_3 溶液(3% EDTA 二钠盐 500 mL 与浓氨水 100 mL),加热洗涤
氧化铜	热 $KClO_4$ 或 HCl 混合液
有机物	铬酸洗液

2.4.4　沉淀的干燥、灼烧及恒量

过滤所得沉淀经加热处理即获得组成恒定的与化学式组成完全一致的沉淀。

干燥一般在 250 ℃以下进行。凡是用微孔玻璃滤器过滤的沉淀,可用烘干方

法处理。其方法为将微孔玻璃滤器连同沉淀放在表面皿上，置于烘箱中，选择合适温度。第一次烘干时间可稍长(如 2 h)，第二次烘干时间可缩短为 40 min，沉淀烘干后置于干燥器中冷至室温后称量。如此反复操作，直至恒量为止。注意每次操作条件要保持一致。

灼烧是指在高于 250 ℃温度进行的处理。它适用于用滤纸过滤的沉淀，灼烧是在预先已烧至恒量的瓷坩埚中进行的。

1. 坩埚的准备

先将瓷坩埚洗净，小心烘干后编号(可用 Fe^{3+} 或 Co^{2+} 的蓝墨水在坩埚外壁编号)，然后在所需温度下加热灼烧。灼烧可在高温电阻炉中进行。由于温度骤升或骤降常使坩埚破裂，最好将坩埚放入冷的炉膛中逐渐升高温度，或者将坩埚在已升至较高温度的炉膛中预热一下，再放进炉膛中。一般在 800～950 ℃下灼烧30 min(新坩埚需灼烧 1 h)。从高温炉中取出坩埚时，应先使高温炉降温，然后将坩埚移入干燥器中，将干燥器连同坩埚一起移至天平室，冷却至室温(约需 30 min)，取出称量。随后进行第二次灼烧，15～20 min 后，冷却、称量。如果前后两次称量结果之差不大于 0.2 mg，即可认为坩埚已达质量恒定，否则还需再灼烧，直至质量恒定。灼烧空坩埚的温度必须与以后灼烧沉淀的温度一致。

2. 沉淀的包裹

对于体积大的胶状沉淀，可用扁头玻璃棒将滤纸的三层部分挑起，向中间折叠，将沉淀全部盖住，如图 2-17 所示，再用玻璃棒轻轻转动滤纸包，以便擦净漏斗内壁可能沾有的沉淀。然后将滤纸包转移至已恒量的坩埚中。对于晶形沉淀，可按照图 2-18 中的(a)或(b)将沉淀卷成小包包好，用滤纸原来不接触沉淀的那部分轻轻擦一下漏斗内壁，擦下可能沾在漏斗上部的沉淀微粒。把滤纸包的三层部分向上放入已恒量的坩埚中，这样可使滤纸较易灰化。

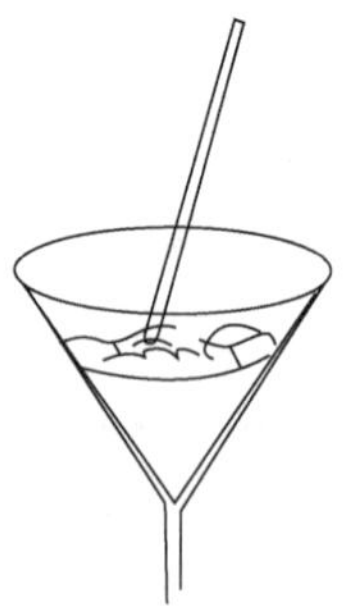

图 2-17　胶状沉淀的包裹

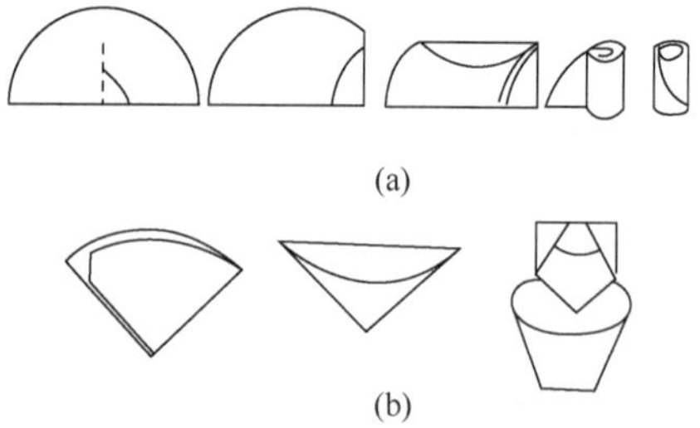

图 2-18　晶形沉淀的包裹

3. 沉淀的干燥和灼烧

将放有沉淀包的坩埚倾斜置于火源上，使多层滤纸部分朝上，以利烘烤。沉淀烘干步骤不能太快，尤其对于含有大量水分的胶状沉淀，很难一下烘干，若加热太猛，沉淀内部水分迅速汽化，会挟带沉淀溅出坩埚，造成实验失败。此时，火源应在坩埚盖之下，如图 2-19(a)，加热后热空气流便反射到坩埚内部，而水蒸气从上面逸出。当滤纸包烘干后，滤纸层变黑而炭化，此时应控制加热，使滤纸只冒烟而不着火，因为着火后火焰卷起的气流会将沉淀微粒吹走。如果滤纸着火，应立即停止加热，用坩埚钳夹住坩埚盖将坩埚盖住，让火焰自行熄灭，切勿用嘴吹熄。

滤纸全部炭化后，把火源置于坩埚底部，逐渐加大火源，把炭完全烧成灰，这种将炭燃烧成二氧化碳除去的过程称为灰化[图 2-19(b)]。

沉淀和滤纸灰化后，将坩埚移入高温炉中(根据沉淀性质调节适当温度)，盖上坩埚盖，但应留有空隙。在与灼热空坩埚相同的温度下，灼烧 40～60 min，与空坩埚灼烧操作相同。取出后在空气中稍冷，再放入干燥器中冷却至室温，称量。然后进行第二次、第三次灼烧，冷却、称量，直至坩埚和沉淀恒量。一般第二次以后只需灼烧 20 min即可。沉淀的恒量是指相邻两次灼烧后的称量差值不大于 0.4 mg。每次灼烧完毕从炉内取出后，都应在空气中稍冷后再移入干燥器中，冷却至室温后称量，然后再灼烧、冷却、称量，直至恒量。注意：每次灼烧、称量和放置的时间都要保持一致。

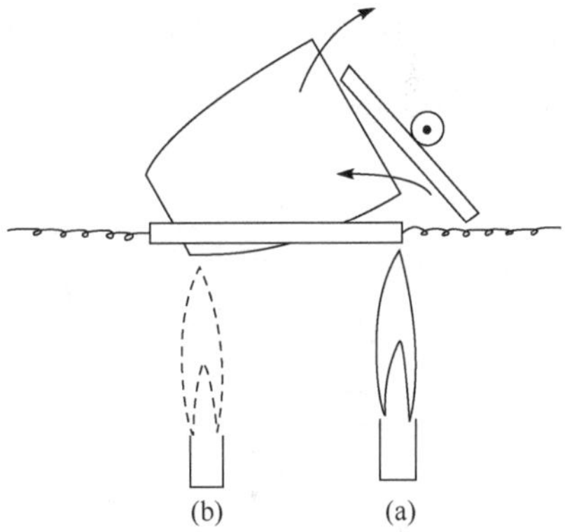

图 2-19　沉淀的干燥和灰化

重量分析法的特点是干扰少、准确度高，至今仍有广泛的应用，缺点是操作烦琐、费时。也可用微波炉代替马弗炉，采用微波技术重量分析法。例如，以 $BaSO_4$ 沉淀重量法测定 Ba^{2+} 时，用玻璃坩埚过滤 $BaSO_4$ 沉淀并用微波炉干燥。但此法对沉淀条件和洗涤操作的要求更加严格，沉淀中不得包藏有 H_2SO_4 等高沸点杂质，否则在干燥过程中不易分解或挥发，而灼烧干燥时可以除去 H_2SO_4 等杂质。

2.4.5　高温电阻炉的使用

高温电阻炉也称马弗炉，常用于重量分析中的样品灼烧、沉淀灼烧和灰分测定等工作。这里着重介绍两种马弗炉：SX10-HTS 型高温箱式电阻炉和 TM6220S 型陶瓷纤维马弗炉。

1. SX10-HTS型高温箱式电阻炉

该电阻炉以硅碳棒为加热元件。额定温度为1000 ℃，与数显表、可控硅电压调整器及铂铑-铂热电偶配套，从而实现自动测量、显示和控温。它具有精度高，稳定性强，操作简便，读数直观、清晰等优点。

1）结构简介

电阻炉外形为长方体，炉壳用薄钢板折边焊接而成。内炉衬用轻质耐火纤维制成，它是高级保温材料的保温层。加热元件为硅碳棒，插于内炉的顶部与底部或两侧。为了确保安全，炉体顶部或两侧有防护罩。温度设定旋钮和设定、显示装置的控制器通过多级铰链固定在炉体右侧。电炉炉门由单臂支承，通过多级铰链固定于电炉面板上。炉门关闭时，利用炉门把手的自重将炉门紧闭于炉口，通过门钩扣住门扣。开启时只需将把手稍往上提，脱钩后往外拉开，将炉门置于左侧即可。仪器外形如图2-20所示。

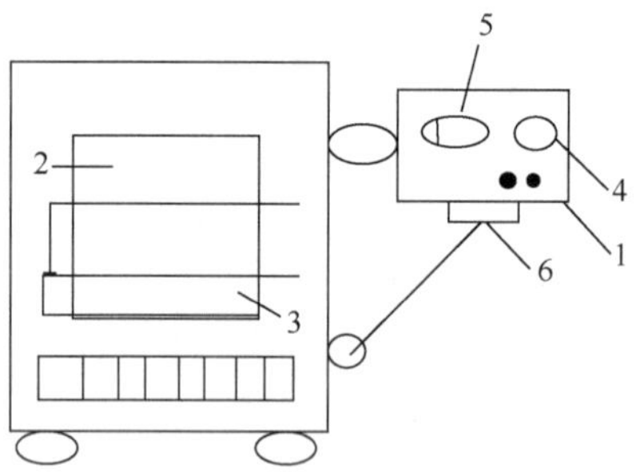

图2-20　高温箱式电阻炉外形

1. 控制器；2. 炉门；3. 炉门把手；4. 温度设定旋钮；5. 温度指示屏；6. 开关

2）使用方法

将装有样品的坩埚放入炉膛中部，关闭炉门。打开控温器的电源开关，绿灯显示加热，旋转温度设定旋钮至所需温度，温度显示指针将显示炉膛内温度，到设定温度后，加热会自动停止，红灯亮表示处于保温状态。加热时间到，先关闭电源，不应立即打开炉门，以免炉膛骤冷碎裂。一般可先开一条小缝，让其降温快些，最后用长柄坩埚钳取出被加热物体。

在使用高温炉时要经常照看，防止自控失灵，造成电炉丝烧断等事故。炉膛内要保持清洁，炉周围不要放易燃易爆物品。

2. TM6220S型陶瓷纤维马弗炉

该型号马弗炉既具有微波马弗炉的优点：保温好、升温快、可通风、质量轻、节电显著，又有普通马弗炉容积大、价格适中等优点。空载时，由室温升至900 ℃的时间不到20 min，而输入功率为2.2 kW、容积为3 L的微波马弗炉也需25 min。

1）技术参数

容积：6 L；

功率：2 kW；

温度：1200 ℃；

温控精度：±2%FS。

2）结构简介

分为炉体和控制箱两部分。

（1）炉体由炉腔和门两部分构成。炉腔和门的主体均为陶瓷纤维。炉内左右两壁嵌有发热体；炉腔固定在前后与底构成的 U 形金属壳上，左右和顶为倒 U 形金属罩；壳底有四个底脚支撑；后面板可卸下，便于更换发热体和传感器；其下有 6 芯矩形插座，用电缆连至控制箱；顶部可安装不锈钢风烟筒，以促进灰化。门在正前方，开门时抓住把手斜着向上往怀里拉，然后顺着弹簧的力量向上推，反方向操作即可关门。

（2）控制箱。控制箱面板示意图如图 2-21 所示。上部为温度控制数显表，用法见其使用说明书；右上部为负载电压和电流表；下部从左至右为电源开关、温度保持 LED、定时调整旋钮、功率调整旋钮；后面板上有保险器、控制连接插座和电源线。

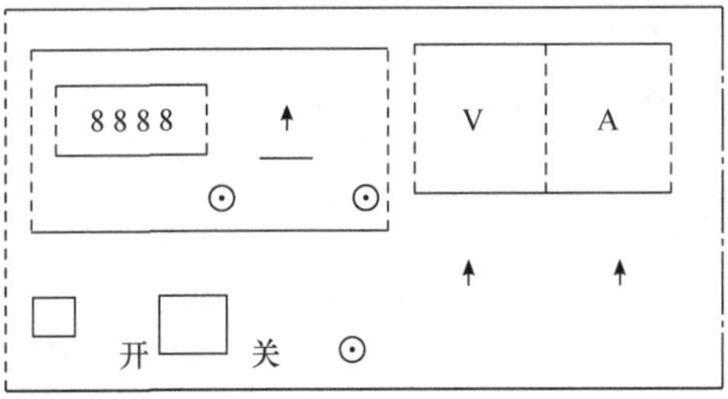

图 2-21　TM6220S 型马弗炉控制箱面板示意图

3）安装与使用

用连接线将炉体与控制箱相连，锁紧。温度控制器右下方的开关指向“测量”。

控制箱上的电源线连至接线板。

接通控制箱上的电源开关，开关上的氖管、温度控制器上数码管显示当前温度 T_i，用手触摸传感器，示值应有变化。

温度控制器右下部的开关指向“设定”，数码管指示设定温度，调整多圈电位器，改变设定温度 T_0，当它小于 T_i 时，绿色加热灯亮，大于 T_i 则红色停止灯亮。然后使 T_0=600 ℃，开关回到“测量”。

顺时针转动定时器旋钮，立即开始加热，将旋钮定在到达设定温度后需保持的时间上，然后观察电流，根据经验进行调整，在速度与温度之间找平衡，在上升阶段，离设定温度差 10 ℃左右时，每分钟升温不要超过 4 ℃。

第一次达到 T_0 前，定时器旋钮不转；达到 T_0 后，温控器上温度保持黄色 LED 亮，定时器开始倒计时，加热时断时续，温度维持在 T_0 左右，如果波动过大，可调整电流。

定时时间到，铃响，停止加热，温度自然下降。不要急于开炉门，尽量避免骤冷。

2.4.6 干燥器的使用

干燥器是一种保持物品干燥的玻璃器皿，内盛干燥剂，使物品不受外界水分的影响，常用于放置坩埚、称量瓶，保存样品或试剂。干燥器内有一带孔的白瓷板，瓷板下面放干燥剂。干燥剂一般用变色硅胶，此外还有无水 $CaCl_2$、P_2O_5 等。常用干燥剂见表 2-12。因为干燥剂的吸水能力有一定限度，所以干燥器中的空气并非绝对干燥，只是湿度相对降低而已。因此，如果灼烧和干燥后的坩埚、沉淀在干燥器中放置过久，可能会吸收少量水分而使质量增加，这点需注意。

表 2-12 常用干燥剂

干燥剂名称	干燥能力 干燥后空气中剩余水分 /($mg \cdot L^{-1}$)	应用实例
硅胶	6×10^{-3}	NH_3、O_2、N_2、空气及仪器防潮
P_2O_5	2×10^{-5}	CS_2、H_2、O_2、SO_2、N_2、CH_4 等
$CaCl_2$	0.14	H_2、O_2、HCl、Cl_2、H_2S、NH_3、CO_2、CO、SO_2、N_2、CH_4、乙醚等
碱石灰	—	NH_3、O_2、N_2等，并可除去气体中的 CO_2和酸气
浓硫酸	3×10^{-3}	As_2O_3、I_2、$AgNO_3$、SO_2、卤代烃、饱和烃
分子筛	1.2×10^{-3}	O_2、H_2、空气、乙醇、乙醚、甲醇、吡啶、丙酮、苯等

干燥器装入干燥剂之前，要先擦净干燥器的内壁，将多孔瓷板洗净烘干，然后把干燥剂筛去粉尘后，借助纸筒放入干燥器底部[图 2-22(a)]，以免干燥剂污染内壁的上部，再盖上多孔瓷板。在干燥器的磨口上涂上一层薄而均匀的凡士林，盖上干燥器盖备用。

开启干燥器时，左手扶住干燥器下部，右手握住盖上的圆顶，向左前方推开器盖，如图 2-22(b)所示。盖子取下后应拿在手中，便于及时盖上，也可放在桌上安全的地方(注意：磨口向上，圆顶朝下)。切忌将盖子放在桌子的边缘，以防滚落跌损。加盖时也应当拿住盖上的圆顶，慢慢推动盖好。搬动干燥器时，不应只端下部，而应用两手的拇指同时按住盖子，防止盖子滑落打碎，如图 2-22(c)所示。

将灼烧后的坩埚放入干燥器中自然冷却时，不要立即盖紧干燥器盖，应留约 2 mm的缝隙，等热空气溢出后再盖严。

(a) 装入干燥剂　(b) 开启干燥器　(c) 搬动干燥器

图 2-22　干燥器的使用

2.5　分光光度计基本操作

2.5.1　722 型光栅分光光度计原理

用一束单色光照射待测物质的溶液时，当某一定频率(波长)的可见光所具有的能量($h\nu$)恰好与待测物质分子中的价电子的能级差相适应($\Delta E = E_2 - E_1 = h\nu$)时，待测物将对该频率(波长)的可见光产生选择性吸收。用可见分光光度计可以测量和记录其吸收程度(吸光度)。由于在一定条件下，吸光度 A 与待测物质的浓度 c 及吸收池长度 b 的乘积成正比，即 $A = Kbc$，因此测得吸光度 A 后，可采用标准曲线法、比较法以及标准加入法等方法进行定量分析。

2.5.2　722 型光栅分光光度计结构

722 型光栅分光光度计是以碘钨灯为光源，衍射光栅为色散元件，端窗式光电管为光电转换器的单光束、数显式可见分光光度计。波长为 330～800 nm，波长精度为±2 nm，波长重现性为 0.5 nm，单色光的带宽为 6 nm，吸光度的显示范围为 0～1.999，吸光度的精确度为 0.004(在 $A = 0.5$ 处)。722 型光栅分光光度计由光源室、单色器、试样室、光电管暗盒、电子系统及数字显示器等部件组成，其外形如图 2-23所示。

2.5.3　722 型光栅分光光度计使用方法

(1) 取下防尘罩，将灵敏度调节钮置于“1”挡(信号放大倍率最小)，将选择开关置于“T”挡(透光度)。

(2) 插上电源插头，按下电源开关，其指示灯亮。调节波长旋钮使所需波长对准标线，调节 100%T 旋钮使显示透光度为 70%左右，仪器在此状态下预热 5～15 min。显示数字稳定后即可继续操作。

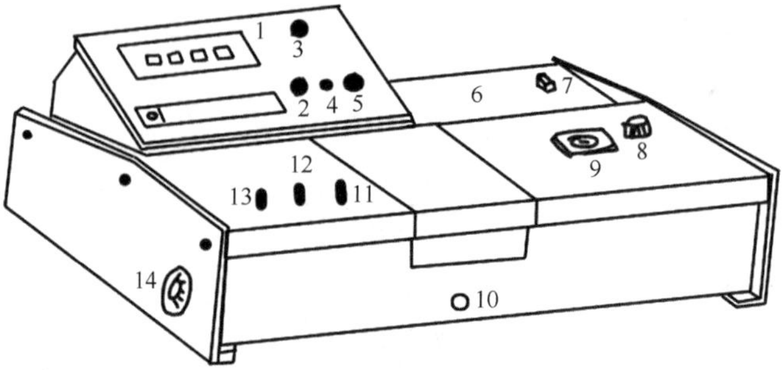

图 2-23　722 型光栅分光光度计外形图

1. 数字显示器；2. 吸光度调零旋钮；3. 选择开关；4. 斜率电位旋钮；
5. 浓度旋钮；6. 光源室；7. 电源开关；8. 波长旋钮；9. 波长刻度盘；
10. 试样架拉手；11. 100%T 旋钮；12. 0%T 旋钮；13. 灵敏度调节钮；14. 干燥器

(3) 打开试样室盖(光门自动关闭)，调节 0%T 旋钮，使显示为“000. 0”。

(4) 将盛参比溶液的吸收池置于试样架的第一格内，盛试样的吸收池置于第二格内，盖上试样室盖(光门打开，光电管受光)。将参比溶液推入光路，调节 100%T 旋钮，直到显示为“100. 0”。

(5) 重复操作步骤(3)和(4)，直到显示稳定。

(6) 稳定地显示“100. 0”透光度后，将选择开关置于“A”挡，此时吸光度显示应为“. 000”，若不是，则调节吸光度调零旋钮，使显示为“. 000”。然后将试样拉入光路，这时的显示值即试样的吸光度。

(7) 实验过程中，参比溶液不要拿出试样室，可随时将其置入光路以检查吸光度零点是否有变化。如果不为“. 000”，则先不要调节吸光度调零旋钮，而应将选择开关置于“T”挡，用 100%T 旋钮调至“100. 0”，再将选择开关置于“A”挡，这时如果不为“. 000”，方可调节吸光度调零旋钮。一般情况下不需要经常调节吸光度调零旋钮和%T 旋钮，但可随时进行步骤(3)和(4)的操作，如发现这两个显示有改变，则应及时调整。

(8) 仪器使用完毕，关闭电源(短时间不用时不必关闭电源，只需打开试样室盖，即停止照射光电管)，洗净吸收池并放回原处，仪器冷却 10 min 后盖上防尘罩。

(9) 吸收池的使用。可见和紫外分光光度分析中所用的吸收池都是两面由透明材料制成(可见光度分析采用光学玻璃，紫外光度分析则采用石英材料)，另两面由毛玻璃制成的方形容器。石英质吸收池一般有盖，以防止溶剂挥发。吸收池在使用中要注意保护透明光面，避免擦伤或被硬物划伤，操作时用手接触毛玻璃面。装溶液不要太满，以防震动时溢出溶液腐蚀光度计，一般装溶液至 3/4 容积即可。先用滤纸轻轻擦去吸收池外面的溶液，擦干后再用镜头纸(折叠成四层使用，切勿揉成团)擦至透明，即可放入试样架进行测量。石英吸收池价格很高，使用时要特别小心，以防损坏。

吸收池的厚度(指内径)一般有 5 mm、10 mm、20 mm、30 mm、40 mm 等规格，其中以 10 mm 厚的应用最普遍。

吸收池中经常盛有色溶液和有机化合物，洗涤吸收池时应先用(1＋2)盐酸-乙醇洗涤剂浸泡，再用水清洗。要特别注意测定完毕尽快用水洗净，否则一旦着色较难彻底洗净。

2.6 分析化学实验基本操作考核参考指标

分析化学实验基本操作考核参考指标见表 2-13。

表 2-13 分析化学实验基本操作考核参考指标

考核项目	总分	操作要点	评分
分析天平的使用	20	清洁及预热	2
		查看、调节水平	3
		取、放称量瓶	5
		样品倾出	6
		读数记录	4
滴定分析操作	40	滴定管选择与洗涤	2
		检漏及涂油、更换部件	5
		润洗	2
		排气泡	3
		调零及读数	5
		滴定手法(包括锥形瓶使用)	8
		滴定速度控制	4
		终点预判及操作	4
		终点辨认	5
		数据记录	2
移液管的使用	20	洗涤	3
		润洗	3
		移液	5
		调标线	5
		放液	4
容量瓶的使用	20	容量瓶检漏及配套	2
		洗涤	3
		试样溶解	3
		试样转移	3
		初步摇匀	2
		定容	4
		摇匀	3

第3章　基础实验

基础实验一　分析天平称量练习

预习：2.2分析天平基本操作。

一、实验目的

(1) 熟悉分析化学实验室规则和安全守则，了解分析实验课的基本要求。

(2) 学习电子天平基本操作及常用称量方法。

(3) 学习规范记录实验数据。

二、主要仪器及试剂

仪器：ESJI 180-4型电子天平（也可用其他类型电子天平）；台秤；表面皿（直径小于10 cm）；称量瓶；药匙（或自制纸撮）。

试剂：NaCl。

三、实验步骤

1. 称量前准备

为节省时间，学生实验用电子天平通常已由实验室工作人员完成校准并接通电源预热，学生的准备工作如下：

(1) 天平使用前的检查与准备。拿下天平罩，叠平后放在天平箱上方或一旁。检查托盘是否洁净，如发现托盘上（或外部）有灰尘或撒落的药品，应用天平特配的软毛刷或丝帕轻轻拂去。

(2) 水平调节。观察水平仪，如果水平仪水泡偏移，需调节水平调节脚，使水泡位于水平仪中心。

2. 固定质量称量法（增量法）

称取0.5000 g试样一份。

在分析天平上准确称量洗净且干燥的表面皿的质量，并记录称量数据$m_{表}$，用药匙或自制纸撮将试样慢慢加入表面皿中央，直到称量读数增加0.5000 g（误差范围≤±0.4 mg），关闭天平门，记录称量数据$m_{总}$，试样的实际质量$m_s=m_{总}-m_{表}$。

如 m_s 不符合实验要求，应用药匙或纸撮继续添加或减少试样量，直至达到合格。

注：此项操作可用“去皮法”，即将洗净干燥的表面皿放在天平托盘上，待显示稳定后按下 TARE 键，使显示为零，然后用药匙或纸撮往表面皿中慢慢加入试样，直至显示数据为所称的质量。显然，此法更方便。

3. 递减称量法

称取 0.4～0.6 g NaCl 试样三份。

从干燥器中取出干燥洁净的称量瓶，在台秤上粗称其质量，再用药匙加入 1.5 g NaCl 试样。在电子天平上准确称其质量，即倾倒前质量 m_1，从天平中取出称量瓶，将试样倾入表面皿中（约为总体积的 1/3），估测倾出试样的量，继续倾倒直至倒出试样量为 0.4～0.6 g，准确称出称量瓶质量并记录为 m_2，倾倒前后质量之差 m_1-m_2 即为倾出试样的准确质量。以同样方法继续倾倒试样于表面皿中，记录称量瓶质量为 m_3，m_2-m_3 即为第二份试样的质量。再继续称出第三份试样。

4. 数据记录

表 3-1 称量练习记录及处理结果

记录项目 \ 序号	1	2	3
$m_{倾倒前(称量瓶+试样)}$/g			
$m_{倾倒后(称量瓶+试样)}$/g			
$m_{试样}$/g			

四、思考题

（1）固定质量称量法和递减称量法各有何优缺点？分别在什么情况下使用？

（2）分析天平可精确至多少毫克？称取 0.1250 g 试样会产生多大的称量误差？若将此称量结果记录为 0.125 g，则称量误差增大多少倍？

注释

（1）若天平出现故障或调不到零点时，应及时报告指导教师，不得擅自处理。

（2）本实验所用的 NaCl 试样可循环使用。

（3）实验中使用的表面皿作为接收器，本练习中将几份样品都倾于同一个表面皿上，试样要尽量分开摆放以便于估计其质量。

(4) 称量未知物质量时，先要在台秤上粗称。这样即可加快称量速度，又可保证天平不超载。

(5) 在用称量瓶瓶盖轻敲瓶口上沿转移样品的过程中，边敲边观察样品的转移量，并保证没有损失。切不可在敞口时将瓶身和瓶盖离开承接样品的容器口。将要停止敲击试样时，要边用瓶盖敲击瓶口边竖直称量瓶，使试样都进入称量瓶中后方可进行称量。

(6) 不可直接用手拿称量瓶，要用纸条套住瓶身，这样可以避免手汗和体温的影响。

(7) 读数时天平两边门需要关闭。

(8) 称量结束按 ON/OFF 键，将天平打扫干净，关好天平门，填写天平使用登记卡。

(9) 同一实验中，所有的称量应使用同一台天平，以减少称量的系统误差。

基础实验二　滴定分析基本操作练习

预习：2.1 分析化学实验常用玻璃器皿和 2.3.1 滴定管的使用。

一、实验目的

(1) 掌握滴定分析常用仪器的洗涤和使用方法。

(2) 了解常用玻璃量器的基本知识，练习滴定分析基本操作。

(3) 掌握 NaOH、HCl 标准溶液的配制和保存方法。

(4) 练习正确记录和处理实验数据。

二、主要仪器及试剂

仪器：500 mL 试剂瓶 2 个（一个带玻璃塞，另一个带橡胶塞）；50 mL 酸式滴定管；50 mL 碱式滴定管；250 mL 锥形瓶；10 mL 量筒；100 mL 烧杯；分析天平；台秤。

试剂：分析纯浓 HCl；固体 NaOH；1 $g \cdot L^{-1}$ 甲基橙(MO)指示剂；2 $g \cdot L^{-1}$ 酚酞(PP)指示剂；去污粉；合成洗衣粉；铬酸洗液（称取 10 g $K_2Cr_2O_7$ 于 400 mL 烧杯中，加 20 mL 水，加热搅拌溶解，冷却后，慢慢加入 200 mL 浓硫酸，待冷却后储存于玻璃瓶中）。

三、实验步骤

1. 认领仪器

按仪器清单认领分析化学实验所需要的仪器(滴定管、锥形瓶、容量瓶、烧杯、量筒、移液管等),熟悉其名称和规格。检查并维护好酸碱滴定管、容量瓶等。

2. 洗涤

洗涤已领取的仪器。

3. 溶液配制

1) 0.1 mol·L^{-1} HCl 标准溶液的配制

用 10 mL 洁净的量筒量取约 4.5 mL 浓 HCl(因为浓 HCl 易挥发,实际浓度小于 12 mol·L^{-1},故应量取稍多于计算量的 HCl),倒入盛有 400 mL 蒸馏水的试剂瓶中,加蒸馏水至 500 mL,盖上玻璃塞,充分摇匀。贴好标签,写好试剂名称、浓度(空一格,留待填写准确浓度)、配制日期、班级、姓名等。

2) 0.1 mol·L^{-1}NaOH 标准溶液的配制

用台秤迅速称取(为什么?)约 2.0 g NaOH 于 100 mL 小烧杯中,加约 30 mL 无 CO_2 的蒸馏水溶解,然后转移至试剂瓶中,用蒸馏水稀释至 500 mL,摇匀后用橡皮塞塞紧。贴好标签,备用。

4. 滴定操作练习

(1) 将配制好的 0.1 mol·L^{-1}HCl 溶液和 0.1 mol·L^{-1}NaOH 溶液分别装入酸式和碱式滴定管中(先用待装溶液将滴定管润洗 3 次,每次用量 5~10 mL),装液至"0"刻度线以上,排除管尖的气泡,调整液面至 0.00 刻度或稍下处,静置 1 min后,记录初始读数,并记录在报告本上。

(2) 在锥形瓶中加入约 20 mL NaOH 溶液、2 滴甲基橙指示剂,用酸式滴定管中的 HCl 溶液滴定至黄色恰好变为橙色即为终点,读取并记录消耗两种溶液的体积。不断补充 HCl 和 NaOH 溶液,反复练习滴定管使用、终点判断、滴定管读数、数据记录等,直至熟练掌握。

(3) 在锥形瓶中加入约 20 mL HCl 溶液、2 滴酚酞指示剂,用碱式滴定管中的 NaOH 溶液进行滴定,溶液变为微红色且半分钟内不褪色即为终点,读取并记录消耗两种溶液的体积。不断补充 HCl 和 NaOH 溶液,练习滴定管使用、终点判断、数据记录等,直至熟练掌握。

5. 数据记录

表 3-2　滴定数据记录

序号 记录项目		1 (MO)	2 (MO)	3 (MO)	4 (PP)	5 (PP)	6 (PP)
V_{HCl}/mL	初读数						
	末读数						
	消耗体积						
V_{NaOH}/mL	初读数						
	末读数						
	消耗体积						

四、思考题

(1) 为什么每次从试剂瓶取用溶液时，应将试剂瓶中溶液摇匀？

(2) 为什么酸式滴定管能盛放酸液和氧化性溶液，而不能盛放碱液？而碱性滴定管却不能盛放酸液和氧化性溶液？

(3) 配制 HCl 和 NaOH 溶液的纯水的体积是否需要准确？

注释

(1) 配制好的试剂要放入规定的试剂柜中保存。

(2) 称取固体 NaOH 时，必须用小烧杯盛 NaOH，不得将 NaOH 直接放在纸片或台秤的托盘上称量。

(3) 强调“少量多次”的洗涤原则。

(4) 滴定终点的判断正确与否是影响滴定分析准确度的重要因素，必须学会正确判断终点以及检验终点的方法。酸碱滴定所用的指示剂大多是可逆的，这有利于练习判断和验证终点。MO 的 pH 变色域是 3.1(红)～ 4.4(黄)，pH 4.0 附近为橙色。以 MO 为指示剂，用 NaOH 溶液滴定酸性溶液时，终点颜色变化是由红变橙，而用 HCl 溶液滴定碱性溶液时，终点颜色变化是由黄变橙。判断橙色对初学者有一定难度，所以在做滴定练习之前，应先练习判断和验证终点。具体做法是：在锥形瓶中加入约 30 mL 水和 1 滴 MO 指示剂，从碱式滴定管中放出 2～3 滴 NaOH 溶液，观察其黄色，然后用酸式滴定管滴加 HCl 溶液至由黄色变橙色，如果已滴到红色，再滴加 NaOH 溶液至黄色。如此反复滴加 HCl 和 NaOH 溶液，直至能做到加半滴 NaOH 溶液由橙色变黄色(验证：再加半滴 NaOH 溶液颜色不变，或加半滴 HCl 溶液则变橙色)，而加半滴 HCl 溶液由黄色变橙色(验证：再加半滴 HCl 溶液变红色，或加半滴 NaOH 溶液则变黄色)为止，达到能通过加入半滴溶液而确定终点。熟悉判断终点的方法后，再进行实验步骤中 4. 滴定操作练习。

在以后的各次实验中，每遇到一种新的指示剂，均应先练习至能正确判断终点颜色变化后再开始实验。

基础实验三　酸碱标准溶液的比较滴定

预习：2.3.3 移液管和吸量管的使用。

一、实验目的

(1) 理解标准溶液比较滴定的意义。

(2) 掌握酸碱指示剂的选择方法。

(3) 学习并掌握移液管的使用方法。

(4) 进一步练习滴定操作，掌握甲基橙、酚酞指示剂滴定终点的确定。

二、实验原理

0.1 $mol \cdot L^{-1}$ HCl 溶液和 0.1 $mol \cdot L^{-1}$ NaOH 溶液相互滴定时，发生的化学反应为

$$NaOH + HCl \longrightarrow NaCl + H_2O$$

$$n_{NaOH} = n_{HCl}$$

滴定的突跃范围：pH＝4.3～9.7(碱滴酸)或 pH＝9.7～4.3(酸滴碱)。

指示剂：甲基橙(pH＝3.1～4.4)或酚酞(pH＝8.0～9.6)。

红　黄　　　　　无　红

当指示剂一定时，用一定浓度的 HCl 和 NaOH 相互滴定，指示剂变色时所消耗的体积比 V_{HCl}/V_{NaOH} 不变，与被滴定溶液的体积无关。借此可检验滴定操作技术和判断终点的能力。

$$\frac{V_{HCl}}{V_{NaOH}} = \frac{c_{NaOH}}{c_{HCl}}$$

若已知一种溶液的准确浓度，则可以根据此体积比确定另一种溶液的浓度。

三、主要仪器及试剂

仪器：50 mL 酸式滴定管；50 mL 碱式滴定管；250 mL 锥形瓶；25 mL 移液管。

试剂：0.1 $mol \cdot L^{-1}$ HCl 溶液；0.1 $mol \cdot L^{-1}$ NaOH 溶液；1 $g \cdot L^{-1}$ 甲基橙指示剂；2 $g \cdot L^{-1}$ 酚酞指示剂。

四、实验步骤

1. HCl 溶液滴定 NaOH 溶液

从碱式滴定管放出约 20 mL NaOH 溶液于锥形瓶中，加 1～2 滴甲基橙指示

剂，用 HCl 溶液滴定至终点，分别记录两种溶液所消耗的体积。重复操作三次。如果终点判断不理想，可再向锥形瓶中滴入少量 NaOH 溶液，用 HCl 溶液滴定，练习终点判断至符合要求，分别记录消耗两种溶液的体积。计算三次的体积比，相对平均偏差≤0.3%为合格。

2. NaOH 溶液滴定 HCl 溶液

用移液管移取 25.00 mL HCl 溶液于锥形瓶中，加 2～3 滴酚酞指示剂，用 NaOH 溶液滴定至终点，分别记录两种溶液所消耗的体积。重复操作三次。计算三次的体积比，相对平均偏差≤0.3%为合格。

3. 数据记录

表 3-3　HCl 滴定 NaOH 的实验记录与处理结果

记录项目 \ 序号		1	2	3
V_{NaOH}/mL	初读数			
	末读数			
	消耗体积			
V_{HCl}/mL	初读数			
	末读数			
	消耗体积			
V_{NaOH}/V_{HCl}				
$\overline{V_{NaOH}/V_{HCl}}$				
相对平均偏差($\overline{d}_r$)/%				

表 3-4　NaOH 滴定 HCl 的实验记录与处理结果

记录项目 \ 序号		1	2	3
V_{HCl}/mL				
V_{NaOH}/mL	初读数			
	末读数			
	消耗体积			
V_{NaOH}/V_{HCl}				
$\overline{V_{NaOH}/V_{HCl}}$				
相对平均偏差($\overline{d}_r$)/%				

五、思考题

(1) HCl 和 NaOH 能否直接配成准确浓度的溶液？为什么？

(2) 在滴定分析实验中，滴定管、移液管、锥形瓶使用前要求如何润洗？为什么？

(3) 为什么 HCl 溶液滴定 NaOH 溶液时选甲基橙作指示剂，而 NaOH 溶液滴定 HCl 溶液时选酚酞作指示剂？选择不同指示剂得到的体积比是否一致？

注释

(1) 每次滴定完成后要将滴定剂加至滴定管零点或近零点处，然后进行下一次滴定。

(2) 用碱滴定酸时，因为酸是用移液管取的，不方便再准确加入，故终点时一定要仔细，一旦过量只能重做。

基础实验四 容量器皿的校准

预习：2.3.4 容量仪器的校准。

一、实验目的

(1) 理解容量器皿校准的意义和方法。

(2) 初步掌握滴定管的校准和移液管与容量瓶间相对校准的操作。

(3) 进一步熟练滴定分析实验基本操作技术。

二、容量器皿校准的意义

滴定管、移液管和容量瓶是分析化学实验室中常用的玻璃量器，都具有刻度和标称容量。量器产品都允许有一定的容量误差，且由于玻璃具有热胀冷缩的性质，不同温度下其容积是不同的。因此，在准确度要求较高的分析测试中，必须对量器进行校准。

量器常采用两种校准方法：绝对校准法（称量法）和相对校准法（相对法）。

称量法是指在校准室内温度波动小于 1 ℃ · h^{-1}，所用器皿和水都处于同一室温时，用分析天平称出容量器皿所量入或量出的纯水的质量，然后根据该温度下水的密度，将水的质量换算为容积，就得到该容器在 20 ℃时的实际体积，即

$$V = m_w / \rho_w$$

式中，V 为纯水的实际体积；m_w 为放出水的质量；ρ_w 为标准温度下纯水的表观

密度。

经校正得出 20 ℃容量为 1 L 的玻璃容器在不同温度时所盛水的质量，据此计算量器的校正值（所校正容器的容积误差）为

$$\Delta V = V_{测} - V_{标}$$

在分析化学实验中，经常利用容量瓶配制溶液，并用移液管取出其中的一部分进行测定，此时重要的不是知道容量瓶及移液管的准确容量，而是二者的容量是否为准确的整数倍关系。例如，称取一定量的试样，溶解后定容于 100 mL 容量瓶中，用 25 mL 移液管从中取出一份试液是否确定为这份试样的 1/4，决定了这两件仪器配套使用时是否有意义。当只要求两种容器之间有一定的比例关系，而无需知道它们的各自准确体积时，用相对校准法。

另外，可以用一个已校准的玻璃容器间接地校准另一个玻璃容器。

三、主要仪器及试剂

仪器：50 mL 酸式滴定管；25 mL 移液管；100 mL 容量瓶；50 mL 具塞锥形瓶（洗净、晾干）；酒精温度计；分析天平。

试剂：无水乙醇（供干燥容量瓶用）。

四、实验步骤

1. 滴定管校准（称量法）

将欲校准的滴定管洗净并擦干外壁，加入与室温达平衡的蒸馏水（可事先用烧杯盛蒸馏水，放在天平室内，杯中插有温度计以测量水温）至标线以上约5 mm处。将滴定管垂直挂在滴定台上，等待 30 s 后调节液面至 0.00 mL。

取 100 mL 容量瓶（外部保持洁净及干燥）在分析天平上去皮，再以正确操作由滴定管中放出 10.00 mL 水于上述容量瓶中（当液面降至被校分度线以上约 0.5 mL 时，等待 15 s，然后在 10 s 内将液面调整至被校分度线，勿将水滴在磨口上），随即用容量瓶内壁靠下挂在尖嘴下的液滴，立即盖上瓶塞进行称量。两次称量值之差即为滴定管中放出水的质量，测量水温后即可计算被校分度线的实际容量，并求出校正值 ΔV。

用同样方法测滴定管 0.00～10.00 mL、0.00～20.00 mL、0.00～30.00 mL、0.00～40.00 mL、0.00～45.00 mL 刻度间隔放出水的质量。根据校准温度下的密度计算滴定管所测各段的真正容积。按照表 3-5 列出滴定管校准表。表中 V_{20} 为标称容量。

表 3-5 50 mL 滴定管校准实验数据

校准分段/mL	纯水的质量/g			实际体积 V/mL	校正值 $\Delta V(\Delta V=V-V_{20})$/mL
	1	2	平均		
0.00～10.00					
0.00～20.00					
0.00～30.00					
0.00～40.00					
0.00～45.00					

注：校准温度下水的密度：＿＿＿＿＿＿＿ $g\cdot L^{-1}$。

按照表 3-5 所列的容量间隔进行分段校准，每次都从滴定管的标线开始。称量时精确至 0.01 g，每段重复一次，两次相应区间的水质量相差小于 0.02 g，结果取平均值。

2. 移液管与容量瓶的相对校准

将 100 mL(或其他体积)容量瓶洗净、晾干(可用几毫升乙醇润洗内壁后倒挂在漏斗板上数小时)。用 25 mL 移液管准确吸取纯水 4 次至容量瓶中，若液面最低点不与标线的上边缘相切且其间距超过 1 mm，应重新做一标记(可使用透明胶带)。经相对校准后的移液管和容量瓶应配套使用并以重新标记的刻度为准。

3. 移液管的校准(称量法)

方法同 1. 滴定管校准(称量法)。根据从移液管放出的水的质量，计算出它的真正容积。重复一次，两次校正值之差不得超过 0.02 mL 。

4. 容量瓶的校准(称量法)

将 100 mL 容量瓶洗净、晾干，用分析天平称量(精确至 0.01 g)，取下容量瓶，注入纯水至标线以上几毫米，等待 2 min，用滴管吸出多余的水，使弯液面的最低点与标线上边缘水平相切(此时调整液面的做法与使用时有所不同，但效果相同)，盖上瓶塞再放到分析天平上称量(精确至 0.01 g)，然后插入温度计测量水温。两次称量质量之差即为该容量瓶所容纳纯水的质量，最后计算该容量瓶的实际容积。

五、思考题

(1) 容量仪器为什么要校准?

(2) 称量纯水为什么要用具塞锥形瓶或容量瓶? 为什么要避免将磨口部分和

瓶塞沾湿？

（3）在校准实验中，为什么只需精确至 0.01 g？

注释

（1）校准时操作务必正确、仔细，尽量减小校准误差。

（2）校准次数≥2 次，取其平均值作为校正值。要求两次校准数据的偏差不超过该量器允许误差的$\frac{1}{4}$。

基础实验五　酸碱标准溶液浓度的标定

一、实验目的

（1）掌握标定酸、碱标准溶液浓度的方法。

（2）了解酸、碱基准物质的性质及应用。

（3）学习取样量的确定方法。

二、实验原理

1. 标定 NaOH 标准溶液

标定 NaOH 标准溶液的基准物有草酸（$H_2C_2O_4 \cdot 2H_2O$）、KHC_2O_4、邻苯二甲酸氢钾（$KHC_8H_4O_4$）等，最常用的是 $KHC_8H_4O_4$。

1）邻苯二甲酸氢钾

邻苯二甲酸氢钾易制得纯品，不含结晶水，在空气中不吸水，容易保存，摩尔质量大（$M_{KHC_8H_4O_4}=204.23\ g \cdot mol^{-1}$），是标定碱较理想的基准物质。在 100～125 ℃下干燥 1～2 h 后使用。与 NaOH 反应的化学计量比为 1∶1。

滴定反应为

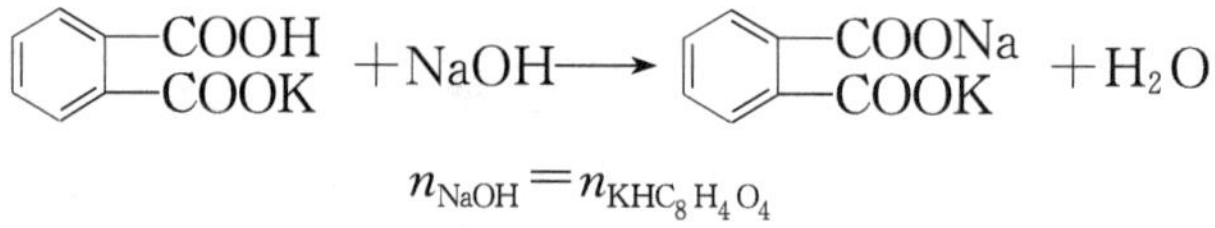

$$n_{NaOH}=n_{KHC_8H_4O_4}$$

邻苯二甲酸的 $pK_{a_2}=5.41$，化学计量点的产物为二元弱碱，pH 约为 9.1，因此可选酚酞作指示剂。滴定终点时溶液由无色突变为微红色（30 s 内不褪色）。NaOH 浓度（$mol \cdot L^{-1}$）计算式为

$$c_{NaOH}=\frac{m_{KHC_8H_4O_4}\times 1000}{M_{KHC_8H_4O_4}V_{NaOH}}$$

2）草酸

草酸在相对湿度为 5%～95%时稳定。光和 Mn^{2+} 能加快空气氧化草酸，草酸

溶液本身也能自动分解。如果以 $H_2C_2O_4 \cdot 2H_2O$ 作基准物，滴定反应式为

$$H_2C_2O_4 + 2NaOH \xlongequal{\quad} Na_2C_2O_4 + 2H_2O$$

$$n_{NaOH} = 2n_{H_2C_2O_4}$$

化学计量点时，溶液呈弱碱性（pH≈8.4），可选用酚酞作指示剂。滴定终点时溶液由无色突变为微红色（30 s 内不褪色）。NaOH 浓度（$mol \cdot L^{-1}$）计算式为

$$c_{NaOH} = \frac{2m_{H_2C_2O_4 \cdot 2H_2O} \times 1000}{M_{H_2C_2O_4 \cdot 2H_2O} V_{NaOH}}$$

其中，$M_{H_2C_2O_4 \cdot 2H_2O} = 126.07\ g \cdot mol^{-1}$。

2. 标定 HCl 标准溶液

标定 HCl 标准溶液常用基准物有无水碳酸钠（Na_2CO_3）和硼砂。

1）无水碳酸钠

无水碳酸钠（Na_2CO_3）的优点是易制得纯品。但由于 Na_2CO_3 易吸收空气中的水分，因此使用之前应在 180～200 ℃下干燥，然后密封于瓶内，保存在干燥器中备用。用时称量要快，以免吸收水分而引入误差。滴定反应为

$$Na_2CO_3 + 2HCl \longrightarrow 2NaCl + H_2CO_3$$

$$n_{HCl} = 2n_{Na_2CO_3}$$

化学计量点时，溶液呈弱酸性（pH≈3.9），可选用甲基橙作指示剂，滴定终点时溶液由黄色突变为橙色。HCl 浓度（$mol \cdot L^{-1}$）计算式为

$$c_{HCl} = \frac{2m_{Na_2CO_3} \times 1000}{M_{Na_2CO_3} V_{HCl}}$$

2）硼砂

硼砂（$Na_2B_4O_7 \cdot 10H_2O$）的优点是易制得纯品，不易吸水，摩尔质量大，称量误差小，但在空气中易风化失去部分结晶水，因此应保存在相对湿度为 60% 的恒湿器中。滴定反应为

$$Na_2B_4O_7 + 2HCl + 5H_2O \xlongequal{\quad} 4H_3BO_3 + 2NaCl$$

$$n_{HCl} = 2n_{Na_2B_4O_7}$$

化学计量点时，溶液呈弱酸性（pH≈5.1），选甲基红作指示剂最合适，滴定终点时溶液由黄色突变为橙色。HCl 浓度（$mol \cdot L^{-1}$）计算式为

$$c_{HCl} = \frac{2m_{Na_2B_4O_7 \cdot 10H_2O} \times 1000}{M_{Na_2B_4O_7 \cdot 10H_2O} V_{HCl}}$$

其中，$M_{Na_2B_4O_7 \cdot 10H_2O} = 381.37\ g \cdot mol^{-1}$。

三、主要仪器及试剂

仪器：50 mL 碱式滴定管；50 mL 酸式滴定管；250 mL 锥形瓶；分析天平。

试剂：0.1 mol · L^{-1} HCl 标准溶液；0.1 mol · L^{-1} NaOH 标准溶液；邻苯二甲酸氢钾（100～125 ℃干燥 1 h 后置于干燥器中备用）；无水 Na_2CO_3 基准物质（180 ℃干燥 2～3 h 后置于干燥器中备用）；硼砂（置于含有 NaCl 和蔗糖饱和液的干燥器内保存）；1 g · L^{-1} 甲基橙指示剂；2 g · L^{-1} 酚酞指示剂。

四、实验步骤

1. NaOH 标准溶液浓度的标定

准确称取 0.4～0.6 g 邻苯二甲酸氢钾于 250 mL 锥形瓶中，加入约 30 mL 蒸馏水使之完全溶解后，加入 2～3 滴酚酞指示剂，用待标定的 NaOH 标准溶液滴至溶液刚好由无色变为粉红色，并保持 30 s 不褪色。记下所消耗的 NaOH 溶液体积，计算 NaOH 标准溶液的浓度。平行测定三份，相对平均偏差在 0.3%以内为合格。

2. HCl 标准溶液浓度的标定

准确称取已烘干的无水碳酸钠（或硼砂）（计算需称取的量），加入约 30 mL 蒸馏水使之溶解，再加入 2 滴甲基橙指示剂，用 HCl 标准溶液滴定至溶液由黄色恰变为橙色即为终点。记下所消耗的 HCl 溶液体积，计算 HCl 标准溶液的浓度。平行测定三份，相对平均偏差在 0.3%以内为合格。

3. 数据记录

表 3-6 NaOH 标准溶液浓度的标定

记录项目 \ 序号		1	2	3
$m_{KHC_8H_4O_4}$/g	倾倒前			
	倾倒后			
	称出试样			
V_{NaOH}/mL	初读数			
	末读数			
	消耗体积			
c_{NaOH}/(mol · L^{-1})				
$\bar{c}_{NaOH}$/(mol · L^{-1})				
$\bar{d}_r$/%				

表 3-7　HCl 标准溶液浓度的标定

记录项目 \ 序号		1	2	3
$m_{Na_2CO_3}$/g	倾倒前			
	倾倒后			
	称出试样			
V_{HCl}/mL	初读数			
	末读数			
	消耗体积			
$c_{HCl}/(mol \cdot L^{-1})$				
$\bar{c}_{HCl}/(mol \cdot L^{-1})$				
$\bar{d}_r$/%				

五、思考题

(1) 用邻苯二甲酸氢钾标定 0.1 $mol \cdot L^{-1}$ NaOH 溶液浓度，如何计算称取基准物的量？

(2) 用无水碳酸钠标定 HCl 时，为什么用甲基橙作指示剂？能否用酚酞？

(3) 标定 NaOH 溶液时，可用邻苯二甲酸氢钾为基准物，也可用 HCl 标准溶液作比较，哪一种方法更好？

(4) 已标定的 NaOH 标准溶液在保存时吸收了 CO_2，用它滴定 HCl 溶液时，以酚酞作指示剂，得到的 HCl 标准溶液浓度是否准确？若以甲基橙作指示剂结果又如何？理解 CO_2 在酸碱滴定中的影响。

(5) 如何配制不含 CO_2 的 NaOH 溶液？

(6) 称取 NaOH 及邻苯二甲酸氢钾各用什么天平？为什么？

(7) 标准溶液的浓度应保留几位有效数字？

(8) 酚酞指示剂使溶液变红后，在空气中放置一段时间后又变为无色，原因是什么？

基础实验六　食醋中总酸度的测定

预习：2.3.2 容量瓶的使用。

一、实验目的

(1) 掌握测定食醋中总酸度的原理和方法。

(2) 了解实际分析样品的前处理方法和取样方式。

(3) 掌握液体未知物含量表示方法和用数理统计方法表达分析结果。

(4) 学习容量瓶的使用方法。

(5) 熟练移液操作。

二、实验原理

食醋的主要成分是乙酸(HAc),此外还含有少量其他弱酸如乳酸等。乙酸的电离常数 $K_a=1.8\times10^{-5}$,用 NaOH 标准溶液滴定乙酸的反应式为

$$NaOH + HAc \xlongequal{} NaAc + H_2O$$

$$n_{NaOH}=n_{HAc}$$

由于 NaAc 及其他少量弱酸盐的生成,化学计量点时溶液呈碱性,当用 $0.1\ mol\cdot L^{-1}$ NaOH 溶液滴定时,突跃范围为 pH 7.7～9.7,可选用酚酞作指示剂。滴定时,食醋中其他 $K_a>10^{-7}$ 的酸也与 NaOH 反应,故滴定所得为总酸度,以 HAc$[g\cdot(100\ mL)^{-1}]$表示,其计算式为

$$\rho_{HAc}=\frac{c_{NaOH}V_{NaOH}M_{HAc}}{V_{食醋}}\times10^{-3}\times100$$

三、主要仪器及试剂

仪器:50 mL 碱式滴定管;250 mL 锥形瓶;1 mL 吸量管;10 mL 和 25 mL 移液管;250 mL 容量瓶。

试剂:$0.1\ mol\cdot L^{-1}$ NaOH 标准溶液;$2\ g\cdot L^{-1}$酚酞指示剂;食醋试液。

四、实验步骤

1. 初步实验

用吸量管量取 1.0 mL 食醋试液于盛有约 30 mL 新煮沸并冷却的蒸馏水的 250 mL锥形瓶中,加 1～2 滴酚酞指示剂。用 $0.1\ mol\cdot L^{-1}$ NaOH 标准溶液滴定至溶液呈微红色且 30 s 内不褪色,即为终点。根据消耗的 NaOH 标准溶液的体积,计算当消耗的 NaOH 标准溶液的体积在 20～30 mL 时应取食醋试液的体积。

2. 食醋总酸度的测定

准确吸取食醋试液(按初步实验结果确定所取量)于 250 mL 容量瓶中,用新煮沸并冷却的蒸馏水稀释至刻度,摇匀。用移液管移取 25 mL 上述稀释后试液于 250 mL 锥形瓶中,加 1～2 滴酚酞指示剂。用 $0.1\ mol\cdot L^{-1}$ NaOH 标准溶液滴定至溶液呈微红色且 30 s 内不褪色,即为终点。平行测定三次,根据所消耗的 NaOH 标准溶液的量,计算食醋总酸度。

3. 实验数据记录

表 3-8 食醋中总酸度测定实验数据

记录项目＼序号		1	2	3
$V_{食醋}$/mL				
c_{NaOH}/$(mol \cdot L^{-1})$				
V_{NaOH}/mL	初读数			
	末读数			
	消耗体积			
ρ_{HAc}/$[g \cdot (100mL)^{-1}]$				
$\bar{\rho}_{HAc}$/$[g \cdot (100mL)^{-1}]$				
$\bar{d}_r$/%				

五、思考题

(1) 弱酸准确滴定的条件是什么？滴定突跃在酸区还是碱区？

(2) 测定食用白醋时，为什么用酚酞指示剂？能否用甲基橙或甲基红？

(3) 测定乙酸含量时，所用的蒸馏水不能含二氧化碳，为什么？

(4) 强碱滴定弱酸与强碱滴定强酸相比，滴定过程中 pH 变化有哪些不同点？

注释

取样量的确定方法为

$$V_{取样体积}=\frac{V_{初试}\times 20}{V_{NaOH}}$$

当 $V_{取样体积}\geqslant 20$ mL 时，取小样进行正式实验；当 $V_{取样体积}<10$ mL 时，则应采用取大样法进行实验。

基础实验七 混合碱中各组分含量的测定

一、实验目的

(1) 掌握双指示剂法测定混合碱的原理、方法和操作要点。

(2) 了解固体未知物取样方法和取样量估算的方法，掌握定量转移操作的基本要点。

(3) 学习用数理统计方法处理分析结果。

二、实验原理

混合碱是 Na_2CO_3 与 NaOH 或 Na_2CO_3 与 $NaHCO_3$ 的混合物的俗称。可通过双指示剂法同时进行定性、定量分析。

(1) 混合碱由 Na_2CO_3 和 $NaHCO_3$ 组成。

先加入酚酞指示剂(pH 变色范围为 8.0～10.0),用 HCl 标准溶液滴定至溶液由红色突变为无色,达第一化学计量点。消耗盐酸标准溶液的体积为 V_1(mL)。反应式为

$$HCl + Na_2CO_3 = NaHCO_3 + NaCl$$

$$n_{HCl} = n_{Na_2CO_3}$$

再加入甲基橙指示剂(pH 变色范围为 3.1～4.4),继续用 HCl 标准溶液滴至溶液由黄色突变为橙色,达第二化学计量点。消耗盐酸标准溶液的体积为 V_2(mL)。反应式为

$$HCl + NaHCO_3 = NaCl + CO_2\uparrow + H_2O$$

$$n_{HCl} = n_{Na_2CO_3} + n_{NaHCO_3}$$

由 V_1 及 V_2 即可计算混合物中 Na_2CO_3 与 $NaHCO_3$ 的含量。

$$w_{Na_2CO_3} = \frac{c_{HCl}V_1M_{Na_2CO_3}\times 10^{-3}}{m_{试样}\times\frac{25.00}{250.0}}\times 100\%$$

$$w_{NaHCO_3} = \frac{c_{HCl}(V_2 - V_1)M_{NaHCO_3}\times 10^{-3}}{m_{试样}\times\frac{25.00}{250.0}}\times 100\%$$

(2) 混合碱由 Na_2CO_3 和 NaOH 组成。

先加入酚酞指示剂,达第一化学计量点时,消耗盐酸标准溶液的体积为 V_1(mL),反应式为

$$NaOH + HCl = NaCl + H_2O$$

$$HCl + Na_2CO_3 = NaHCO_3 + NaCl$$

$$n_{HCl} = n_{Na_2CO_3} + n_{NaOH}$$

再加入甲基橙指示剂,达第二化学计量点,消耗盐酸标准溶液的体积为 V_2(mL)。反应式为

$$HCl + NaHCO_3 = NaCl + CO_2\uparrow + H_2O$$

$$n_{HCl} = n_{NaHCO_3}$$

由 V_1 及 V_2 计算混合物中 NaOH 和 Na_2CO_3 的含量,计算公式为

$$w_{Na_2CO_3} = \frac{c_{HCl}V_2M_{Na_2CO_3}\times 10^{-3}}{m_{试样}\times\frac{25.00}{250.0}}\times 100\%$$

$$w_{NaOH}=\frac{c_{HCl}(V_1-V_2)M_{NaOH}\times 10^{-3}}{m_{试样}\times\frac{25.00}{250.0}}\times 100\%$$

三、主要仪器及试剂

仪器:50 mL酸式滴定管;25 mL移液管;250 mL容量瓶;250 mL锥形瓶;分析天平。

试剂:0.1 mol·L^{-1} HCl标准溶液;2 g·L^{-1}酚酞指示剂;1 g·L^{-1}甲基橙指示剂;混合指示剂(将0.1 g甲酚红溶于100 mL 500 g·L^{-1}乙醇中,0.1 g百里酚蓝指示剂溶于100 mL 200 g·L^{-1}乙醇中,1 g·L^{-1}甲酚红与1 g·L^{-1}百里酚蓝的配比为1∶6);混合碱试样。

四、实验步骤

1. 0.1 mol·L^{-1} HCl标准溶液的标定

参考本章基础实验五。

2. 混合碱的测定

准确称取混合碱试样2 g左右于小烧杯中,加水使之完全溶解后,定量转入250 mL容量瓶中,用水稀释至刻度,充分摇匀。

准确移取25.00 mL上述试液于250 mL锥形瓶中,加酚酞8滴,用HCl标准溶液滴定至溶液由红色恰好变为无色,记下所消耗HCl标准溶液的体积V_1。再加入甲基橙指示剂2滴,继续用HCl溶液滴定至溶液由黄色恰好变为橙色,所消耗HCl溶液的体积记为V_2。平行测定三次,计算混合碱中各组分的含量。

3. 数据记录

表3-9 混合碱分析实验数据及处理

记录项目 \ 序号		1	2	3
c_{HCl}/(mol·L^{-1})				
$m_{试样}$/g	倾倒前			
	倾倒后			
	称出试样			
定容体积$V_{试样}$/mL				
滴定移取$V_{试样}$/mL				

续表

记录项目 \ 序号		1	2	3
V_1/mL	初读数			
	末读数			
	消耗体积			
V_2/mL	初读数			
	末读数			
	消耗体积			
Na_2CO_3 分析结果	$w_{Na_2CO_3}/\%$			
	$\overline{w}_{Na_2CO_3}/\%$			
	$\overline{d}_r/\%$			
$NaHCO_3$ 分析结果	$w_{NaHCO_3}/\%$			
	$\overline{w}_{NaHCO_3}/\%$			
	$\overline{d}_r/\%$			

五、思考题

(1) 什么叫双指示剂法?

(2) 什么叫混合碱?

(3) 采用双指示剂法测定混合碱,在同一份溶液中测定,试判断下列五种情况下混合碱中存在的成分。

① $V_1=0$ ② $V_2=0$ ③ $V_1>V_2$ ④ $V_1<V_2$ ⑤ $V_1=V_2$

(4) 测定混合碱中总碱度应选用何种指示剂?

(5) 测定混合碱,接近第一化学计量点时,若滴定速度太快,摇动锥形瓶不够,致使滴定液 HCl 局部过浓,会对测定造成什么影响? 为什么?

(6) 标定 HCl 的基准物质无水 Na_2CO_3 如保存不当,吸收了少量水分,对标定 HCl 溶液浓度有何影响?

注释

(1) 双指示剂法中,第一计量点用酚酞作指示剂,第二计量点用甲基橙作指示剂。由于以酚酞作指示剂时从微红色到无色的变化不敏锐,因此也常选用甲酚红-百里酚蓝混合指示剂。甲酚红的变色范围为 6.7(黄)~8.4(红),百里酚蓝的变色范围为 8.0(黄)~9.6(蓝),混合后的变色点是 8.3,酸色为黄色,碱色为紫色,混合指示剂变色敏锐。用盐酸标准溶液滴定试液由紫色变为粉红色,即为终点,记下所消耗 HCl 标准溶液的体积 V_1。再加入 9 滴溴甲酚绿-二甲基黄混合指示剂，继续用盐酸溶液滴定溶液恰好变为亮黄色，又消耗 HCl 溶液的体积记为 V_2。由 V_1 及 V_2 判断混合碱的组成及计算混合物中各组分含量。

(2) 若采用酚酞为指示剂，有实验表明指示剂多加一些(8 滴)，第一计量点颜色的变化容易观察。

(3) 混合碱试样常含有杂质和水分，组成不太均匀，应多称一些，使之具有代表性，故本实验采用大样法取样。

(4) 试样应预先在 270～300 ℃中处理成干试样。称量时，一定要减少碳酸钠试剂瓶的开盖时间，防止吸潮。取完试剂后，马上盖好试剂瓶并放入干燥器中。

(5) 注意滴定操作的技能，当快达到终点时要半滴半滴地加入滴定剂，否则容易过量。

基础实验八 有机酸摩尔质量的测定

一、实验目的

(1) 掌握酸碱滴定法测定酸碱物质摩尔质量的基本原理和方法。

(2) 了解实际分析工作中的取样方法。

(3) 掌握定量转移操作的基本要点。

(4) 巩固用误差理论处理分析结果的理论知识。

二、实验原理

大多数有机酸是固体弱酸，例如

草酸 $pK_{a_1}=1.23$ $pK_{a_2}=4.19$

酒石酸 $pK_{a_1}=2.85$ $pK_{a_2}=4.34$

柠檬酸 $pK_{a_1}=3.15$ $pK_{a_2}=4.77$ $pK_{a_3}=6.39$

这类化工产品纯度的测定多采用酸碱滴定法。如果有机酸能溶于水且 $cK_a \geqslant 10^{-8}$，即可用 NaOH 标准溶液滴定。因滴定产物是弱碱，突跃发生在弱碱性范围内，一般选用酚酞作指示剂，终点溶液呈微红色。根据 NaOH 标准溶液的浓度和滴定时所消耗的体积，可计算该有机酸的摩尔质量。当有机酸为多元酸时，应根据每一级酸能否被准确滴定的判别式及相邻两级酸之间能否分级滴定的判别式来判断多元酸与 NaOH 之间的反应系数比，据此计算有机酸的摩尔质量。

以二元酸 H_2A 为例，假定该二元酸 $cK_{a_1}>10^{-8}$、$cK_{a_2}>10^{-8}$，但 $K_{a_1}/K_{a_2}<10^4$ 不能被分步滴定，则滴定反应为

$$H_2A+2NaOH \longrightarrow Na_2A+2H_2O$$

$$n_{NaOH}=2n_{H_2A}$$

H_2A 摩尔质量的计算式为

$$M_{H_2A}=\frac{2m_{H_2A}\times\dfrac{25.00}{250.0}\times10^3}{c_{NaOH}V_{NaOH}}$$

三、主要仪器及试剂

仪器：50 mL 碱式滴定管；250 mL 锥形瓶；25 mL 移液管；250 mL 容量瓶；分析天平。

试剂：0.1 mol · L^{-1} NaOH 标准溶液；2 g · L^{-1} 酚酞指示剂；有机酸试剂（如草酸、酒石酸、柠檬酸、乙酰水杨酸等）。

四、实验步骤

1. 0.1 mol · L^{-1} NaOH 溶液的标定

参考本章基础实验五。

2. 有机酸摩尔质量的测定

准确称取有机酸试样（由给出的 n 元酸及其摩尔质量范围确定）于干燥小烧杯中，加水溶解后，定量转入 250 mL 容量瓶中，用水稀释至刻度，摇匀。

用 25.00 mL 移液管移取试样溶液于 250 mL 锥形瓶中，加酚酞指示剂 2 滴，用 NaOH 标准溶液滴至溶液刚好由无色变为粉红色且 30 s 内不褪色即为终点。平行测定三份，计算有机酸摩尔质量。测定结果的相对平均偏差应在±0.3%内。

五、思考题

(1) 判断草酸、柠檬酸、酒石酸等有机多元酸用 NaOH 溶液滴定的情况。计算滴定至化学计量点时的 pH，并选择合适的指示剂。

(2) 本实验为什么采用大样法取样？

注释

(1) 本实验包括后面实验的数据记录表格，需要学生课前预习时，参考之前的样式在报告中自行设计并绘制，本书不再提供，这是为了锻炼学生自行设计表格的能力。

(2) 本实验要求准确测定一种有机酸的摩尔质量，并与理论值进行比较，计算出相对误差，借此引导学生学习合理评价分析结果。

基础实验九 甲醛法测定铵盐中氮含量

一、实验目的

(1) 了解弱酸强化的基本原理。

(2) 掌握用甲醛法测定氨态氮的原理和方法。

(3) 熟练掌握滴定操作和酸碱指示剂的选择原理。

(4) 掌握定量转移操作的基本要点。

二、实验原理

测定铵盐中的氮含量时，NH_4^+ 的酸性太弱($K_a=5.6\times10^{-10}$)，不能直接用 NaOH 标准溶液准确滴定，但可用间接的方法进行滴定，即蒸馏法或甲醛法。用甲醛法测高纯度铵盐中氮的含量，操作简单，在生产和实验室中被广泛应用。

将甲醛与一定量的铵盐作用，生成相当量的酸(H^+)和质子化的六次甲基四铵盐，反应式如下：

$$4NH_4^+ + 6HCHO = (CH_2)_6N_4H^+ + 3H^+ + 6H_2O$$

生成的 H^+ 和质子化的六次甲基四铵盐($K_a=7.1\times10^{-6}$)均可被 NaOH 标准溶液准确滴定(弱酸 NH_4^+ 被强化)，滴定反应为

$$(CH_2)_6N_4H^+ + 3H^+ + 4NaOH = 4H_2O + (CH_2)_6N_4 + 4Na^+$$

$$n_{NaOH} = n_{NH_4^+} = n_N$$

化学计量点时溶液呈弱碱性，可选用酚酞作指示剂，滴定终点时溶液由无色变为微红色(30 s 内不褪色)。铵盐中氮含量的计算式为

$$w_N = \frac{m_N}{m_{试样}}\times100\% = \frac{c_{NaOH}V_{NaOH}M_N\times10^{-3}}{m_{试样}\times\dfrac{25.00}{250.0}}\times100\%$$

三、主要仪器及试剂

仪器：50 mL 碱式滴定管；250 mL 锥形瓶；25 mL 移液管；250 mL 容量瓶；分析天平。

试剂：0.1 mol·L^{-1} NaOH 标准溶液；2 g·L^{-1}甲基红指示剂；2 g·L^{-1}酚酞指示剂；甲醛溶液(1+1)；硫酸铵试样。

四、实验步骤

1. NaOH溶液的标定

参考本章基础实验五。

2. 硫酸铵试样中氮含量的测定

1) 甲醛溶液的处理

取原装甲醛(40%)的上层清液于烧杯中,用水稀释一倍,加入2～3滴2 g·L^{-1}酚酞指示剂,用0.1 mol·L^{-1}的NaOH溶液中和至甲醛溶液呈微红色。

2) 试样中含氮量的测定

准确称取2～3 g $(NH_4)_2SO_4$肥料于小烧杯中,用适量蒸馏水溶解,然后定量转移至250 mL容量瓶中,用蒸馏水稀释至刻度,摇匀。

用移液管移取试液25 mL于锥形瓶中,加1～2滴甲基红指示剂,用0.1 mol·L^{-1}NaOH溶液中和至黄色。然后加入10 mL已中和的(1+1)甲醛溶液,再加入1～2滴酚酞指示剂,摇匀,静置5 min后,用0.1 mol·L^{-1} NaOH标准溶液滴定至溶液呈微橙红色,持续半分钟不褪色即为终点(终点为甲基红的黄色和酚酞红色的混合色)。记录滴定所消耗的NaOH标准溶液的体积,平行测定三次。根据NaOH标准溶液的浓度和滴定消耗的体积,计算试样中氮的含量和测定结果的相对平均偏差。

五、思考题

(1) NH_4NO_3、NH_4Cl或NH_4HCO_3中的氮含量能否用甲醛法测定?

(2) 为什么中和甲醛中的甲酸用酚酞作指示剂,而中和试样中的游离酸时使用甲基红指示剂?

(3) 本测定中为什么要取大样进行分析?

(4) 说明此实验滴定过程中溶液的颜色变化及原因。

注释

(1) 若甲醛中含有游离酸(甲醛受空气氧化所致,应除去,否则产生正误差),应事先以酚酞为指示剂,用NaOH溶液中和至微红色(pH≈8)。

(2) 若试样中含有游离酸(应除去,否则产生正误差),应事先以甲基红为指示剂,用NaOH溶液中和至橙色(pH≈5)(能否用酚酞指示剂?)。

(3) 蒸馏法(适用于组成复杂的铵盐试样)。

向铵盐试样溶液中加入过量的浓碱溶液,加热使NH_3逸出,并用过量的

H_3BO_3 溶液吸收，然后用 HCl 标准溶液滴定 H_3BO_3 吸收液。

终点产物是 H_3BO_3 和 NH_4^+（混合弱酸），pH=5。有关反应式为

$$NH_4^+ + OH^- = NH_3 + H_2O$$

$$NH_3 + H_3BO_3 = NH_4^+ + H_2BO_3^-$$

滴定反应为

$$H^+ + H_2BO_3^- = H_3BO_3$$

含量计算公式为

$$w_N = \frac{c_{HCl}V_{HCl}M_N \times 10^{-3}}{m_{试样}} \times 100\%$$

土壤和有机化合物中的氮经过一定的化学处理后（在无水 $CuSO_4$ 或其他催化剂存在下，将试样在浓硫酸中加热消化），可使各种含氮化合物分解并转变成铵盐，然后再按上述蒸馏法进行测定。此方法为克氏定氮法。

基础实验十　EDTA 标准溶液的标定

一、实验目的

（1）掌握配制和标定 EDTA 标准溶液浓度的方法和原理。

（2）了解配位滴定法的特点。

（3）掌握铬黑 T、二甲酚橙指示剂的使用条件和终点的判断。

（4）理解酸度控制的重要性和控制方法。

二、实验原理

EDTA 常因吸附约 0.3%水分和其中含有少量杂质而需要用间接法配制标准溶液。标定 EDTA 的基准物质很多，如金属 Zn、Cu、ZnO、$CaCO_3$ 及 $MgSO_4 \cdot 7H_2O$ 等，所选基准物质最好与被测物一致，以减小测定误差。

例如，用于测水硬度的 EDTA 可用 $CaCO_3$ 或 $MgSO_4 \cdot 7H_2O$ 作基准物标定。本书选用 $MgSO_4 \cdot 7H_2O$。用 NH_3-NH_4Cl 缓冲溶液调节 Mg^{2+} 溶液的 pH≈10，加入适量的铬黑 T 指示剂。

滴定前：　$Mg^{2+} + HIn^{2-}$（蓝）$=$ $MgIn^-$（酒红）$+ H^+$

滴定中：　$Mg^{2+} + HY^{3-} = MgY^{2-} + H^+$

滴定终点：$MgIn^-$（酒红）$+ HY^{3-} = MgY^{2-} + HIn^{2-}$（蓝）

EDTA 浓度的计算式为

$$c_{EDTA} = \frac{c_{Mg^{2+}}V_{Mg^{2+}}}{V_{EDTA}}$$

以 $CaCO_3$ 作基准物标定时，应在 pH 为 12 的条件下，以钙指示剂指示滴定终点，终点由酒红色变为纯蓝色。由于钙指示剂颜色变化不够敏锐，可在滴定前加入适量的 Mg-EDTA。

EDTA 溶液若用于测定 Pb^{2+}、Bi^{3+} 等离子，则应以 ZnO 或金属锌为基准物进行标定，以六次甲基四胺缓冲溶液调节试液 pH 为 5～6，以二甲酚橙为指示剂，终点时溶液由紫红色变为亮黄色。

滴定前：　$Zn^{2+} + H_3In^{3-}$（黄）$\!=\!=\!=$ $ZnIn^{4-}$（紫红）$+ 3H^+$

滴定中：　$Zn^{2+} + H_2Y^{2-} = ZnY^{2-} + 2H^+$

滴定终点：$ZnIn^{4-}$（紫红）$+ H_2Y^{2-} + H^+ = ZnY^{2-} + H_3In^{3-}$（黄）

EDTA 浓度的计算式为

$$c_{EDTA} = \frac{c_{Zn^{2+}} V_{Zn^{2+}}}{V_{EDTA}}$$

三、主要仪器及试剂

仪器：50 mL 滴定管；250 mL 锥形瓶；25 mL 移液管；250 mL 容量瓶；分析天平；台秤。

试剂：乙二胺四乙酸二钠盐（$Na_2H_2Y \cdot 2H_2O$，相对分子质量 372.24）；基准物 $MgSO_4 \cdot 7H_2O$；基准物 ZnO；pH＝10 的 NH_3-NH_4Cl 缓冲溶液（称取 1 g NH_4Cl 溶解于少量水中，加入 5 mL 浓氨水，用水稀释至 50 mL）；200 g · L^{-1} 六次甲基四胺溶液；HCl 溶液（1＋1）；氨水（1＋1）；铬黑 T 指示剂（1.0 g 铬黑 T 与 100 g NaCl 混合、研磨，储存于干燥器中）；2 g · L^{-1} 二甲酚橙指示剂。

四、实验步骤

1. 0.01 mol · L^{-1} EDTA 溶液的配制

计算配制 500 mL 0.01 mol · L^{-1} EDTA 溶液所需 EDTA 的量，台秤称取上述质量的 EDTA 于烧杯中，加水，温热溶解，冷却后移入试剂瓶中并稀释至 500 mL，摇匀。

2. 以 $MgSO_4 \cdot 7H_2O$ 作基准物标定 EDTA

计算配制 250 mL 0.01 mol · L^{-1} Mg^{2+} 溶液所需 $MgSO_4 \cdot 7H_2O$ 的质量。用分析天平准确称取所得质量的 $MgSO_4 \cdot 7H_2O$ 于小烧杯中，加水溶解后，定量转移至 250 mL 容量瓶中定容，摇匀。计算 Mg^{2+} 的浓度。

用移液管移取 25 mL Mg^{2+} 标准溶液于锥形瓶中，加约 30 mL 水及 5 mL 氨性缓冲溶液，加适量铬黑T指示剂，摇匀。用EDTA滴定至溶液由紫红色变为纯蓝色即为滴定终点。重复测定三次，相对平均偏差小于0.3%为合格。

3. 以ZnO作基准物标定EDTA

计算配制250 mL 0.01 mol · L^{-1} Zn^{2+}所需ZnO的质量。将用分析天平准确称取的ZnO置于小烧杯中，用少量水润湿，然后逐滴加入(1+1) HCl溶液至其完全溶解。将溶液定量转移至250 mL容量瓶中定容，摇匀。

用移液管移取25 mL标准Zn^{2+}溶液于锥形瓶中，加约30 mL蒸馏水及2～3滴二甲酚橙指示剂，滴加(1+1)氨水至溶液由黄色刚变为橙色，然后滴加200 g · L^{-1}的六次甲基四胺溶液呈稳定紫红色后再多加3 mL，用EDTA滴定至溶液由紫色变为亮黄色即为滴定终点。重复测定三次，相对平均偏差小于0.3%为合格。

五、思考题

(1) EDTA配位滴定中为什么常在缓冲溶液中进行？如果没有缓冲溶液，将会发生什么现象？

(2) 写出以$CaCO_3$为基准物标定EDTA的原理。如何配制Ca^{2+}标准溶液？

注释

(1) 铬黑T指示剂在水溶液中稳定性较差，常配成固体混合物，使用时要注意其用量。

(2) 配位滴定近终点时，EDTA置换M-In中的指示剂的反应速率略慢，因此需多摇慢滴。

(3) 缓冲溶液要先于指示剂加入。由于滴定过程中有H^+放出，缓冲溶液的量要足够，可通过计算释放出H^+的浓度以及所用缓冲溶液的缓冲容量来确定缓冲溶液的加入量。

(4) 用ZnO或金属锌为基准物时，溶解时加入的酸量要合适，避免酸量太大带来的酸效应。

(5) 使用二甲酚橙指示剂时，也可以直接向Zn^{2+}标准溶液中加入一定量的六次甲基四胺，再加入2～3滴二甲酚橙指示剂，此时若呈红色(或紫色)，可用(1+3) HCl溶液滴至亮黄色。若加入一定量的六次甲基四胺后，溶液仍为黄色，这可能是由于：①Zn^{2+}标准溶液的酸度太大，不利于滴定反应，应降低其酸度或重配Zn^{2+}标准溶液；②六次甲基四胺的量不够。

基础实验十一　自来水硬度的测定

一、实验目的

(1) 掌握配位滴定法测定水硬度的原理和方法。

(2) 了解水硬度的测定意义和常用硬度的表示方法。

(3) 熟悉配位滴定法中的有关条件控制和滴定过程中的现象。

(4) 理解用沉淀掩蔽滴定钙的原理和方法。

(5) 掌握钙指示剂和铬黑 T 指示剂的使用条件及终点的判断。

二、实验原理

水的总硬度指水中钙、镁离子的总浓度，其中包括碳酸盐硬度(通过加热能以碳酸盐形式沉淀下来的钙、镁离子，故又称暂时硬度)和非碳酸盐硬度(加热后不能沉淀下来的那部分钙、镁离子，又称永久硬度)。我国 GB 5749—2006《生活饮用水卫生标准》规定，将所测得的钙、镁折算成 $CaCO_3$ 的质量，即用每升水中含有$CaCO_3$的质量表示，单位为 $mg \cdot L^{-1}$；总硬度以 $CaCO_3$计，不得超过 450 $mg \cdot L^{-1}$。

水硬度的测定可分为水的总硬度和钙镁硬度两种，前者是测定钙镁总量，以钙化合物表示，后者是分别测定钙和镁的含量，以钙、镁各自氧化物或离子的形式表示。

国内外规定的测定水总硬度的标准分析方法是 EDTA 滴定法。用 EDTA 滴定 Ca^{2+}、Mg^{2+} 总量时，一般是在 pH=10 的氨性缓冲溶液中，以铬黑 T 为指示剂。EDTA 和金属指示剂铬黑 T 分别与 Mg^{2+}、Ca^{2+} 形成配合物，稳定性为

$$CaY^{2-} > MgY^{2-} > MgIn^{-} > CaIn^{-}$$

当水样中加入少量铬黑 T 指示剂时，它首先和 Mg^{2+} 生成红色配合物 $MgIn^{-}$，然后与 Ca^{2+} 生成红色配合物 $CaIn^{-}$。

滴定前：$Mg^{2+} + HIn^{2-}$(蓝)$=\!=\!= H^{+} + MgIn^{-}$(红)

　　　　$Ca^{2+} + HIn^{2-}$(蓝)$=\!=\!= H^{+} + CaIn^{-}$(红)

滴定中：$Ca^{2+} + HY^{3-} =\!=\!= CaY^{2-} + H^{+}$

　　　　$Mg^{2+} + HY^{3-} =\!=\!= MgY^{2-} + H^{+}$

滴定终点：$CaIn^{-}$(红)$+ HY^{3-} =\!=\!= CaY^{2-} + HIn^{2-}$(蓝)

　　　　　$MgIn^{-}$(红)$+ HY^{3-} =\!=\!= MgY^{2-} + HIn^{2-}$(蓝)

终点时指示剂游离出来，溶液由红色变为纯蓝色。此时 EDTA 消耗的体积记为 V_1(mL)，则水的总硬度以 $CaCO_3$($mg \cdot L^{-1}$)计，计算式为

$$\text{水的总硬度} = \frac{c_{EDTA} V_1 M_{CaCO_3}}{V_{水样}} \times 1000$$

测定水中Ca^{2+}则用NaOH调至pH=12.0,此时Mg^{2+}生成$Mg(OH)_2$沉淀,不干扰Ca^{2+}的测定。加入钙指示剂进行滴定。

滴定前: $Ca^{2+} + HIn^{3-}$(蓝)$\!=\!=\!=\!CaIn^{2-}$(红)$+H^+$

滴定中: $Ca^{2+} + Y^{4-} \!=\!=\!=\! CaY^{2-}$

滴定终点:$CaIn^{2-}$(红)$+ Y^{4-} + H^+ \!=\!=\!=\! CaY^{2-} + HIn^{3-}$(蓝)

终点时指示剂游离出来,溶液由红色变为蓝色。此时EDTA消耗的体积记为V_2(mL),则Ca^{2+}的硬度(Ca^{2+},mg·L^{-1})和Mg^{2+}的硬度(Mg^{2+},mg·L^{-1})可用下式计算:

$$\rho_{Ca^{2+}} = \frac{c_{EDTA} V_2 M_{Ca}}{V_{水样}} \times 1000$$

$$\rho_{Mg^{2+}} = \frac{c_{EDTA}(V_1 - V_2) M_{Mg}}{V_{水样}} \times 1000$$

共存离子的影响可用掩蔽法消除,如用三乙醇胺掩蔽Fe^{3+}、Al^{3+},以Na_2S或巯基乙酸掩蔽Cu^{2+}、Pb^{2+}、Zn^{2+}等。

三、主要仪器及试剂

仪器:50 mL滴定管;250 mL锥形瓶;100 mL量筒。

试剂:0.01 mol·L^{-1}EDTA标准溶液;pH=10的NH_3-NH_4Cl缓冲溶液(配制方法见本章实验十);200 g·L^{-1}三乙醇胺;铬黑T指示剂(配制方法见本章基础实验十);钙指示剂(1 g钙指示剂与100 g NaCl混合、研磨,储存于干燥器中);5% NaOH溶液(称取5 g NaOH固体,加水溶解并稀释至100 mL)。

四、实验步骤

1. EDTA标准溶液的配制与标定

参考本章基础实验十。

2. 水样的分析

打开水龙头,放水数分钟,用已洗干净的试剂瓶承接水样,盖上瓶盖备用。

1) 总硬度的测定

量取水样100 mL至250 mL锥形瓶中,加入5 mL pH=10的NH_3-NH_4Cl缓冲溶液及适量铬黑T指示剂,用EDTA标准溶液滴定至溶液由紫红色变为纯蓝色即为终点。平行测定三次。计算水的总硬度,以相对平均偏差小于1.0%为合格。

2) 钙硬度的测定

同上法取水样100 mL至250 mL锥形瓶中,加5 mL 5% NaOH溶液及适量钙指示剂,用EDTA滴定至终点(紫红色→纯蓝色)。平行测定三次,计算水样的钙硬度，以相对平均偏差小于 1.0%为合格。

利用 1)、2)得到的平均值的差值，计算出水样的镁硬度。

五、思考题

(1) 若水样中 Mg^{2+} 含量较低，用铬黑 T 指示滴定终点时终点变色不明显，可在溶液中加入一定量 Mg-EDTA 使终点颜色变化明显，为什么加入的 Mg-EDTA 不会影响滴定结果？

(2) 水硬度测定时可能存在哪些干扰？如何消除？

(3) 此实验中所用锥形瓶是否要用去离子水润洗？

(4) 计算出理论上测定 Mg^{2+}、Ca^{2+} 时的 pH 范围，并与本实验所用的条件相比较，讨论其是否合理。

(5) 根据(4)的计算结果，说明在 pH 为 10、以铬黑 T 为指示剂时，为什么滴定的是钙镁离子的总量。

(6) 本实验为什么采用铬黑 T 指示剂？能用二甲酚橙指示剂吗？为什么？

注释

(1) 注意观察指示剂的颜色变化，并注意有无指示剂的封闭现象。

(2) 铬黑 T 对 Ca^{2+} 不灵敏，如果水样中不含 Mg^{2+}，可加入 Mg-EDTA 溶液少许。Mg-EDTA 溶液的配制如下：

称取 0.13 g $MgCl_2 \cdot 6H_2O$ 于 50 mL 容量瓶中，加少量水溶解后，用干燥的 25.00 mL 移液管移取 25 mL 试液，加入 5 mL pH=10 的 NH_3-NH_4Cl 缓冲溶液、适量铬黑 T 指示剂，用 0.01 mol · L^{-1} EDTA 滴定至溶液由紫红色变为蓝紫色即为终点。取与此同量的 EDTA 溶液加入容量瓶剩余的镁溶液中，即成 Mg^{2+}-EDTA 盐溶液。

称取 1 g NH_4Cl，加入少量水使其溶解后，加 5 mL 浓 $NH_3 \cdot H_2O$，加入上述 Mg^{2+}-EDTA 盐的全部溶液，用水稀释至 50 mL。此缓冲溶液适用于镁盐含量低的水样。

(3) 水样中 HCO_3^-、H_2CO_3 含量高时，会影响终点变色观察，加入 1 滴 HCl 使水样酸化，加热煮沸去除 CO_2。

(4) 水样中含铁量超过 10 mg · L^{-1} 时，用三乙醇胺掩蔽不完全，需用蒸馏水将水样稀释到 Fe^{3+} 含量不超过 10 mg · L^{-1}。

(5) 由于本实验试样为自来水，因此要注意所用容量器皿要洗干净，更要充分润洗。

(6) 因水样中的钙、镁含量不高，滴定时反应速率较慢，故滴定速度要慢。

(7) 水的硬度有多种表示方法，还可以把水中 Ca、Mg 总量换算为 CaO 含量的方法表示，以每升水中含 10 mg CaO 为 1°(度)，用度来表示水的硬度，即

$1° = 10\ mg\ CaO \cdot (1\ L\ H_2O)^{-1}$。

$$水的总硬度(°) = \frac{c_{EDTA}V_{EDTA}M_{CaO}}{V_{水样}} \times 100$$

基础实验十二 铋铅混合液中铋、铅含量的分析

一、实验目的

(1) 掌握利用控制酸度的方法在同一体系连续滴定 Bi^{3+}、Pb^{2+} 的基本原理和实验方法。

(2) 理解配位滴定法酸度控制的方法和重要性。

(3) 掌握二甲酚橙指示剂的特点及应用。

二、实验原理

Bi^{3+}、Pb^{2+} 均能与 EDTA 形成稳定的配合物，$\lg K$ 分别为 27.94 和 18.04，$\Delta\lg K = \lg K_{BiY} - \lg K_{PbY} = 27.94 - 18.04 = 9.90$，因此，可以利用酸效应在 Pb^{2+} 存在下滴定 Bi^{3+}。因 EDTA 滴定两种离子时均用二甲酚橙指示剂指示滴定终点，故可以利用控制酸度的方法在一份试液中连续滴定 Bi^{3+} 和 Pb^{2+}。

具体方法是，调 pH=1.0，加入 $0.1\ mol \cdot L^{-1}\ HNO_3$ 控制溶液 pH，以二甲酚橙作指示剂，用 EDTA 滴定 Bi^{3+}。

滴定前：$Bi^{3+} + H_5In^-$(黄)$=\!=\!= BiIn^{3-}$(紫红)$+ 5H^+$

滴定中：$Bi^{3+} + H_5Y^+ =\!=\!= BiY^- + 5H^+$

滴定终点：$BiIn^{3-}$(紫红)$+ H_5Y^+ =\!=\!= BiY^- + H_5In^-$(黄)

设滴定所消耗的 EDTA 体积为 V_1，可算出 Bi^{3+} 的含量($g \cdot L^{-1}$)。

$$\rho_{Bi^{3+}} = \frac{c_{EDTA}V_1M_{Bi}}{V_{试样}}$$

在上述滴定完 Bi^{3+} 的溶液中加入适量的六次甲基四胺，调节并控制溶液的 pH=5～6，以二甲酚橙作指示剂，用 EDTA 滴定 Pb^{2+}。

滴定前：$Pb^{2+} + H_2In^{4-}$(黄)$=\!=\!= PbIn^{4-}$(紫红)$+ 2H^+$

滴定中：$Pb^{2+} + H_2Y^{2-} =\!=\!= PbY^{2-} + 2H^+$

滴定终点：$PbIn^{4-}$(紫红)$+ H_2Y^{2-} =\!=\!= PbY^{2-} + H_2In^{4-}$(黄)

设滴定所消耗的 EDTA 体积为 V_2，可算出 Pb^{2+} 的含量($g \cdot L^{-1}$)。

$$\rho_{Pb^{2+}} = \frac{c_{EDTA}V_2M_{Pb}}{V_{试样}}$$

三、主要仪器及试剂

仪器：50 mL 滴定管；250 mL 锥形瓶；100 mL 量筒；25 mL 移液管。

试剂：0.01 mol·L^{-1} EDTA 标准溶液；2 g·L^{-1}二甲酚橙；0.1 mol·L^{-1} HNO_3；200 g·L^{-1}六次甲基四胺溶液；0.5 mol·L^{-1}NaOH 溶液；Bi^{3+}、Pb^{2+}混合液[含 Bi^{3+}、Pb^{2+}各约 0.01 mol·L^{-1}，称取 48 g $Bi(NO_3)_3$ 和 33 g $Pb(NO_3)_2$，移入含 312 mL HNO_3的烧杯中，在电炉上微热溶解后，稀释至 10 L]。

四、实验步骤

1. EDTA 的配制与标定

参考本章基础实验十。

2. Bi^{3+}-Pb^{2+}混合液的测定

1) Bi^{3+}的初步实验

准确移取 25.00 mL Bi^{3+}-Pb^{2+}混合液于 250 mL 锥形瓶中，用搅拌棒蘸取少许试液置于 pH 为 0.5～5 的精密 pH 试纸上，仔细检测其 pH。一般无沉淀的含 Bi^{3+}溶液的 pH 均小于 1，为此，以 0.5 mol·L^{-1} NaOH 溶液（装入滴定管中）调节，应边滴加边摇动溶液，并时时检查 pH，至溶液 pH 达到 1 为止。记下所加 0.5 mol·L^{-1} NaOH 的体积（不必准确至小点后第二位）。接着加入 10 mL 0.1 mol·L^{-1} HNO_3 溶液及 2～3 滴二甲酚橙指示剂，此时试液为紫红色。用 EDTA 标准溶液滴定至由紫红色变为亮黄色即为滴定 Bi^{3+}的终点，粗略记下 0.01 mol·L^{-1} EDTA 标准溶液的体积。

2) Bi^{3+}的测定

准确移取 25.00 mL Bi^{3+}-Pb^{2+}混合液于 250 mL 锥形瓶中，加入初步实验中调节溶液酸度时所需的相同体积的 0.5 mol·L^{-1} NaOH 溶液，接着加入 10 mL 0.1 mol·L^{-1} HNO_3 溶液及 2～3 滴二甲酚橙指示剂，此时试液为紫红色。用 EDTA 标准溶液滴定至由紫红色变为亮黄色即为滴定 Bi^{3+} 的终点。根据消耗 EDTA 的体积计算试液中 Bi^{3+} 的含量。平行测定三份，以相对平均偏差小于 0.5%为合格。

3) Pb^{2+} 的测定

在滴定 Bi^{3+}后的溶液中，滴加六次甲基四胺溶液，使试液呈现稳定的紫红色，再过量 5 mL，用 EDTA 标准溶液滴定至紫红色变为亮黄色即为滴定 Pb^{2+} 的终点。根据消耗 EDTA 的体积计算 Pb^{2+} 的含量。平行测定三份，以相对平均偏差小于 0.5%为合格。

五、思考题

(1) 利用控制酸度的方法进行混合离子连续滴定的条件是什么？Fe^{3+}、Al^{3+}混合溶液能否通过控制酸度分步滴定？如何实现分步滴定？

(2) 滴定 Bi^{3+}、Pb^{2+} 的过程中溶液颜色如何变化？解释颜色变化的原因。

(3) 能否在同一份试液中先滴定 Pb^{2+} 再滴定 Bi^{3+}？

(4) 能否取等量混合试液两份，一份控制 pH≈1.0 滴定 Bi^{3+}，另一份控制 pH 为 5～6 滴定 Bi^{3+}、Pb^{2+} 总量？为什么？

(5) 滴定 Pb^{2+} 时要调节溶液 pH 为 5～6，为什么加入六次甲基四胺而不加入乙酸缓冲溶液？

基础实验十三　高锰酸钾溶液的标定和过氧化氢含量的测定

一、实验目的

(1) 掌握高锰酸钾标准溶液的配制与保存方法。

(2) 掌握以 $Na_2C_2O_4$ 为基准物标定高锰酸钾溶液浓度的方法、原理及滴定条件。

(3) 掌握高锰酸钾法测定过氧化氢的原理及方法。

(4) 对自动催化反应有所了解，对自身指示剂的特点有所体会。

二、实验原理

普通高锰酸钾试剂常含有少量杂质，不能用直接法配制标准溶液，必须经过标定。$KMnO_4$ 溶液的浓度可用基准物 As_2O_3、纯铁丝或 $Na_2C_2O_4$ 等标定。若用 $Na_2C_2O_4$ 标定，其反应式为

$$2MnO_4^- + 5C_2O_4^{2-} + 16H^+ \xlongequal{} 2Mn^{2+} + 10CO_2\uparrow + 8H_2O$$

$$n_{KMnO_4} = \frac{2}{5} n_{Na_2C_2O_4}$$

反应应在强酸性条件下进行，调节酸度一般用硫酸，反应温度为 75～85 ℃。高锰酸钾自身作指示剂，终点时稍过量的高锰酸钾使溶液呈浅红色，30 s 内不褪色即为终点。高锰酸钾的浓度(mol · L^{-1})计算式为

$$c_{KMnO_4} = \frac{2m_{Na_2C_2O_4} \times 1000}{5M_{Na_2C_2O_4} V_{KMnO_4}}$$

在稀硫酸溶液中，H_2O_2 在室温下能定量、迅速地被高锰酸钾氧化，因此，可用高锰酸钾法测定其含量，其反应式为

$$2MnO_4^- + 5H_2O_2 + 6H^+ \xlongequal{} 2Mn^{2+} + 5O_2\uparrow + 8H_2O$$

$$n_{KMnO_4} = \frac{2}{5} n_{H_2O_2}$$

该反应在开始时比较缓慢，滴入的第一滴 $KMnO_4$ 溶液不容易褪色，待生成少量 Mn^{2+} 后，由于 Mn^{2+} 的催化作用，反应速率逐渐加快。化学计量点后，稍微过量

的滴定剂 $KMnO_4$ 呈现微红色，指示终点的到达。根据 $KMnO_4$ 标准溶液的浓度和滴定所消耗的体积，可算出试样中 H_2O_2 的含量($g \cdot L^{-1}$)。

$$\rho_{H_2O_2}=\frac{\frac{5}{2}c_{KMnO_4}V_{KMnO_4}M_{H_2O_2}}{V_{H_2O_2}\times\frac{25.00}{250.00}}$$

三、主要仪器及试剂

仪器：50 mL 酸式滴定管；250 mL 锥形瓶；10 mL 移液管；250 mL 容量瓶；10 mL量筒；500 mL 烧杯；棕色试剂瓶；分析天平；台秤；电炉；微孔玻璃漏斗(3 号或 4 号)。

试剂：$Na_2C_2O_4$基准物；3 mol · L^{-1} H_2SO_4 溶液；0.02 mol · L^{-1} $KMnO_4$ 溶液；3% H_2O_2 溶液。

四、实验步骤

1. $KMnO_4$ 溶液的配制

在台秤上称取 $KMnO_4$固体约 1 g，置于烧杯中，加 500 mL 蒸馏水使其溶解，盖上表面皿，加热至沸并保持微沸状态约 1 h，中途间或补加一定量的蒸馏水，以保持溶液体积基本不变。冷却后将溶液转移至棕色试剂瓶内，在暗处放置 2～3 天，然后用微孔玻璃漏斗(3 号或 4 号)过滤除去 MnO_2 等杂质，滤液储存于棕色试剂瓶内备用。另外，也可将 $KMnO_4$ 固体溶于煮沸过的蒸馏水中，让该溶液在暗处放置 6～10 天，用微孔玻璃漏斗过滤备用。

有时也可不经过滤而直接取上层清液进行实验。

2. $KMnO_4$标准溶液的标定

准确称取一定量(计算确定)基准物质 $Na_2C_2O_4$三份，分别置于 250 mL 锥形瓶中，向其中加入约 30 mL 蒸馏水使之溶解，再加入 10 mL 3 mol · L^{-1} H_2SO_4，加热至 75～85 ℃(刚好冒蒸气)，趁热用 $KMnO_4$溶液滴定至溶液呈微红色并保持 30 s不褪色即为终点。根据滴定消耗的 $KMnO_4$ 溶液的体积和 $Na_2C_2O_4$ 的量，计算 $KMnO_4$ 标准溶液的浓度，以相对平均偏差小于 0.3%为合格。

3. H_2O_2 含量的测定

用移液管移取 10.00 mL H_2O_2 试样于 250 mL 容量瓶中，加水稀释至刻度，摇匀。移取 25.00 mL 该稀溶液三份，分别置于 250 mL 锥形瓶中，加 10 mL 3 mol · L^{-1} H_2SO_4，然后用 $KMnO_4$ 标准溶液滴至溶液呈微红色并在 30 s 内不褪色即为终点。根据$KMnO_4$标准溶液的浓度和滴定消耗的体积，计算H_2O_2试样的浓度，以相对平均偏差小于0.3%为合格。

五、思考题

(1) 配制$KMnO_4$溶液应注意什么？用基准物质$Na_2C_2O_4$标定$KMnO_4$时，应在什么条件下进行？

(2) 用$KMnO_4$法测定H_2O_2含量时，能否用HNO_3、HCl或HAc来调节溶液酸度？为什么？

(3) 用$KMnO_4$法测定H_2O_2含量时，能否在加热条件下滴定？为什么？

(4) 如果溶液出现红色或黄色是何原因？应如何处理？

(5) 滴定过程中温度下降，要再加热吗？

注释

(1) 称取$KMnO_4$的质量应稍多于理论计算量，且要使固体全部溶解后再放在电炉上加热。

(2) 用微孔玻璃漏斗过滤，滤去MnO_2沉淀。若没有微孔玻璃漏斗时，可用玻璃棉代替，切不可用滤纸过滤。

(3) 为了避免光对$KMnO_4$催化分解，配好的$KMnO_4$溶液应储存在棕色瓶里。

(4) 反应开始时速度慢，滴入第一滴溶液不易褪色，待Mn^{2+}生成后，由于Mn^{2+}的催化作用，加快了反应速率。因此开始时一定要控制好滴定速度，切不可过快。

(5) 若H_2O_2试样中含有乙酰苯胺等稳定剂，则不宜用$KMnO_4$法测定，因为此类稳定剂也消耗$KMnO_4$。这时可采用碘量法测定，利用H_2O_2与KI作用析出I_2，再用标准硫代硫酸钠溶液滴定生成的I_2。

基础实验十四　铁矿石中铁含量的测定

一、实验目的

(1) 掌握用基准试剂直接配制标准溶液的方法。

(2) 学习铁矿石试样的溶解及预处理方法。

(3) 掌握重铬酸钾无汞测定铁矿石中铁含量(甲基橙指示)的原理和方法。

(4) 理解实验设计思想。

二、实验原理

铁矿石的种类很多，用于炼铁的主要有磁铁矿(Fe_3O_4)、赤铁矿(Fe_2O_3)和菱

铁矿($FeCO_3$)等。铁矿石试样经盐酸溶解后,其中的铁转化为 Fe^{3+},反应式如下:

$$Fe_2O_3 + 6H^+ + 8Cl^- = 2FeCl_4^- + 3H_2O$$

在强酸性条件下,Fe^{3+} 可通过 $SnCl_2$ 还原为 Fe^{2+}。

$$2FeCl_4^- + SnCl_4^{2-} + 2Cl^- = 2FeCl_4^{2-} + SnCl_6^{2-}$$

加入甲基橙,当溶液中 Fe^{3+} 还原完毕后,甲基橙也可被 Sn^{2+} 还原成氢化甲基橙而褪色,因而可指示 Fe^{3+} 还原的终点。且 Sn^{2+} 可继续将氢化甲基橙还原成 *N*,*N*-二甲基对苯二胺和对氨基苯磺酸钠,故略为过量的 Sn^{2+} 也被消除。涉及的反应式为

$$(CH_3)_2NC_6H_4N{=}NC_6H_4SO_3Na + 2e^- + 2H^+ = (CH_3)_2NC_6H_4NH{-}NHC_6H_4SO_3Na$$

$$(CH_3)_2NC_6H_4NH{-}NHC_6H_4SO_3Na + 2e^- + 2H^+ = (CH_3)_2NC_6H_4NH_2 + NH_2C_6H_4SO_3Na$$

由于这些反应是不可逆的,因此甲基橙的还原产物不消耗后续的滴定剂 $K_2Cr_2O_7$。

预处理后,向试液中加入硫-磷混酸,以二苯胺磺酸钠为指示剂,用 $K_2Cr_2O_7$ 标准溶液滴定至溶液呈紫色即为终点,滴定反应式如下:

$$6Fe^{2+} + Cr_2O_7^{2-} + 14H^+ = 6Fe^{3+} + 2Cr^{3+} + 7H_2O$$

$$n_{K_2Cr_2O_7} = \frac{1}{6} n_{Fe^{2+}}$$

滴定过程中生成的 Fe^{3+} 呈黄色,影响终点的观察,加入的 H_3PO_4 与 Fe^{3+} 生成无色的 $Fe(HPO_4)_2^-$ 可掩蔽 Fe^{3+},同时 $Fe(HPO_4)_2^-$ 的生成使得 Fe^{3+}/Fe^{2+} 电对的条件电位降低,滴定突跃增大,指示剂可在突跃范围内变色,从而减少滴定误差。铁含量的计算式为

$$w_{Fe} = \frac{6c_{K_2Cr_2O_7} V_{K_2Cr_2O_7} M_{Fe} \times 10^{-3}}{m_{铁矿石} \times \frac{25.00}{250.0}} \times 100\%$$

三、主要仪器及试剂

仪器:50 mL 酸式滴定管;250 mL 锥形瓶;25 mL 移液管;250 mL 容量瓶;100 mL 烧杯;100 mL 量筒;分析天平;电炉。

试剂:10% $SnCl_2$ 溶液(称取 10 g $SnCl_2 \cdot 2H_2O$ 溶于 40 mL 浓热 HCl,加水稀释至 100 mL);5% $SnCl_2$ 溶液(将 10% $SnCl_2$ 溶液稀释一倍);浓 HCl;硫-磷混酸(将 150 mL 浓硫酸缓缓加入 700 mL 水中,冷却后加入 150 mL H_3PO_4,摇匀);0.1%甲基橙;0.2%二苯胺磺酸钠溶液;分析纯 $K_2Cr_2O_7$。

四、实验步骤

1. $K_2Cr_2O_7$ 标准溶液的配制

将分析纯 $K_2Cr_2O_7$ 在 150～180 ℃烘干 2 h，放入干燥器冷却至室温，准确称取 0.6～0.7 g $K_2Cr_2O_7$ 于小烧杯中，加水溶解后转移至250 mL容量瓶中，用水稀释至刻度，摇匀，计算 $K_2Cr_2O_7$ 的浓度。

2. 试样的预处理

准确称取铁矿石粉 1～1.5 g 于 100 mL 烧杯中，用少量水润湿后，加 20 mL 浓 HCl，盖上表面皿，在电炉上加热 20～30 min，并不时摇动，避免沸腾。如有带色不溶残渣，可滴加 $SnCl_2$ 溶液 5～10 滴助溶，试样分解完全时，剩余残渣应为白色或非常接近白色，此时可用少量水吹洗表面皿及杯壁，冷却后将溶液转移到 250 mL容量瓶中，加水稀释至刻度，摇匀，得样品溶液。

3. 铁含量的测定

移取样品溶液 25.00 mL 于 250 mL 锥形瓶中，加 8 mL 浓 HCl，加热至接近沸腾，加入 6 滴甲基橙，边摇动锥形瓶边慢慢滴加 10% $SnCl_2$ 溶液，溶液由橙红色变为粉红色时，改作慢慢滴加 5% $SnCl_2$ 至溶液变为淡淡的粉色（若加 $SnCl_2$ 至粉色褪去，说明 $SnCl_2$ 已过量，可补加 1 滴甲基橙，以除去稍微过量的 $SnCl_2$，此时溶液如呈淡淡的粉色最好，既不影响滴定终点，又可保证 $SnCl_2$ 不过量）。迅速用流水冷却，加蒸馏水 50 mL、硫-磷混酸 20 mL、二苯胺磺酸钠 4 滴，立即用 $K_2Cr_2O_7$ 标准溶液滴定至出现稳定的紫红色。平行测定三次，计算试样中 Fe 的含量，以相对平均偏差小于 0.5%为合格。

五、思考题

(1) $K_2Cr_2O_7$ 法测定铁矿石中的铁时，滴定前为什么要加入硫-磷混酸？加入硫-磷混酸后为何要立即滴定？

(2) 用 $SnCl_2$ 还原 Fe^{3+} 时，为何要在加热条件下进行？加入的 $SnCl_2$ 量不足或过量会给测定结果带来什么影响？

(3) 简述本实验中试样前处理和滴定铁两步实验过程中溶液颜色的变化，并说明原因。

注释

(1) Sn^{2+} 还原 Fe^{3+} 的反应在 HCl 介质中进行，还原 Fe^{3+} 时 HCl 浓度以

4 mol·L^{-1}为好，大于 6 mol·L^{-1}时 Sn^{2+} 则先还原甲基橙为无色，使其无法指示 Fe^{3+} 的还原终点，同时 Cl^- 浓度过高也可能消耗 $K_2Cr_2O_7$，HCl 浓度低于 2 mol·L^{-1}则甲基橙褪色缓慢。

(2) 在矿样溶解完全后，应还原一份试样，立即滴定一份，不要同时还原好几份样品，Fe^{2+} 在空气中暴露太久会被空气中的氧所氧化而影响结果。

(3) 本实验中，Cu(Ⅱ)、As(Ⅴ)、Ti(Ⅳ)、Mo(Ⅵ)等离子存在时，可被 $SnCl_2$ 还原，又能被 $K_2Cr_2O_7$ 氧化，Sb(Ⅴ)和 Sb(Ⅲ)也干扰铁的测定。

基础实验十五　间接碘量法测定铜盐中铜含量

一、实验目的

(1) 掌握 $Na_2S_2O_3$ 标准溶液的配制、保存条件和浓度的标定方法。

(2) 掌握间接碘量法的测定条件。

(3) 掌握应用间接碘量法测定铜盐中铜含量的原理和方法。

二、实验原理

铜盐如 $CuSO_4 \cdot 5H_2O$ 的含量一般采用碘量法测定。在弱酸性溶液中(pH=3～4)，Cu^{2+} 与过量的 KI 作用，生成 CuI 沉淀和 I_2。反应式为

$$2Cu^{2+} + 4I^- = 2CuI\downarrow + I_2 \quad 或 \quad 2Cu^{2+} + 5I^- = 2CuI\downarrow + I_3^-$$

析出的 I_2 可用淀粉为指示剂，用 $Na_2S_2O_3$ 标准溶液滴定。反应式为

$$2S_2O_3^{2-} + I_3^- = S_4O_6^{2-} + 3I^-$$

$$n_{S_2O_3^{2-}} = n_{Cu^{2+}}$$

铜含量的计算式为

$$w_{Cu} = \frac{c_{S_2O_3^{2-}} V_{S_2O_3^{2-}} M_{Cu} \times 10^{-3}}{m_{试样}} \times 100\%$$

Cu^{2+} 与 I^- 之间的反应是可逆的，任何引起 Cu^{2+} 浓度减小(如 Cu^{2+} 配合物等)或引起 CuI 溶解度增大的因素均使反应不完全，加入过量 KI 可使 Cu^{2+} 的还原趋于完全。但是，CuI 沉淀强烈吸附 I_3^-，又会使结果偏低。通常的办法是在近终点时加入硫氰酸盐，将 CuI($K_{sp}=1.1\times10^{-12}$)转化为溶解度更小的 CuSCN 沉淀($K_{sp}=4.8\times10^{-15}$)。在沉淀的转化过程中，吸附的碘被释放出来，从而被 $Na_2S_2O_3$ 溶液滴定，使分析结果的准确度得到提高。但硫氰酸盐应在接近终点时加入，否则 SCN^- 会还原大量存在的 I_2，致使测定结果偏低。溶液的 pH 应控制在 3.0～4.0。酸度过低，Cu^{2+} 易水解，使反应不完全，结果偏低，而且反应速率慢，终点拖长。酸度过高，则 I^- 被空气中的氧氧化为 I_2(Cu^{2+} 催化此反应)，使结果偏高。

本实验所使用的滴定剂为$Na_2S_2O_3$。$Na_2S_2O_3 \cdot 5H_2O$常含有一些杂质，且易风化和潮解。$Na_2S_2O_3$溶液不够稳定，容易分解，故$Na_2S_2O_3$标准溶液采用间接配制法配制。配制好的溶液储存于棕色瓶中，放置几天后再进行标定。长期使用的溶液应定期标定。采用$K_2Cr_2O_7$为基准物，以淀粉溶液为指示剂，用间接碘量法(滴定碘法)标定$Na_2S_2O_3$溶液。发生的反应如下：

$K_2Cr_2O_7$与过量的KI反应，析出与$K_2Cr_2O_7$计量相当的I_2。

$$Cr_2O_7^{2-}+6I^-+14H^+ \xlongequal{} 2Cr^{3+}+3I_2+7H_2O$$

用$Na_2S_2O_3$溶液滴定I_2。

$$2S_2O_3^{2-}+I_2 \xlongequal{} 2I^-+S_4O_6^{2-}$$

$Na_2S_2O_3$的浓度计算式为

$$c_{Na_2S_2O_3}=\frac{6m_{K_2Cr_2O_7}}{M_{K_2Cr_2O_7}V_{S_2O_3^{2-}}}\times 1000$$

滴定过程中溶液颜色变化为：酒红色(I_3^-颜色)→浅黄绿色→加指示剂→蓝色→亮绿(浅绿)色。

三、主要仪器及试剂

仪器：50 mL酸式滴定管；250 mL锥形瓶；25 mL移液管；250 mL容量瓶；10 mL和100 mL量筒；分析天平。

试剂：200 $g \cdot L^{-1}$ KI溶液；分析纯$Na_2S_2O_3$；5 $g \cdot L^{-1}$淀粉溶液(称取0.5 g可溶性淀粉，加少量水搅匀，再加入100 mL沸水搅匀，若需放置可加入少量HgI_2或H_3BO_3作防腐剂)；1 $mol \cdot L^{-1}$ NH_4SCN溶液；固体Na_2CO_3；KIO_3基准物；分析纯$K_2Cr_2O_7$；3 $mol \cdot L^{-1}$ H_2SO_4；30% H_2O_2；$CuSO_4 \cdot 5H_2O$或其他可溶性铜盐。

四、实验步骤

1. $Na_2S_2O_3$溶液的配制

称取25 g $Na_2S_2O_3 \cdot 5H_2O$于烧杯中，加入300～500 mL新煮沸且已冷却的蒸馏水溶解后，加水稀释至1000 mL，加入约0.1 g Na_2CO_3，摇匀，储存于棕色试剂瓶内，待标定。

2. $Na_2S_2O_3$溶液的标定

1) 用$K_2Cr_2O_7$基准物标定

准确称取0.1～0.14 g $K_2Cr_2O_7$于碘瓶(可用具塞锥形瓶或普通锥形瓶盖上表面皿代替)中，加入30 mL水，摇动使其溶解，加入10 mL 200 $g \cdot L^{-1}$KI溶液和

6 mL 3 mol·L^{-1} H_2SO_4 溶液，轻轻摇匀。在暗处放置 5 min(使其反应完全)后，加入 100 mL 蒸馏水，立即用待标定的 $Na_2S_2O_3$ 溶液滴定至淡黄绿色，然后加入 1 mL 5 g·L^{-1}淀粉指示剂，继续滴定至溶液中的蓝色突然褪去(呈现亮绿色)即为终点。平行标定三次，计算其浓度，以相对平均偏差小于 0.3%为合格。

2) 用 KIO_3 基准物标定

准确称取 0.9 g 左右 KIO_3 基准物质于烧杯中，加水溶解后定量转入 250 mL 容量瓶中，加水稀释至刻度，充分摇匀。吸取 25.00 mL KIO_3 标准溶液于 250 mL 锥形瓶中，加入 10 mL 200 g·L^{-1}KI 溶液、2 mL 3 mol·L^{-1} H_2SO_4，加水稀释至约 100 mL，立即用待标定的 $Na_2S_2O_3$ 溶液滴定至浅黄色，加入 1 mL 淀粉溶液，继续滴定至蓝色变为无色即为终点。平行标定三次，计算其浓度，以相对平均偏差小于 0.3%为合格。

3. 铜盐中铜含量的测定

准确称取 $CuSO_4 \cdot 5H_2O$ 试样 0.4～0.5 g，置于 250 mL 锥形瓶中，加入 20 mL水溶解，加入 2 mL 3 mol·L^{-1} H_2SO_4 溶液、10 mL KI 溶液，摇匀。立即用 0.1 mol·L^{-1} $Na_2S_2O_3$ 溶液滴定至浅黄色。再加 1 mL 5 g·L^{-1}淀粉指示剂，滴定至浅蓝色后，加入 10 mL NH_4SCN 溶液，摇动溶液 1～2 min 可见蓝色转深，继续滴定至溶液的蓝色恰好消失即为终点。记下所消耗的 $Na_2S_2O_3$ 溶液的体积。平行测定三次，计算铜盐的含量，以相对平均偏差小于 0.5%为合格。

五、思考题

(1) 碘量法测定铜时，为什么常加入 NH_4HF_2(或 KSCN)？为什么临近终点时加入？

(2) 已知 $E_{Cu^{2+}/Cu^{+}}=0.159$ V，$E_{I_2/I^-}=0.545$ V，为何本实验中 Cu^{2+} 却能将 I^- 氧化为 I_2？

(3) 碘量法测定铜为什么要在弱酸性介质中进行？

(4) 简述标定和测定两个实验中所加入试剂的作用、实验中溶液颜色的变化及原因。

注释

(1) 本次实验中使用试剂种类多，10 mL 量筒要反复使用量取不同的试剂。为避免交叉污染，可将周围同学的 10 mL 量筒集中起来，分工使用。

(2) 滴定速度要控制好，既要主反应进行完全，又要避免 I_2 的挥发损失或 I^- 被空气氧化为 I_2。滴定过程中，锥形瓶不宜剧烈摇动，最好使用碘量瓶。

(3) $K_2Cr_2O_7$ 与 I^- 的反应速率较慢，为了加快反应速率，可控制溶液酸度为

0. 2～0. 4 mol · L^{-1}，同时加入过量 KI 后在暗处放置 5 min（避光，防止 I^- 被空气中的氧氧化）。

（4）滴定前将溶液稀释以降低酸度，目的是：①防止 $Na_2S_2O_3$ 在滴定过程中遇强酸而分解，$S_2O_3^{2-} + 2H^+ \xlongequal{} S\downarrow + H_2SO_3$；②降低$[Cr^{3+}]$，有利于终点观察；③淀粉指示剂应在临近终点时加入，而不能加入过早，否则将有较多的 I_2 与淀粉指示剂结合，而这部分 I_2 在终点时解离较慢，造成终点拖后；④滴定结束后溶液放置后会变蓝，若 5～10 min 内变蓝是空气氧化所致，若很快变蓝，说明 $K_2Cr_2O_7$ 与 KI 作用不完全，溶液稀释过早，此时表明实验失败。

（5）防止 CuI 吸附 I_2。临近终点前加入 NH_4SCN 使沉淀表面形成一层 CuSCN，并将吸附的 I_2 释放出来，以免测定结果偏低（CuSCN 不吸附 I_2）。但 NH_4SCN 不宜过早加入，否则 NH_4SCN 会还原 I_2，使结果偏低。

（6）Fe^{3+} 能氧化 I^-，对测定有干扰，可加 NH_4HF_2 掩蔽。NH_4HF_2（$NH_4F \cdot HF$）是一种很好的缓冲溶液，因为 HF 的 $K_a = 6.6\times10^{-4}$，故能使溶液的 pH 保持在 3. 0～4. 0。

基础实验十六　莫尔法测定可溶性氯化物中氯含量

一、实验目的

（1）学习 $AgNO_3$ 标准溶液的配制、标定和保存方法。

（2）掌握用莫尔法进行沉淀滴定的原理、方法和实验操作。

二、实验原理

某些可溶性氯化物中氯含量的测定常采用莫尔法。此法是在中性或弱碱性溶液中，以 K_2CrO_4 为指示剂，以 $AgNO_3$ 标准溶液进行滴定。由于 AgCl 沉淀的溶解度比 Ag_2CrO_4 小，因此，溶液中首先析出 AgCl 沉淀，反应式为

$$Ag^+ + Cl^- \xlongequal{} AgCl\downarrow（白色）\qquad K_{sp} = 1.8\times10^{-10}$$

当 AgCl 定量沉淀后，过量的 $AgNO_3$ 溶液即与 CrO_4^{2-} 生成砖红色 Ag_2CrO_4 沉淀，指示达到终点，反应式为

$$2Ag^+ + CrO_4^{2-} \xlongequal{} Ag_2CrO_4\downarrow（砖红色）\qquad K_{sp} = 2.0\times10^{-12}$$

滴定必须在中性或弱碱性溶液中进行，最适宜的 pH 范围为 6. 5～10. 5。如果有铵盐存在，溶液的 pH 需控制在 6. 5～7. 2。指示剂的用量对滴定有影响，一般以 5×10^{-3} mol · L^{-1} 为宜。

氯含量的计算式为

$$w_{Cl} = \frac{c_{AgNO_3} V_{AgNO_3} M_{Cl} \times 10^{-3}}{m_{试样} \times \dfrac{25.00}{250.0}} \times 100\%$$

三、主要仪器及试剂

仪器:50 mL 酸式滴定管;250 mL 锥形瓶;25 mL 移液管;1 mL 吸量管;250 mL 容量瓶;100 mL 烧杯;100 mL 量筒;分析天平。

试剂:NaCl 基准试剂(在 500～600 ℃高温炉中灼烧 0.5 h 后,置于干燥器中冷却;也可将 NaCl 置于带盖的瓷坩埚中加热,并不断搅拌,待爆炸声停止后继续加热 15 min,将坩埚放入干燥器中冷却后使用);NaCl 试样;分析纯 $AgNO_3$;$CaCO_3$固体;50 g · L^{-1} K_2CrO_4 溶液。

四、实验步骤

1. $AgNO_3$溶液(0.1 mol · L^{-1})的配制

称取 8.5 g $AgNO_3$溶解于 500 mL 不含 Cl^- 的蒸馏水中,将溶液转入棕色试剂瓶中,置暗处保存,以防止光照分解。

2. $AgNO_3$ 溶液的标定

准确称取 0.5～0.6 g NaCl 基准物于小烧杯中,用蒸馏水溶解后定量转入 100 mL 容量瓶中,用水稀释至刻度,摇匀。

用移液管移取 25.00 mL NaCl 标准溶液于 250 mL 锥形瓶中,加入 25 mL 水,用吸量管加入 1 mL K_2CrO_4溶液,在不断摇动条件下,用 $AgNO_3$ 溶液滴定至呈现砖红色即为终点。根据 $AgNO_3$溶液的体积和 NaCl 的质量计算 $AgNO_3$溶液的浓度。平行标定三份,以相对平均偏差小于 0.5%为合格。

3. 指示剂空白校正

移取 1 mL K_2CrO_4 指示剂溶液,加入适量水,然后加入无 Cl^- 的 $CaCO_3$ 固体(相当于滴定时 AgCl 的沉淀量,制成相似于实际滴定的浑浊溶液)。逐渐滴入 $AgNO_3$溶液,至与终点颜色相同为止,记录读数,从滴定试液所消耗的 $AgNO_3$ 体积中扣除此读数。

4. 试样分析

准确称取 2 g NaCl 试样于烧杯中,加水溶解后,定量转入 250 mL 容量瓶中,用水稀释至刻度,摇匀。

用移液管移取 25.00 mL 试液于 250 mL 锥形瓶中,加入 25 mL 水,用 1 mL 吸量管加入 1 mL K_2CrO_4溶液,在不断摇动条件下,用 $AgNO_3$ 标准溶液滴定至溶液出现砖红色即为终点。平行测定三份。计算试样中氯的含量。

五、思考题

(1) 莫尔法测氯时，为什么溶液的 pH 需控制在 6.5～10.5？

(2) 以 K_2CrO_4 作指示剂时，指示剂浓度过大或过小对测定有何影响？

(3) 用莫尔法测定酸性光亮镀铜液（主要成分为 $CuSO_4$ 和 H_2SO_4）中的氯含量时，试液应做哪些预处理？

注释

(1) 凡能与 Ag^+ 生成难溶性化合物或配合物的阴离子都干扰测定，如 PO_4^{3-}、AsO_4^{3-}、SO_3^{2-}、S^{2-}、CO_3^{2-}、$C_2O_4^{2-}$ 等。其中 H_2S 可加热煮沸除去，将 SO_3^{2-} 氧化成 SO_4^{2-} 后不再干扰测定。大量 Cu^{2+}、Ni^{2+}、Co^{2+} 等有色离子将影响终点观察。

(2) 凡能与 CrO_4^{2-} 生成难溶化合物的阳离子也干扰测定，如 Ba^{2+}、Pb^{2+}。Ba^{2+} 的干扰可加入过量的 Na_2SO_4 消除。

(3) Al^{3+}、Fe^{3+}、Bi^{3+}、Sn^{4+} 等高价金属离子在中性或弱碱性溶液中易水解产生沉淀，会干扰测定。

(4) 指示剂用量大小对测定有影响，必须定量加入。溶液较稀时，需进行指示剂的空白校正。

(5) 实验完毕后，将装 $AgNO_3$ 溶液的滴定管先用蒸馏水冲洗两三次后，再用自来水洗净，以免 AgCl 残留于管内。

(6) 滴定剂要尽量滴在溶液中，以减少冲洗器壁用水量。

基础实验十七　福尔哈德返滴定法测定可溶性氯化物中氯含量

一、实验目的

(1) 学习 NH_4SCN 标准溶液的配制和标定。

(2) 掌握用福尔哈德返滴定法测定可溶性氯化物中氯含量的原理和方法。

二、实验原理

在含 Cl^- 的酸性试液中加入一定量过量的 Ag^+ 标准溶液，定量生成 AgCl 沉淀后，过量 Ag^+ 以铁铵矾作指示剂，用 NH_4SCN 标准溶液回滴，由生成 $Fe(SCN)^{2+}$ 配离子的红色来指示滴定终点。反应式如下：

$$Ag^+ + Cl^- = AgCl\downarrow\ (白色) \qquad K_{sp}(AgCl) = 1.8\times10^{-10}$$

$$Ag^+ + SCN^- = AgSCN\downarrow\ (白色) \qquad K_{sp}(AgSCN) = 1.0\times10^{-12}$$

$$Fe^{3+} + SCN^- = Fe(SCN)^{2+}\ (红色) \qquad K[Fe(SCN)^{2+}] = 138$$

指示剂用量大小对滴定有影响，一般控制 Fe^{3+} 浓度为 0.015 mol·L^{-1} 为宜。滴定时，控制氢离子浓度为 0.1～1 mol·L^{-1}，剧烈摇动溶液，并加入硝基苯(有毒)或石油醚或 1,2-二氯乙烷等保护 AgCl 沉淀，使其与溶液隔开，防止 AgCl 沉淀与 SCN^- 发生交换反应而消耗滴定剂。

氯含量的计算式为

$$w_{Cl}=\frac{[c_{AgNO_3}V_{AgNO_3}-c_{NH_4SCN}V_{NH_4SCN}]M_{Cl}\times10^{-3}}{m_{试样}\times\frac{25.00}{250.0}}\times100\%$$

三、主要仪器及试剂

仪器：50 mL 酸式滴定管；250 mL 锥形瓶；25 mL 移液管；1 mL 吸量管；250 mL容量瓶；100 mL 烧杯；10 mL 量筒；分析天平。

试剂：0.1 mol·L^{-1} $AgNO_3$ 标准溶液(配制与标定见本章基础实验十六)；0.1 mol·L^{-1} NH_4SCN溶液(称取 3.8 g NH_4SCN，用 500 mL 水溶解后转入试剂瓶)；400 g·L^{-1}铁铵矾指示剂溶液；HNO_3 溶液(1+1)；硝基苯。

四、实验步骤

1. NH_4SCN 溶液的标定

用移液管移取 $AgNO_3$ 标准溶液 25.00 mL 于 250 mL 锥形瓶中，加入 5 mL (1+1) HNO_3、铁铵矾指示剂 1.0 mL，然后用 NH_4SCN 溶液滴定。滴定时，剧烈振荡溶液，当滴至溶液颜色为淡红色且稳定不变时即为终点。平行标定三份，计算 NH_4SCN 溶液浓度。

2. 试样分析

准确称取约 2 g NaCl 试样于 100 mL 烧杯中，加水溶解后，定量转入 250 mL 容量瓶中，稀释至刻度，摇匀。

用移液管移取 25.00 mL 试样溶液于 250 mL 锥形瓶中，加 25 mL 水、5 mL (1+1) HNO_3，用滴定管加入 $AgNO_3$ 标准溶液至过量 5～10 mL(加入 $AgNO_3$ 溶液时，生成白色 AgCl 沉淀，接近计量点时，氯化银要凝聚，振荡溶液，再让其静置片刻，使沉淀沉降，然后加入几滴 $AgNO_3$ 到清液层，如不生成沉淀，说明 $AgNO_3$ 已过量，这时，再适当过量 5～10 mL $AgNO_3$ 溶液即可)。然后，加入 2 mL 硝基苯(或 1,2-二氯乙烷、石油醚)，用橡皮塞塞住瓶口，剧烈振荡 30 s，使 AgCl 沉淀进入硝基苯层而与溶液隔开。再加入铁铵矾指示剂 1.0 mL，用 NH_4SCN 标准溶液滴至出现 $Fe(SCN)^{2+}$ 配离子的淡红色稳定不变时即为终点。平行测定三份，计算

NaCl 试样中的氯的含量。

五、思考题

(1) 福尔哈德法测氯时，为什么要加入硝基苯或石油醚？当用此法测定 Br^-、I^- 时，还需加入石油醚或硝基苯吗？

(2) 试讨论酸度对福尔哈德法测定卤素离子含量的影响。

(3) 本实验溶液为什么用 HNO_3 酸化？可否用 HCl 或 H_2SO_4 酸化？

注释

(1) 本实验测定时，能与 SCN^- 生成沉淀或配合物，或能氧化 SCN^- 的物质均有干扰。PO_4^{3-}、AsO_4^{3-}、CrO_4^{2-} 等离子由于酸效应的作用而不影响测定。

(2) 福尔哈德法常用于直接测定银合金和矿物。银合金用 HNO_3 溶解后，以铁铵矾作指示剂，可用 NH_4SCN 标准溶液滴定。

基础实验十八　沉淀重量法测定可溶性钡盐中钡含量

预习：2.4 重量分析基本操作。

一、实验目的

(1) 掌握沉淀重量分析法测钡含量的基本原理和操作技术。

(2) 掌握晶形沉淀的沉淀条件。

(3) 学习重量分析中常用仪器的使用方法。

二、实验原理

含 Ba^{2+} 的溶液经稀 HCl 酸化，加热至沸，在不断搅拌下，慢慢地加入热稀 H_2SO_4，形成晶形沉淀 $BaSO_4$。

$$BaCl_2 + H_2SO_4 = BaSO_4\downarrow + 2HCl$$

沉淀经陈化、过滤、洗涤、烘干、炭化、灰化、灼烧后，以 $BaSO_4$ 形式称量，可求出 Ba 的含量。

$$w_{Ba} = \frac{m_{BaSO_4} M_{Ba}}{M_{BaSO_4} m_{试样}} \times 100\%$$

Ba^{2+} 可生成一系列微溶化合物，如 $BaCO_3$、BaC_2O_4、$BaCrO_4$、$BaSO_4$、$BaHPO_4$ 等，其中以 $BaSO_4$ 溶解度最小，100 mL 溶液中，100 ℃时溶解 0.4 mg，25 ℃时仅溶解 0.25 mg。当过量沉淀剂存在时，溶解度大为减小，一般可以忽略不计。

硫酸钡重量法一般在 0.05 mol · L^{-1} 左右盐酸介质中进行沉淀，这是为了防

止产生 $BaCO_3$、$BaHPO_4$、$BaHAsO_4$ 沉淀以及防止生成 $Ba(OH)_2$ 共沉淀。同时，适当提高酸度，增加 $BaSO_4$ 在沉淀过程中的溶解度，以降低其相对过饱和度，有利于获得较好的晶形沉淀。

用 $BaSO_4$ 重量法测定 Ba^{2+} 时，一般用稀 H_2SO_4 作沉淀剂。为了使 $BaSO_4$ 沉淀完全，H_2SO_4 必须过量。由于 H_2SO_4 在高温下可挥发除去，故沉淀带下的 H_2SO_4 不会引起误差，因此沉淀剂可过量 50%～100%。如果用 $BaSO_4$ 重量法测定 SO_4^{2-}，沉淀剂 $BaCl_2$ 只允许过量 20%～30%，因为 $BaCl_2$ 灼烧时不易挥发除去。

三、主要仪器及试剂

仪器：25 mL 瓷坩埚；定量滤纸（慢速或中速）；玻璃漏斗；干燥器；250 mL 烧杯；10 mL 和 100 mL 量筒；电炉；水浴锅或沙浴装置；马弗炉。

试剂：1 mol · L^{-1} H_2SO_4；2 mol · L^{-1} HCl；2 mol · L^{-1} HNO_3；0. 1 mol · L^{-1} $AgNO_3$；$BaCl_2 \cdot 2H_2O$。

四、实验步骤

1. 称样及沉淀的制备

准确称取两份 0. 4～0. 6 g $BaCl_2 \cdot 2H_2O$ 试样，分别置于 250 mL 烧杯中，加入约 100 mL 水、3 mL 2 mol · L^{-1} HCl 溶液，搅拌溶解，加热至近沸。另取 4 mL 1 mol · L^{-1} H_2SO_4 两份于两个 100 mL 烧杯中，加水 30 mL，加热至近沸，趁热将两份 H_2SO_4 溶液分别用小滴管逐滴地加入两份热的钡盐溶液中，并用玻璃棒不断搅拌，直至两份 H_2SO_4 溶液加完为止。待 $BaSO_4$ 沉淀下沉后，于上层清液中加入 1～2滴 0. 1 mol · L^{-1} H_2SO_4 溶液，仔细观察沉淀是否完全。沉淀完全后，盖上表面皿（切勿将玻璃棒拿出杯外），放置过夜陈化，也可将沉淀放在水浴或沙浴上保温 40 min 陈化。

2. 沉淀的过滤和洗涤

陈化后的 $BaSO_4$ 沉淀颗粒变大，可用中速滤纸以倾泻法过滤。待母液转移完毕，用稀 H_2SO_4（取 1 mL 1 mol · L^{-1} H_2SO_4 加 100 mL 水配成）洗涤沉淀 5～8 次，每次 5～10 mL。然后将沉淀定量转移到滤纸上，并用折叠滤纸时撕下的小片滤纸做成的沉淀帚由上到下擦拭烧杯内壁，然后将沉淀帚推入漏斗中，再用稀 H_2SO_4 洗涤 4～6 次，直至洗涤液中不含 Cl^- 为止（检查方法：用试管收集 2 mL 滤液，加 1 滴 2 mol · L^{-1} HNO_3 酸化，加入 2 滴 $AgNO_3$，若无白色浑浊产生，表示 Cl^- 已洗净）。

3. 空坩埚的恒量

将两只洁净的瓷坩埚放在(800±20) ℃的马弗炉中灼烧至恒量。第一次灼烧40 min,第二次后每次只灼烧20 min。灼烧也可在煤气灯上进行。

4. 沉淀的灼烧和恒量

将折叠好的沉淀滤纸包置于已恒量的瓷坩埚中,经烘干、炭化、灰化后,于(800±20) ℃马弗炉中灼烧至恒量。计算 $BaCl_2 \cdot 2H_2O$ 中钡的含量。

五、思考题

(1) 为什么要在稀热 HCl 溶液中且不断搅拌条件下逐滴加入沉淀剂沉淀 $BaSO_4$? HCl 加入太多有何影响?

(2) 为什么要在热溶液中沉淀 $BaSO_4$,但要在冷却后过滤? 晶形沉淀为何要陈化?

(3) 什么叫倾泻法过滤? 洗涤沉淀时为什么用洗涤液或水都要少量多次?

(4) 什么叫灼烧至恒量?

注释

(1) $BaCl_2$ 溶液为毒品,要注意使用安全。

(2) 滤纸灰化时空气要充足,否则 $BaSO_4$ 易被滤纸的炭还原为灰黑色的 BaS,反应式为

$$BaSO_4 + 4C = BaS + 4CO\uparrow$$

$$BaSO_4 + 4CO = BaS + 4CO_2\uparrow$$

如遇此情况,可用2~3滴 H_2SO_4(1+1)小心加热,冒烟后重新灼烧。

(3) 灼烧温度不能太高,如超过950 ℃,可能有部分 $BaSO_4$ 分解

$$BaSO_4 = BaO + SO_3\uparrow$$

(4) $PbSO_4$、$SrSO_4$ 的溶解度均较小,Pb^{2+}、Sr^{2+} 对 Ba^{2+} 的测定有干扰。

(5) $BaSO_4$ 重量法既可用于测定 Ba^{2+} 的含量,也可用于测定 SO_4^{2-} 的含量。

基础实验十九 微波干燥恒量法测定可溶性钡盐中钡含量

一、实验目的

(1) 了解和学习利用微波炉干燥恒量 $BaSO_4$ 沉淀,进行可溶性钡盐中钡含量的重量法测定。

(2) 学习实验室微波炉的使用方法。

二、实验原理

实验原理及沉淀操作条件与实验十八中的有关部分基本相同。但本实验采用微波炉干燥恒量 $BaSO_4$ 沉淀，样品内外同时加热，不需要传热过程，加热迅速，瞬时可达较高温度，同时设备对环境几乎不辐射热量。改善了工作条件，节省大量时间，结果也有很高的准确度和精密度。

若沉淀中包藏有 H_2SO_4 等高沸点杂质，利用微波加热技术干燥 $BaSO_4$ 沉淀过程中杂质难以分解或挥发。因此，对沉淀条件和洗涤操作等的要求更高，主要包括将含 $BaSO_4$ 试液进一步稀释，过量沉淀剂（H_2SO_4）控制在 20%～50%。

三、主要仪器及试剂

仪器：微波炉；循环水真空泵（配抽滤瓶）；微孔玻璃坩埚（G4 号或 G5 号）。

试剂：所用试剂同本章基础实验十七。

四、实验步骤

沉淀的制备、过滤、洗涤等实验步骤可参考实验十七。此处主要介绍利用微波加热进行坩埚恒量以及沉淀灼烧的过程。

取洁净的 G4 号微孔玻璃坩埚，用真空泵抽 2 min 以除去玻璃坩埚微孔中的水分，便于干燥。置于微波炉中，于 500 W（中高温挡）的输出功率下进行干燥，第一次 10 min，第二次 4 min。每次干燥后置于干燥器中冷却 10～15 min（刚放进时留一条小缝隙，约 30 s 后再盖严），然后在分析天平上快速称量。要求两次干燥后称量所得质量之差不超过 0.4 mg（已恒量）。

将沉淀用倾泻法在已恒量的玻璃坩埚中减压过滤和洗涤，然后将盛沉淀的坩埚在微波炉内进行干燥（第一次 10 min，第二次 4 min），转入干燥器中冷却至室温（10～15 min），称量，重复操作直至恒量。计算试样中钡的含量。

五、思考题

（1）微波加热技术在分析化学（如分解试样和烘干样品等）中的应用有哪些优越性？

（2）如何科学合理地进行本实验，以充分体现微波加热技术在重量分析中的应用特点？

注释

（1）微波加热与传统高温炉加热相比，速度大大提高。

（2）微波加热稳定性不理想，温度控制不够精确，因此分析结果的精密度稍差。

(3) 玻璃坩埚在使用中要注意防止温度过高，引起炸裂。

(4) 循环水真空泵及微波炉的使用方法与注意事项，由指导教师讲授或参考有关的说明书。

基础实验二十　邻二氮菲分光光度法测定微量铁

一、实验目的

(1) 了解分光光度计的结构和正确的使用方法。

(2) 学习选择分光光度分析的实验条件。

(3) 掌握用分光光度法测微量铁的原理和方法。

二、实验原理

在 pH 为 2～9 的溶液中，Fe^{2+} 与邻二氮菲(phen)生成稳定的橘红色配合物 $Fe(phen)_3^{2+}$。

$$Fe^{2+} + 3phen = Fe(phen)_3^{2+} \text{（橘红色）}$$

生成的橘红色配合物的最大吸收峰在 508 nm 波长处，摩尔吸光系数 $\varepsilon_{508} = 1.1\times10^4\ L\cdot mol^{-1}\cdot cm^{-1}$，其 $\lg\beta_3 = 21.3$，显色稳定。在 pH 为 2～9 的溶液中，反应能迅速完成且显色稳定，在铁含量 0.5～8 $\mu g\cdot mL^{-1}$ 的范围内，浓度与吸光度符合朗伯-比尔定律，适用于微量铁的测定。

铁为正三价时，可用盐酸羟胺还原。

$$2Fe^{3+} + 2NH_2OH\cdot HCl = 2Fe^{2+} + N_2\uparrow + 2H_2O + 4H^+ + 2Cl^-$$

本方法的选择性很强，相当于含铁量 40 倍的 Sn^{2+}、Al^{3+}、Ca^{2+}、Mg^{2+}、Zn^{2+}、SiO_3^{2-} 等均不干扰。

用分光光度法测定物质的含量，需要通过实验来确定的实验条件有：测量波长、溶液酸度、显色剂用量、显色时间、温度、溶剂以及干扰的消除等。本实验给出了几个条件实验，以便初学者掌握确定实验条件的方法，学生实验课可根据实际情况选择条件实验的具体内容。

光度分析通常采用标准曲线法定量，即配制一系列浓度的标准溶液，在实验条件下依次测量各标准溶液的吸光度 A，以最小二乘法对数据进行线性拟合，得到一元线性回归方程，当在确定的置信度下，方程的相关系数大于其临界值时，回归方程有意义。在同样实验条件下，测定待测溶液的吸光度 A_x，将 A_x 代入回归方程计算出对应的浓度值 c_x，即可求出试样中被测物质的质量浓度。

三、主要仪器及试剂

仪器：722 型分光光度计或其他型号分光光度计；10 mL、5 mL、2 mL 和 1 mL

吸量管；50 mL 容量瓶；1 cm 比色皿。

试剂：0.0001 mol · L^{-1}铁标准溶液[准确称取 0.0482 g $NH_4Fe(SO_4)_2 \cdot 12H_2O$ 于烧杯中，加 30 mL 2 mol · L^{-1} HCl 溶解，然后转移至 1000 mL 容量瓶中，用水稀释至刻度，摇匀]；1.5 g · L^{-1}邻二氮菲水溶液（临用时配制）；100 g · L^{-1}盐酸羟胺水溶液（临用时配制）；1 mol · L^{-1}乙酸钠溶液；1 mol · L^{-1} NaOH 溶液；6 mol · L^{-1} HCl 溶液。

四、实验步骤

1. 实验条件

1）吸收曲线的制作和测量波长的选择

用吸量管吸取 0.0 mL、1.0 mL 铁标准溶液，分别注入两个 50 mL 容量瓶（或比色管）中，各加入 1 mL 盐酸羟胺溶液、2 mL 邻二氮菲、5 mL NaAc，用水稀释至刻度，摇匀。放置 10 min 后，用 1 cm 比色皿，以试剂空白（0.0 mL 铁标准溶液）为参比溶液，在 440～560 nm 每隔 10 nm 测一次吸光度，在最大吸收峰附近每隔 5 nm测一次吸光度。在坐标纸上，以波长 λ 为横坐标，吸光度 A 为纵坐标，绘制 A 和 λ 关系的吸收曲线。从吸收曲线上选择测定 Fe 的适宜波长。一般选用最大吸收波长 λ_{max}。

2）溶液酸度的选择

取 7 个 50 mL 容量瓶（或比色管），分别加入 1 mL 铁标准溶液、1 mL 盐酸羟胺和 2 mL 邻二氮菲水溶液，摇匀。然后，用滴定管分别加入 0.0 mL、2.0 mL、5.0 mL、10.0 mL、15.0 mL、20.0 mL、30.0 mL 浓度为 0.10 mol · L^{-1}的 NaOH 溶液，用水稀释至刻度，摇匀，放置 10 min。

用 1 cm 比色皿，以蒸馏水为参比溶液，在选择的波长下测定各溶液的吸光度。同时，用 pH 计测量各溶液的 pH。以 pH 为横坐标，吸光度 A 为纵坐标，绘制 A 与 pH 关系的酸度影响曲线，得出测定铁的适宜酸度范围。

3）显色剂用量的选择

取 7 个 50 mL 容量瓶（或比色管），各加入 1 mL 铁标准溶液、1 mL 盐酸羟胺，摇匀，再分别加 0.1 mL、0.3 mL、0.5 mL、0.8 mL、1.0 mL、2.0 mL、4.0 mL 邻二氮菲和 5.0 mL NaAc 溶液，用水稀释至刻度，摇匀，放置 10 min。用 1 cm 比色皿，以蒸馏水为参比溶液，在选择的波长下测定各溶液的吸光度。以所取邻二氮菲溶液体积 V 为横坐标，吸光度 A 为纵坐标，绘制 A 与显色剂用量 V 的影响曲线，得出测定铁时显色剂的最适宜用量。

4）显色时间选择

在一个 50 mL 容量瓶（或比色管）中，加入 1 mL 铁标准溶液、1 mL 盐酸羟胺溶液，摇匀，再加入 2 mL 邻二氮菲水溶液和 5 mL NaAc，用水稀释至刻度，摇匀。立即用 1 cm 比色皿，以蒸馏水为参比溶液，在选择的波长下测量吸光度，然后依次测量放置 5 min、10 min、30 min、60 min、120 min 后的吸光度。以时间 t 为横坐标，吸光度 A 为纵坐标，绘制 A 与显色时间 t 的影响曲线，得出铁与邻二氮菲显色反应完全所需要的适宜时间。

5）邻二氮菲与铁的物质的量之比的测定

取 8 个 50 mL 容量瓶，吸取 0.0001 mol · L^{-1}铁标准溶液 10 mL 于各容量瓶中，各加 1 mL 10%盐酸羟胺溶液和 5 mL 1 mol · L^{-1} NaAc 溶液，然后依次加 0.02%邻二氮菲溶液 0.5 mL、1.0 mL、2.0 mL、2.5 mL、3.0 mL、3.5 mL、4.0 mL、4.5 mL，用水稀释至刻度，摇匀。在 510 nm 的波长下，用 2 cm 比色皿，以蒸馏水为空白液，测定各溶液的吸光度。最后以邻二氮菲与铁的浓度比 $c_R/c_{Fe^{2+}}$ 为横坐标，对吸光度作图，根据曲线上前后两部分延长线的交点位置确定 Fe^{2+} 与邻二氮菲反应的配位比。

2. 铁含量的测定

1）标准曲线的绘制

移液管吸取 100.0 μg · mL^{-1}铁标准溶液 10.00 mL 于 100 mL 容量瓶中，加入 2 mL 2 mol · L^{-1}的 HCl，用水稀释至刻度，摇匀。得 Fe^{3+} 含量 10.0 μg · mL^{-1} 的铁标准溶液。

取 6 个 50 mL 容量瓶，用吸量管分别加入 0.0 mL、2.0 mL、4.0 mL、6.0 mL、8.0 mL、10.0 mL 10.0 μg · mL^{-1}铁标准溶液，再分别加入 1 mL 盐酸羟胺、2 mL 邻二氮菲和 5 mL NaAc 溶液，每加一种试剂后摇匀。然后，用水稀释至刻度，摇匀后放置10 min。用 1 cm 比色皿，以试剂为空白(0.0 mL 铁标准溶液)，在所选择的波长下，测量各溶液的吸光度。以含铁量为横坐标，吸光度 A 为纵坐标，绘制标准曲线。

用绘制的标准曲线重新查出相应铁浓度的吸光度，计算配合物 $Fe(phen)_3^{2+}$ 的摩尔吸光系数 ε。

2）试样中铁含量的测定

准确移取适量试样溶液于 50 mL 容量瓶中，加盐酸羟胺 1 mL、苯酚 2 mL 和 1 mol · L^{-1}NaAc 5 mL，加水稀释至刻度，摇匀。测量吸光度 A。根据标准曲线求出试样中铁的含量(μg · mL^{-1})。

五、思考题

(1) 本实验为什么要选择酸度、显色剂用量和有色溶液的稳定性作为条件实验的项目？

(2) 吸收曲线与标准曲线有何区别？各有何实际意义？

(3) 本实验中盐酸羟胺、乙酸钠的作用各是什么？

(4) 怎样用吸光光度法测定水样中的全铁(总铁)和亚铁的含量？试拟出简单步骤。

(5) 制作标准曲线和进行其他条件实验时，加入试剂的顺序能否任意改变？为什么？

注释

(1) 注意所用的吸收池的配对。

(2) 绘制吸收曲线时，每改变测量波长，都要重新校正仪器的零点后再测量。

(3) 测定系列标准溶液的吸光度时，要按从稀溶液至浓溶液的顺序进行。

第4章 应用实验

应用实验一 尿素中氮含量的测定

一、实验目的

(1) 学习尿素试样测定前的消化方法。

(2) 学习以甲醛强化间接法测定尿素中氮含量的原理和方法。

二、实验原理

尿素[$CO(NH_2)_2$]经浓硫酸消化后转化为$(NH_4)_2SO_4$，过量的H_2SO_4以甲基红作指示剂，用NaOH标准溶液滴定至溶液从红色到黄色。$(NH_4)_2SO_4$为强酸弱碱盐，由于NH_4^+的酸性太弱($K_a=5.6\times10^{-10}$)，故不能用NaOH标准溶液直接滴定。但NH_4^+可与甲醛作用定量地生成六次甲基四铵盐和H^+，反应式为

$$4NH_4^+ + 6HCHO = (CH_2)_6N_4H^+ + 6H_2O + 3H^+$$

由于生成的$(CH_2)_6N_4H^+$ ($K_a=7.1\times10^{-6}$)和H^+可用NaOH标准溶液滴定，滴定终点生成的$(CH_2)_6N_4$是弱碱，溶液的pH约为9，因此应选用酚酞为指示剂，滴定至溶液突现微红色即为终点。

试样中氮含量的计算式为

$$w_N = \frac{c_{NaOH}V_{NaOH}M_N\times10^{-3}}{m_{试样}\times\frac{25.00}{250.0}}\times100\%$$

三、主要仪器及试剂

仪器：50 mL碱式滴定管；100 mL烧杯；10 mL和100 mL量筒；250 mL容量瓶；250 mL锥形瓶；电炉；分析天平。

试剂：0.1 $mol\cdot L^{-1}$ NaOH溶液(标定见第3章基础实验五)；2 $g\cdot L^{-1}$酚酞指示剂；2 $g\cdot L^{-1}$甲基红指示剂；200 $g\cdot L^{-1}$甲醛溶液；尿素试样；浓硫酸。

四、实验步骤

1. 甲醛溶液的处理

甲醛中常含有微量的甲酸(甲醛受空气氧化所致)，应将其除去，否则会产生误差。处理方法如下：取原装甲醛上层清液于烧杯中用水稀释一倍，加入1～2滴酚

酞指示剂，用 0.1 mol · L^{-1} NaOH 溶液滴定至甲醛溶液呈淡红色。

2. 试样中含氮量的测定

准确称取尿素试样 1 g 左右于 100 mL 干燥的烧杯中，用量筒量取 6 mL 浓硫酸。盖上表面皿，小火加热至无二氧化碳出现，即溶液中无气泡后，继续用大火加热 1～2 min，冷却至室温，用洗瓶冲洗表面皿和烧杯壁，用 30 mL 蒸馏水稀释，并定量转移至 250 mL 容量瓶中，稀释至刻度，摇匀。

准确移取上述试液 25.00 mL 于 250 mL 锥形瓶中，加 2～3 滴甲基红指示剂，用 NaOH 溶液中和游离酸，先滴加 2 mol · L^{-1} NaOH 溶液，将试液中和至溶液的颜色稍微变淡，再继续用 0.1 mol · L^{-1} NaOH 中和至红色变为纯黄色。然后，加入 10 mL(1＋1)甲醛溶液，充分摇匀，放置 5 min 后，加 5 滴酚酞溶液，用 0.1 mol · L^{-1}NaOH 标准溶液滴定至溶液由纯黄色变为金黄色即为终点。根据所消耗的 NaOH 标准溶液的体积，计算尿素中 N 的质量分数。

五、思考题

(1) 中和过量的 H_2SO_4 时，加入 NaOH 溶液的量是否要准确控制？过量或不足对结果有何影响？加入的碱量是否要记录？

(2) 滴定过程中，溶液颜色变化为红色→纯黄色→金黄色，是哪种指示剂在起作用？

注释

(1) 甲醛常以白色聚合状态存在(多聚甲醛)，是链状聚合体的混合物。甲醛中含少量的聚甲醛不影响测定结果。

(2) 铵盐与甲醛的反应在室温下进行较慢，加甲醛后需放置几分钟，使反应进行完全。

应用实验二　阿司匹林药片中乙酰水杨酸含量的测定

一、实验目的

(1) 学习阿司匹林药片中乙酰水杨酸含量的测定方法。

(2) 学习利用滴定分析法测定药品含量。

二、实验原理

阿司匹林的主要成分是乙酰水杨酸。乙酰水杨酸是有机弱酸($K_a=1.0\times10^{-3}$)，

结构式为 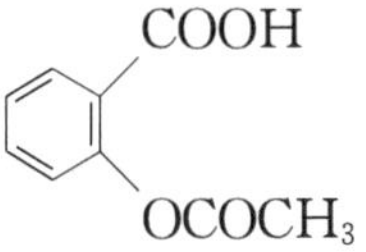

，摩尔质量为 180.16 g · mol^{-1}，微溶于水，易溶于乙醇。在强碱性溶液中溶解并水解为水杨酸和乙酸盐，反应式为

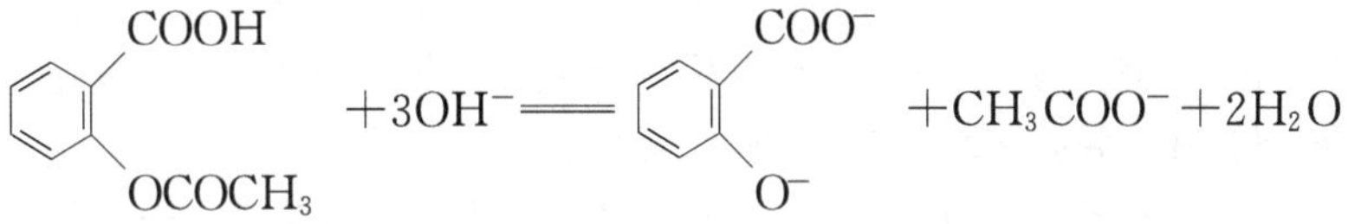

乙酰水杨酸含量的计算式为

$$w_{乙酰水杨酸}=\frac{\frac{1}{2}\times\left(\frac{c_{NaOH}V_{NaOH}}{10}-c_{HCl}V_{HCl}\right)\times M_{乙酰水杨酸}\times 10^{-3}}{m_{试样}\times\frac{10.00}{250.0}}\times 100\%$$

由于药片中一般添加一定量的赋形剂如硬脂酸镁、淀粉等不溶物，不宜直接滴定，可采用返滴定法进行测定。将药片研磨成粉末状后加入过量的 NaOH 标准溶液，加热一段时间使乙酰基水解完全，再用 HCl 标准溶液回滴过量的 NaOH，滴定至溶液由红色变为接近无色即为终点。在这一滴定反应中，1 mol 乙酰水杨酸消耗 2 mol NaOH。

三、主要仪器及试剂

仪器：50 mL 酸式滴定管；25 mL 移液管；100 mL 容量瓶；250 mL 锥形瓶；10 mL和 100 mL 量筒；100 mL 烧杯；分析天平；水浴锅。

试剂：0.1 mol · L^{-1} NaOH 溶液；0.1 mol · L^{-1} HCl 溶液；2 g · L^{-1}酚酞指示剂；阿司匹林药片。

四、实验步骤

1. 0.1 mol · L^{-1} HCl 溶液的标定

参考第 3 章基础实验五。

2. NaOH 标准溶液与 HCl 标准溶液体积比的测定

用移液管准确移取 25.00 mL 0.1 mol · L^{-1} NaOH 标准溶液于小烧杯中，在与测定药粉相同的实验条件下进行加热，冷却后定量转移至 100 mL 容量瓶中，稀释至刻度，摇匀。在 250 mL 锥形瓶中加入 10.00 mL 上述 NaOH 溶液，加水 20～30 mL，加入 2～3 滴酚酞指示剂，用 0.1 mol · L^{-1} HCl 标准溶液滴定至终

点，平行测定三份，计算 V_{NaOH}/V_{HCl} 的值。

3. 药片中乙酰水杨酸含量的测定

将阿司匹林药片研成粉末后，准确称量约 0.6 g 药粉于干燥小烧杯中，用移液管准确加入 25.00 mL 0.1 mol·L^{-1} NaOH 标准溶液，加入 30 mL 水，盖上表面皿，轻摇几下，水浴加热 15 min，迅速用流水冷却，将烧杯中的溶液定量转移到 100 mL容量瓶中，用蒸馏水稀释至刻度，摇匀。

准确移取上述溶液 10.00 mL 于 250 mL 锥形瓶中，加水 20～30 mL，加入 2～3 滴酚酞指示剂，用 0.1 mol·L^{-1} HCl 标准溶液滴定至红色刚刚消失即为终点。根据所消耗的 HCl 溶液的体积计算药片中乙酰水杨酸的质量分数及每片药片(75 mg·片$^{-1}$)中乙酰水杨酸的质量(g·片$^{-1}$)。

五、思考题

(1) 回滴后的溶液中，水解产物的存在形式是什么？

(2) 若测定的是乙酰水杨酸纯品(晶体)，可否采用直接滴定法？

注释

(1) 滴定终点 pH 为 7～8，酚羟基不与 NaOH 反应，只有 pH>10 时，才生成酚钠，因此在测定药片的实验中，1 mol 乙酰水杨酸实际消耗 2 mol NaOH。

(2) 水浴加热溶液后，不能迅速使溶液冷却，因此冷却过程中溶液吸收了较多的 CO_2。

(3) 需做空白实验。NaOH 溶液在加热过程中会受空气中 CO_2 的干扰，给测定造成一定程度的系统误差，而在与测定样品相同的条件下测定两种溶液的体积比就可扣除空白值。

应用实验三　离子交换树脂交换容量的测定

一、实验目的

(1) 了解离子交换树脂交换容量的概念。

(2) 熟悉静态法和动态法测定交换容量的操作方法。

二、实验原理

离子交换树脂是一种高分子聚合物的有机交换剂，具有网状结构，在水、酸、碱中难溶，对有机溶剂、氧化剂、还原剂及其他化学试剂具有一定的稳定性，对热也比较稳定。在离子交换树脂网状结构的骨架上，有许多可以与溶液中离子发生交换作用的活性基团，如—SO_3H、—COOH 等。

交换容量是指每克干树脂所交换的离子$\left(\text{离子的基本单元为}\frac{2}{n}M^{n+}\right)$的物质的量，是衡量树脂性能的重要指标，一般使用的树脂其交换容量为 3～6 mmol · g^{-1}。

本实验用酸碱滴定法测定强酸性的阳离子交换树脂(RH)的总交换容量和工作交换容量。

当用静态法测定总交换容量时，向一定量的 H 型阳离子树脂中加入一定量过量的 NaOH 标准溶液浸泡。当交换反应达到平衡时：

$$RH + NaOH \!=\!=\!= RNa + H_2O$$

用 HCl 标准溶液滴定过量的 NaOH。

$$H^+ + OH^- \!=\!=\!= H_2O$$

$$\text{总交换容量} = \frac{c_{NaOH}V_{NaOH} - c_{HCl}V_{HCl}}{m_{\text{树脂}} \times \frac{20.00}{100.0}}$$

用动态法测定工作交换容量时，将一定量的 H 型树脂装入交换柱中，用 Na_2SO_4 溶液以一定的流量通过交换性。Na^+ 与 RH 发生交换反应，交换下来的 H^+ 用 NaOH 标准溶液滴定。反应式为

$$RH + Na^+ \!=\!=\!= RNa + H^+$$

$$H^+ + OH^- \!=\!=\!= H_2O$$

$$\text{工作交换容量} = \frac{c_{NaOH}V_{NaOH}}{m_{\text{树脂}} \times \frac{20.00}{250.0}}$$

三、主要仪器及试剂

仪器：50 mL 酸式滴定管；50 mL 碱式滴定管；250 mL 容量瓶；20 mL 移液管；250 mL 锥形瓶；10 mL 和 100 mL 量筒；250 mL 烧杯；分析天平；离子交换柱(可用 25 mL 酸式滴定管代用)。

试剂：732 型强酸性阳离子交换树脂；玻璃棉；4 mol · L^{-1} HCl 溶液；0.5 mol · L^{-1} Na_2SO_4 溶液；0.10 mol · L^{-1} HCl 标准溶液(标定见第 3 章基础实验五)；0.10 mol · L^{-1} NaOH 标准溶液(标定见第 3 章基础实验五)；2 g · L^{-1} 酚酞。

四、实验步骤

1. 树脂的预处理

市售的阳离子交换树脂一般为 Na 型，使用前需将其用酸处理成 H 型。

称取 20 g 732 型阳离子交换树脂于烧杯中，加 100 mL 4 mol · L^{-1} HCl，搅

拌，浸泡 1～2 天，以溶解除去树脂中的杂质，并使树脂充分溶胀。若浸出的溶液呈较深的黄色，应换新鲜的 HCl 溶液再浸泡一段时间，倾出上层 HCl 清液，然后用纯水漂洗树脂至中性，即得到 H 型阳离子交换树脂 RH。

2. 动态法测定树脂的工作交换容量

装柱：用长玻璃棒将润湿的玻璃棉塞在交换柱的下部，使其平整，加 10 mL 纯水，将洗净的树脂连水加入柱中，要防止混入气泡，为防止加试液时树脂被冲起，在上面也铺一层玻璃棉。在装柱和以后的使用过程中，必须使树脂层始终浸泡在液面以下约 1 cm 处。柱高 15～20 cm，用水洗树脂至流出液为中性，放出多余的水。

交换：向交换柱不断加入 0.5 $mol \cdot L^{-1}$ Na_2SO_4 溶液，用 250 mL 容量瓶收集流出液，调节流量为 2 $mL \cdot min^{-1}$，流过 100 mL Na_2SO_4 溶液后，经常检查流出液的 pH，直至流出液的 pH 与加入的 Na_2SO_4 溶液 pH 相同时，停止交换。将收集液稀释至刻度，摇匀。

用移液管移取 20.00 mL 流出液于 250 mL 锥形瓶中，加入 2 滴酚酞，用 0.10 $mol \cdot L^{-1}$ NaOH 标准溶液滴至溶液呈微红色且半分钟不褪色即为终点，平行测定三份。

实验完毕后，将树脂统一回收以便再生，取出玻璃棉。

3. 静态法测定树脂的总交换容量

准确称取晾干的已处理好的 H 型阳离子交换树脂 1.000 g 于干燥的 250 mL 磨口锥形瓶中，准确加入 100.0 mL 0.10 $mol \cdot L^{-1}$ NaOH 标准溶液，盖好磨口瓶盖，放置 24 h，使之达到交换平衡。用移液管移取上层已交换后的清液 20.00 mL，置于 250 mL 锥形瓶中，加入 2 滴酚酞指示剂，用 0.10 $mol \cdot L^{-1}$ HCl 标准溶液滴至红色刚好褪去即为终点，平行测定三份。

实验完毕后，将树脂统一回收到烧杯中以便再生，取出玻璃棉。

五、思考题

(1) 什么是离子交换树脂的交换容量？两种交换容量的测定原理是什么？

(2) 为什么树脂中不能存留气泡？若有气泡如何处理？

(3) 怎样处理树脂？怎样装柱？应分别注意什么问题？

注释

当树脂层存留气泡时，溶液不是均匀地流过树脂层，而是顺着气泡流下，发生“沟流现象”，使得某些部位的树脂没有发生离子交换，交换、洗脱不完全，影响分离效果。如果树脂层中混入气泡，可用细玻璃棒搅树脂以逐出气泡，如果仍不奏效，应重新装柱。

应用实验四　福尔马林中甲醛含量的测定

一、实验目的

（1）掌握福尔马林中甲醛含量的测定方法和原理。

（2）进一步掌握液体试样分析结果的表示方法。

二、实验原理

甲醛是无色有强烈刺激性气味的气体，对空气的相对密度为 1.06，略重于空气，易溶于水、醇和醚，有凝固蛋白质的作用，沸点为 19 ℃。30%～40%甲醛水溶液为福尔马林液。甲醛具有致癌性，已引起人们警觉。

甲醛对人体健康的影响主要表现在嗅觉异常、刺激、过敏、肺功能、免疫功能异常等方面，长期接触低剂量甲醛可引起慢性呼吸道疾病，引起鼻咽癌、结肠癌、脑瘤、月经紊乱、细胞核的基因突变、DNA 单链内交连、DNA 与蛋白质交连、抑制 DNA 损伤的修复、妊娠综合征、新生儿染色体异常、白血病、青少年记忆力和智力下降。在所有接触者中，儿童和孕妇对甲醛尤为敏感，危害也就更大。

甲醛主要作为制造医药、合成纤维、合成树脂、塑料防腐剂及还原剂等产品的原料。

用滴定分析的方法测定甲醛的含量是基于如下原理：

试样中的甲醛与过量的中性亚硫酸钠作用，生成氢氧化钠

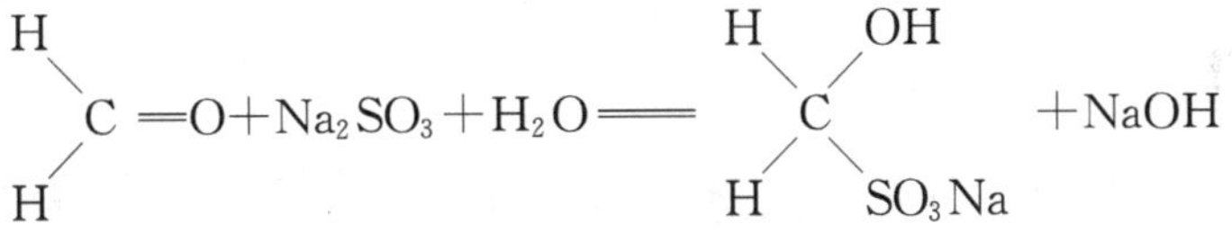

生成的氢氧化钠可用百里酚酞作指示剂，用盐酸标准溶液滴定

$$HCl + NaOH \longrightarrow NaCl + H_2O$$

甲醛含量[$g \cdot (100\ mL)^{-1}$]的计算式为

$$\rho_{HCHO} = \frac{c_{HCl} V_{HCl} M_{HCHO} \times 10^{-3}}{V_{试样} \times \frac{25.00}{250.0}} \times 100$$

三、主要仪器及试剂

仪器：50 mL 酸式滴定管；250 mL 锥形瓶；250 mL 容量瓶；25 mL 移液管；100 mL 量筒。

试剂：0.10 $mol \cdot L^{-1}$ HCl 标准溶液（标定见第 3 章基础实验五）；1.0 $mol \cdot L^{-1}$ Na_2SO_3 溶液；2 $g \cdot L^{-1}$ 百里酚酞指示剂。

四、实验步骤

(1) 用移液管准确吸取 25.00 mL 福尔马林溶液至盛有约 100 mL 蒸馏水的 250 mL 容量瓶中，定容，摇匀待用。

(2) 移取 25.00 mL 溶液至锥形瓶中，然后加入 30.00 mL 1.0 mol · L^{-1} Na_2SO_3 溶液，振荡使其充分反应，加入 2 滴百里酚酞指示剂(溶液蓝色)，用盐酸标准溶液滴定。开始滴定时可以稍快些，但是只能一滴一滴地滴加，并不断地振荡锥形瓶，直至终点。记录消耗盐酸溶液体积，平行测定三次。

注释

(1) 配制亚硫酸钠溶液时，所取得的固体样品不纯，含有的 NaOH 固体将消耗硫酸，因此，在实验前要进行空白实验。

(2) 亚硫酸钠易被氧化，所以要现配现用，否则将导致实验失败。

应用实验五　食品中蛋白质含量的测定

一、实验目的

(1) 掌握食品中蛋白质测定的方法和原理。

(2) 了解食品样品的处理过程。

(3) 掌握克氏定氮蒸馏装置的正确使用。

二、实验原理

蛋白质是含氮的有机化合物。将食品与硫酸和催化剂一同加热消化，使蛋白质分解，产生的氨与硫酸结合生成硫酸铵，加入 NaOH 溶液使其碱化。然后通过水蒸气蒸馏使氨溢出，用硼酸吸收后再用 HCl 标准溶液滴定，根据酸的消耗量计算的结果乘以换算系数，即为蛋白质的含量。

主要反应式如下：

$$C_mH_nN \xrightarrow{H_2SO_4, CuSO_4} CO_2 + H_2O + NH_4^+$$

$$NH_4^+ + OH^- = NH_3\uparrow + H_2O$$

$$NH_3 + H_3BO_3 = NH_4^+ + H_2BO_3^-$$

$$H^+ + H_2BO_3^- = H_3BO_3$$

当样品消耗酸滴定剂体积为 V_1，空白消耗酸滴定剂体积为 V_2 时，蛋白质含量的计算式为

$$w_{蛋白质}=\frac{(V_1-V_2)c_{HCl}M_N\times10^{-3}}{m_{试样}\times\frac{10.00}{100.0}}\times F\times100\%$$

三、主要仪器及试剂

仪器：漏斗；100 mL 容量瓶；分析天平；定氮蒸馏装置(图 4-1)。

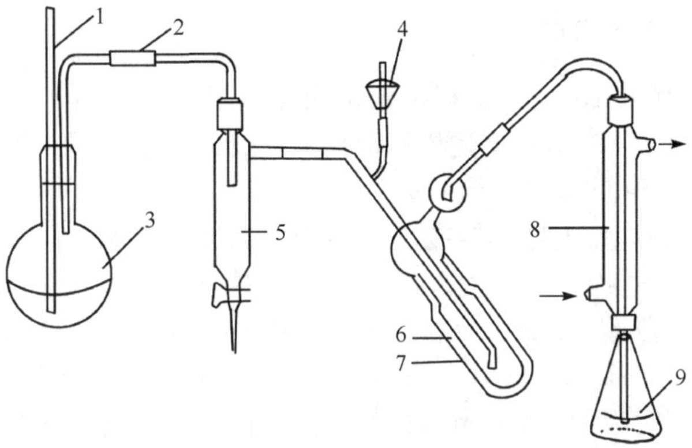

图 4-1　定氮蒸馏装置

1 安全管；2. 导管；3. 蒸汽发生器；4. 样品入口(漏斗)；5. 汽水分离器；6. 反应管；7. 隔热套；8. 冷凝管；9. 接收瓶

试剂：硫酸铜；硫酸钾；浓 H_2SO_4；2%硼酸溶液；混合指示液(1 份 0.1%甲基红乙醇溶液与 5 份 0.1%溴甲酚绿乙醇溶液临用时混合，也可用 2 份 0.1%甲基红乙醇溶液与 1 份 0.1%次甲基蓝乙醇溶液临用时混合)；40% NaOH 溶液；0.05 moL · L^{-1} H_2SO_4 标准溶液或 0.05 moL · L^{-1} HCl 标准溶液。所有试剂均用不含氨的蒸馏水配制。

四、实验步骤

1. 样品处理

精确称取 0.2～1.0 g 固体样品(或 2～4 g 半固体样品，或吸取 10～20 mL 液体样品，相当氮 30～40 mg)，移入干燥的 100 mL 或 500 mL 克氏蒸馏瓶中，加入 0.5 g 硫酸铜、4.5 g 硫酸钾及 20 mL H_2SO_4 溶液，摇匀，瓶口放一小漏斗，将瓶以 45°斜支于有小孔的石棉网上。小心加热，待其中的物质全部炭化、停止产生泡沫后，加强火力，并保持瓶内液体微沸，至液体呈蓝绿色澄清透明后，再继续加热 0.5 h。取下冷却，缓慢加入 20 mL 水，然后移入 100 mL 容量瓶中，并用少量水洗克氏蒸馏瓶，洗液并入容量瓶中，再加水至刻度，混匀备用。取与处理样品相同质量的硫酸铜、硫酸钾、硫酸按同一方法做试剂空白实验。

2. 仪器安装

按图 4-1 安装好定氮蒸馏装置，于蒸汽发生器内装水至约 2/3 处，加甲基红指示剂数滴及数毫升硫酸以保持水呈酸性，加入数粒玻璃珠以防暴沸，用调压器控制，加热煮沸蒸汽发生器内的水。

3. 蛋白质含量的测定

向接收瓶内加入 10 mL 2%硼酸溶液及 1 滴混合指示液，并将冷凝管的下端插入液面下，吸取 10.00 mL 上述样品消化稀释液让其由小漏斗流入反应室，并以 10 mL水洗涤小漏斗使其完全流入反应室内。将 10 mL 40% NaOH 溶液缓慢倒入小漏斗，流入反应室，夹好螺旋夹，在小漏斗中加水以防漏气。开始蒸馏，水蒸气通入反应室使氨通过冷凝管而进入接收瓶内，蒸馏 5 min 后移动接收瓶，使冷凝管下端离开液面，再蒸馏 1 min。然后用少量水冲洗冷凝管下端外部。取下接收瓶，用 0.05 mol·L^{-1} H_2SO_4 或 0.05 mol·L^{-1} HCl 标准溶液滴定至灰色或蓝紫色，即为终点。同时吸取 10.00 mL 试剂空白消化液按上述方法操作。

五、思考题

(1) 试样消化时，加入硫酸铜、硫酸钾、浓硫酸的作用是什么？
(2) 为什么要做空白实验？

注释

(1) 本法适用于各类食品中蛋白质的测定。
(2) 向克氏蒸馏瓶中加样品时不要使试样沾到瓶壁。

应用实验六 铝合金中铝含量的测定

一、实验目的

(1) 掌握置换滴定法测定铝含量的原理和方法。
(2) 学习铝合金试样的溶解方法。
(3) 深入理解配位滴定法中调节和控制酸度的方法。
(4) 学习设计实际样品实验方案。

二、实验原理

铝合金中含有 Si、Mg、Cu、Mn、Fe、Zn，个别还含有 Ti、Ni 等。返滴定测定铝含量时，所有能与 EDTA 形成稳定配合物的离子都产生干扰，故缺乏选择性。对于复杂试样中的铝，一般采用置换滴定法。

将试样溶解制成 Al^{3+} 溶液，调节试液 pH 为 3～4，加入过量 EDTA 标准溶液，煮沸，使 Al^{3+} 与 EDTA 配位完全，反应式为

$$Zn^{2+} + H_2Y^{2-} = ZnY^{2-} + 2H^+$$

$$M^{n+} + H_2Y^{2-} = MY^{n-4} + 2H^+$$

冷却后，调 pH 为 5～6，以二甲酚橙为指示剂，用 Zn^{2+} 标准溶液滴定过量的 EDTA。

$$Zn^{2+} + H_2Y^{2-} = ZnY^{2-} + 2H^+$$

滴定终点时：

$$Zn^{2+} + H_2In^{2-}(\text{黄}) = 2H^+ + ZnIn^{2-}(\text{紫红})$$

此时只需正确确定终点，不必记录体积。然后向溶液加入过量 NH_4F，加热至沸，使 AlY^- 与 F^- 发生置换反应，并释放出与 Al 等物质的量的 EDTA，反应式为

$$AlY^- + 6F^- + 2H^+ = AlF_6^{3-} + H_2Y^{2-}$$

流水冷却试液，调节 pH 为 5～6，以二甲酚橙为指示剂，用 Zn^{2+} 标准溶液滴定释放出的 EDTA。

$$Zn^{2+} + H_2Y^{2-} = ZnY^{2-} + 2H^+$$

滴定终点时：

$$Zn^{2+} + H_2In^{4-}(\text{黄}) = 2H^+ + ZnIn^{4-}(\text{紫红})$$

由于 $n_{Al} = n_{Zn}$，因此 Al 含量的计算式为

$$w_{Al} = \frac{c_{Zn^{2+}} V_{Zn^{2+}} M_{Al} \times 10^{-3}}{m_{\text{试样}} \times \frac{25.00}{250.0}} \times 100\%$$

三、主要仪器及试剂

仪器：50 mL 酸式滴定管；250 mL 锥形瓶；25 mL 移液管；250 mL 容量瓶；100 mL 塑料烧杯；分析天平。

试剂：0.02 $mol \cdot L^{-1}$ EDTA 溶液；2 $g \cdot L^{-1}$ 二甲酚橙指示剂；2 $g \cdot L^{-1}$ 甲基橙指示剂；200 $g \cdot L^{-1}$ NaOH 溶液（储于塑料瓶中）；6 $mol \cdot L^{-1}$ 和 3 $mol \cdot L^{-1}$ HCl 溶液；$NH_3 \cdot H_2O$ (1+1)；200 $g \cdot L^{-1}$ 六次甲基四胺溶液；0.01 $mol \cdot L^{-1}$ Zn^{2+} 标准溶液；200 $g \cdot L^{-1}$ NH_4F 溶液（储于塑料瓶中）；铝合金试样。

四、实验步骤

1. 样品的预处理

准确称取 0.1 g 左右铝合金于 100 mL 塑料烧杯中，加入 10 mL 200 $g \cdot L^{-1}$ NaOH 溶液，在水浴中加热溶解，待样品大部分溶解后（有少许黑渣为碱不溶物），

加入 6 mol · L^{-1} HCl，待全部絮状沉淀溶解，再多加 10 mL HCl，少许黑渣溶解后，将上述溶液定量转至 250 mL 容量瓶中，稀释至刻度，摇匀。

2. 铝合金中铝含量的测定

(1) 移取铝合金试液 25.00 mL 于 250 mL 锥形瓶中，加入 0.02 mol · L^{-1} EDTA 溶液 20～30 mL，加入甲基橙 1 滴，此时溶液呈红色，滴加(1+1)氨水调至溶液恰好呈橙色(pH≈3.5)，如调成黄色，可用 3 mol · L^{-1} HCl 调回至橙色。将溶液放在电炉上加热煮沸 5 min 左右，冷却至室温。

(2) 加入六次甲基四胺溶液 20 mL 和 2 滴二甲酚橙指示剂，此时溶液应呈黄色或微红色。若呈黄色，应滴加(1+1)氨水调至溶液呈微红色，再滴加 3 mol · L^{-1} HCl 溶液，使溶液恰呈亮黄色。用 0.01 mol · L^{-1} 锌标准溶液滴定至溶液由亮黄色变为微红色即为终点（此处消耗 EDTA 体积在 10 mL 左右为好，但不需记录）。

(3) 加入 200 g · L^{-1} NH_4F 溶液 10 mL，将溶液加热至微沸，流水冷却。再补加二甲酚橙指示剂 2～3 滴，滴加(1+1)氨水调至溶液呈微红色，再用 3 mol · L^{-1} HCl 调节溶液呈亮黄色后，用锌标准溶液滴定至溶液由黄色恰变为红色，即为终点。根据消耗的锌盐溶液体积，计算 Al 的质量分数。

五、思考题

(1) 用锌标准溶液滴定多余的 EDTA，为什么不记录滴定体积？能否不用锌标准溶液，而用没有准确浓度的锌溶液滴定？

(2) 实验中使用的 EDTA 是否需要标定？

(3) 能否采用 EDTA 直接滴定方法测定铝？

(4) 说明实验中每次调节溶液 pH 的目的。

注释

(1) 铝合金试液中加入的 EDTA 一定要过量，这是该实验成功的必须条件，以反应后剩余 EDTA 体积为 10 mL 左右为好。

(2) 要严格按方案顺序加入各种试剂。

(3) 调节溶液 pH 的操作要细心，不可反复调节。

应用实验七　氢氧化铝药片中铝和镁的测定

一、实验目的

(1) 掌握返滴定法的应用。

(2) 学会沉淀分离的操作方法。

二、实验原理

复方氢氧化铝(胃舒平)是一种中和胃酸的胃药,主要用于胃酸过多及胃和十二指肠溃疡,它的主要成分为氢氧化铝、三硅酸镁及少量颠茄流浸膏,在加工过程中,为了使药片成形,加了大量糊精。

药片中铝和镁的含量可用 EDTA 配位滴定法测定。先将药片用酸溶解,分离除去不溶于水的物质。然后取试液加入过量 EDTA,调节 pH≈4,煮沸数分钟,使铝与 EDTA 充分配位,用 Zn^{2+} 标准溶液返滴定法测定铝

$$Al^{3+} + H_2Y^{2-} \longrightarrow AlY^- + 2H^+$$

$$Zn^{2+} + H_2Y^{2-} \longrightarrow ZnY^{2-} + 2H^+$$

则每片药片中氢氧化铝的含量{g[$Al(OH)_3$]·片$^{-1}$}为

$$w_{Al(OH)_3} = \frac{(c_{EDTA}V_{EDTA} - c_{Zn^{2+}}V_{Zn^{2+}})M_{Al(OH)_3} \times 10^{-3}}{\frac{10.00}{250.0} \times 10}$$

另取试液,调节 pH=8~9,将铝沉淀分离,在 pH=10 的条件下,以铬黑 T 为指示剂,用 EDTA 滴定滤液中的镁

$$Mg^{2+} + HY^{3-} \longrightarrow MgY^{2-} + H^+$$

则每片药片中三硅酸镁的含量[g(Mg_3SiO_2)·片$^{-1}$]为

$$w_{Mg_3SiO_2} = \frac{c_{EDTA}V_{EDTA}M_{Mg_3SiO_2} \times 10^{-3}}{\frac{10.00}{250.0} \times 10}$$

三、主要仪器及试剂

仪器:50 mL 酸式滴定管;250 mL 锥形瓶;25 mL 移液管;250 mL 容量瓶;10 mL 量筒;分析天平。

试剂:0.01 mol·L^{-1} EDTA 溶液(配制及标定方法参见第 3 章基础实验十);0.01 mol·L^{-1}锌标准溶液(配制方法参见第 3 章基础实验十);200 g·L^{-1}六次甲基四胺水溶液;6 mol·L^{-1}氨水;6 mol·L^{-1}和 3 mol·L^{-1} HCl;30 g·L^{-1}三乙醇胺;pH=10 的 NH_3-NH_4Cl 缓冲溶液;2 g·L^{-1}二甲酚橙指示剂;2 g·L^{-1}甲基红指示剂;1 g·L^{-1}甲基橙指示剂;5 g·L^{-1}铬黑 T;8 mol·L^{-1} HNO_3;20 g·L^{-1} NH_4Cl 溶液。

四、实验步骤

1. 样品处理

准确称取 10 片药片于研钵中,将其磨细,混合均匀。准确称取药片粉 1.0 g

于 50 mL 烧杯中，用少量水溶解，加入 8 mol · L^{-1} HNO_3 10 mL，盖上表面皿，加热煮沸 5 min，冷却后过滤，并用水洗涤沉淀，收集滤液及洗涤液于 250 mL 容量瓶中，用水稀释至刻度，摇匀。

2. 铝的测定

准确移取上述试液 10.00 mL 于 250 mL 锥形瓶中，准确加入 0.01 mol · L^{-1} EDTA 25.00 mL，加入 1 滴甲基橙指示剂，溶液呈现红色，滴加 6 mol · L^{-1}氨水使溶液恰好变成橙红色，在电炉上加热煮沸 3 min 左右，冷却至室温。加入六次甲基四胺溶液 20 mL、二甲酚橙指示剂 2 滴，此时溶液应呈黄色，滴加 6 mol · L^{-1}氨水调至溶液恰好变成红色，再滴加 3 mol · L^{-1} HCl 溶液，使溶液恰呈黄色。用 0.01 mol · L^{-1}锌标准溶液滴定溶液由亮黄色变为紫红色即为终点。平行测定三次，计算每片药片中氢氧化铝的含量{用 g[$Al(OH)_3$] · 片$^{-1}$表示}。

3. 镁的测定

吸取上述试液 10.00 mL，加 1 滴甲基红，滴加 6 mol · L^{-1}氨水使溶液出现沉淀，恰好变成黄色，煮沸 5 min，趁热过滤，沉淀用 NH_4Cl 溶液 30 mL 洗涤，收集滤液及洗涤液于 250 mL 锥形瓶中，加入 30 g · L^{-1}三乙醇胺 2 mL、氨性缓冲溶液(pH=10)5 mL、铬黑 T 指示剂适量，用 0.01 mol · L^{-1} EDTA 滴定至溶液由紫红色变为纯蓝色即为终点。平行测定三次，计算每片药片中三硅酸镁的含量[用g(Mg_3SiO_2) · 片$^{-1}$表示]。

五、思考题

(1) 测定 Al^{3+} 为什么不采用直接滴定法?
(2) 能否采用 F^- 掩蔽 Al^{3+}，而直接测定 Mg^{2+}?
(3) 在测定 Mg^{2+} 时，加入三乙醇胺的作用是什么?

应用实验八　葡萄糖酸钙制剂中钙含量的测定

一、实验目的

(1) 学会钙制剂的溶样方法。
(2) 掌握钙离子的测定方法。

二、实验原理

钙与身体健康息息相关，除成骨以支撑身体外，还参与人体的代谢活动，是细胞的主要阳离子，还是人体最活跃的元素之一。缺钙可导致儿童佝偻病、青少年发育迟缓、孕妇高血压、老年人的骨质疏松症，还可引起神经病、糖尿病、外伤流血不止等多种过敏性疾病。补钙越来越被人们所重视，因此，许多钙制剂相应而生。对葡萄糖酸钙制剂中钙的含量可采用 EDTA 法进行直接测定。

制剂一般用酸溶解并加入少量三乙醇胺，以消除 Fe^{3+} 等干扰离子，调节 pH 为 12～13，以钙指示剂作指示剂，用 EDTA 滴定。滴定反应式为

$$Ca^{2+} + Y^{4-} \xlongequal{} CaY^{2-}$$

钙含量的计算式为

$$w_{Ca} = \frac{c_{EDTA} V_{EDTA} M_{Ca} \times 10^{-3}}{m_{试样} \times \frac{25.00}{100.0}} \times 100\%$$

三、主要仪器及试剂

仪器：50 mL 酸式滴定管；250 mL 锥形瓶；25 mL 移液管；100 mL 容量瓶；10 mL 量筒；分析天平。

试剂：0.01 $mol \cdot L^{-1}$ EDTA；$CaCO_3$ 基准物；5 $mol \cdot L^{-1}$ NaOH；6 $mol \cdot L^{-1}$ HCl；200 $g \cdot L^{-1}$ 三乙醇胺；钙指示剂（$m_{NN} : m_{NaCl} = 1 : 100$）。

四、实验步骤

1. 0.01 $mol \cdot L^{-1}$ $CaCO_3$ 标准溶液的配制

准确称取基准物质 $CaCO_3$ 0.25 g 左右，先以少量水润湿，再逐滴小心加入 6 $mol \cdot L^{-1}$ HCl，至 $CaCO_3$ 完全溶解，定量转入 250 mL 容量瓶中，用水稀释至刻度，计算其浓度。

2. EDTA 溶液浓度的标定

准确移取 25.00 mL $CaCO_3$ 标准溶液于 250 mL 锥形瓶中，加入 2 mL NaOH 溶液、钙指示剂适量，用 EDTA 溶液滴定至溶液由红色变为蓝色即为终点，根据滴定消耗 EDTA 的体积和 $CaCO_3$ 标准溶液的浓度，计算 EDTA 溶液的浓度。

3. 钙制剂钙含量的测定

准确称取钙制剂（视含量多少而定，本实验以葡萄糖酸钙为例）1.0 g 左右，加 6 $mol \cdot L^{-1}$ HCl 2 mL，加热溶解完全后，定量转移到 100 mL 容量瓶中，用水稀释至刻度，摇匀。

准确移取 25.00 mL 上述试液，加入 3 mL 三乙醇胺溶液、3 mL 5 $mol \cdot L^{-1}$ NaOH 溶液、20 mL 水，摇匀，加适量钙指示剂，用 0.01 $mol \cdot L^{-1}$ EDTA 标准溶液滴定至溶液由红色变为蓝色即为终点，根据消耗 EDTA 的体积，计算钙的质量分

数及每片钙制剂中钙的含量(g·片$^{-1}$)。

五、思考题

(1) 试述钙指示剂的变色原理。

(2) 计算钙制剂含量为40%、10%左右的称量范围。

(3) 拟订牛奶和钙奶等液体钙制剂的测定方法。

(4) 如果为磷酸氢钙片,用此法可以吗?

注释

钙制剂视钙含量多少而确定称量范围。有色有机钙因颜色干扰无法辨别终点,应先进行消化处理。牛奶、钙奶均为乳白色,终点颜色变化不太明显,接近终点时再适当补加指示剂。

应用实验九　橡胶中锌含量的测定

一、实验目的

(1) 学习复杂样品的预处理方法。

(2) 掌握干扰离子的掩蔽方法。

二、实验原理

试样经灰化溶解在盐酸中。若试样中含二氧化硅,可用氢氟酸和硫酸处理除去,加氯化铝和氟化铵使钙和镁以六氟合铝酸盐的形式沉淀,铁、钛和过量铝的干扰通过与氟离子生成配合物而消除或减少(大量铁的干扰可加2,4-戊二酮进一步消除)。最后以双硫腙和次甲基蓝为指示剂,用EDTA标准溶液滴定锌。试样中锌含量的计算式为

$$w_{\mathrm{ZnO}}=\frac{c_{\mathrm{EDTA}}V_{\mathrm{EDTA}}\times 10^{-3}\times M_{\mathrm{ZnO}}}{m_{\text{试样}}\times\dfrac{25.00}{100.0}}\times 100\%$$

三、主要仪器及试剂

仪器:50 mL滴定管;100 mL容量瓶;250 mL锥形瓶;25 mL移液管;250 mL烧杯;10 mL和100 mL量筒;高温炉;50 mL铂坩埚;电炉;分析天平。

试剂:丙酮;盐酸;硫酸;氢氟酸;氨水;2,4-戊二酮;乙酸-乙酸铵缓冲溶液(在水中溶解冰醋酸60 g和乙酸铵77 g,用水稀释至1000 mL);0.1 mol·L^{-1}氯化铝溶液;0.1 mol·L^{-1}氯化镁溶液;3 mol·L^{-1}氟化铵溶液;0.01 mol·L^{-1} EDTA

标准溶液(配制和标定见第 3 章基础实验十)；1 g · L^{-1}双硫腙指示剂[将 0.01 g 双硫腙(1,5-二苯基硫卡巴腙)溶解在 10 mL 丙酮中，每隔 48 h需重新配制]；1 g · L^{-1}次甲基蓝指示剂。

四、实验步骤

(1) 称取试样 1.0 g 左右，将该试样置于铂坩埚中，进行炭化、灰化。冷却坩埚，在灰分中加 10 mL 水和 10 mL 盐酸加热煮沸，将坩埚中的内容物转移到 250 mL 烧杯中，并用玻璃棒捣碎结团的灰块。冷却后，如果有不溶残渣则用定量滤纸过滤残渣，保留滤液。把不溶残渣和滤纸一并置于另一铂坩埚中，加 2 mL 硫酸，然后在电炉上加热挥发剩余的硫酸。再将此坩埚移入(550±25) ℃的高温炉中灼烧至炭完全氧化为止，得到的就是纯净的灰分。在通风橱中向坩埚中滴加 5～10 滴硫酸以湿润残渣，加 5 mL 氢氟酸，加热直至冒烟，表明硫酸已分解，立即停止加热。将坩埚中的内容物加 20 mL 盐酸(1+2)，加热煮沸，冷却后过滤，滤液并入上述保留的滤液中，用蒸馏水洗涤坩埚，洗涤液也并入滤液中。冷却后将滤液转移到 100 mL 容量瓶中，加水至刻度。

(2) 用移液管吸取 25.00 mL 试液于锥形瓶中，加 2 mL 氯化铝溶液、5 mL 氯化镁溶液和 10 mL 氟化铵溶液。滴加氨水至广泛 pH 试纸呈碱性。用约 1 mL 硫酸酸化，煮沸 30 s，冷却至室温。滴加氨水调节至 pH=7，再多加 0.5 mL。加 20 mL缓冲溶液、60 mL 丙酮和 5 mL 2,4-戊二酮的丙酮溶液。在冰浴中冷却后加 5 滴双硫腙指示剂和 1 滴次甲基蓝指示剂。用 EDTA 标准溶液滴定至溶液呈黄绿色即为终点。根据消耗 EDTA 的体积，计算试样中锌的含量。

五、思考题

(1) 样品在灰化时有哪些注意事项?

(2) 本实验中干扰离子掩蔽的方法和原理是什么?

应用实验十　水样中化学耗氧量的测定

一、实验目的

(1) 掌握酸性高锰酸钾和重铬酸钾测定化学耗氧量的原理及方法。

(2) 了解水样化学耗氧量的意义。

二、实验原理

水样的耗氧量是水质污染程度的主要指标之一，它分为生物耗氧量(BOD)和化学耗氧量(COD)两种。BOD是指水中有机物质发生生物过程时所需要氧的量；COD是指在特定条件下，用强氧化剂处理水样时，水样所消耗的氧化剂的量，常用每升水消耗 O_2 的量来表示。水样中的COD与测试条件有关，因此应严格控制反应条件，按规定的操作步骤进行测定。

测定COD的方法有重铬酸钾法、酸性高锰酸钾法和碱性高锰酸钾法。

重铬酸钾法是指在强酸性条件下，向水样中加入过量的 $K_2Cr_2O_7$，让其与水样中的还原性物质充分反应，剩余的 $K_2Cr_2O_7$ 以邻菲罗啉为指示剂，用硫酸亚铁铵标准溶液返滴定。同时，需要用蒸馏水做空白实验。氯离子干扰测定，可在回流前加硫酸银除去。该法适用于工业污水及生活污水等含有较多复杂污染物的水样的测定。其滴定反应式为

$$Cr_2O_7^{2-}+6Fe^{2+}+14H^+ = 2Cr^{3+}+6Fe^{3+}+7H_2O$$

重铬酸钾法测定COD(O_2，$mg \cdot L^{-1}$)的计算公式为

$$COD_{Cr}=\frac{(V_{空白Fe}-V_{试样Fe})c_{Fe}\times 8\times 1000}{V_{试样}}$$

式中，8代表1/2 O的摩尔质量，$g \cdot mol^{-1}$。

酸性高锰酸钾法测定水样的COD是指在酸性条件下，向水样中加入过量的 $KMnO_4$ 溶液，并加热溶液使其充分反应，然后向溶液中加入过量的 $Na_2C_2O_4$ 标准溶液还原多余的 $KMnO_4$，剩余的 $Na_2C_2O_4$ 再用 $KMnO_4$ 溶液返滴定。根据 $KMnO_4$ 的浓度和水样所消耗的 $KMnO_4$ 溶液的体积，计算水样的COD。该法适用于污染不十分严重的地面水和河水等的COD的测定。若水样中 Cl^- 含量较高，可加入 Ag_2SO_4 消除干扰，也可改用碱性高锰酸钾法进行测定。有关反应式如下：

$$4MnO_4^-+5C+12H^+ = 4Mn^{2+}+5CO_2\uparrow+6H_2O$$

$$2MnO_4^-+5C_2O_4^{2-}+16H^+ = 2Mn^{2+}+10CO_2\uparrow+8H_2O$$

这里，C泛指水中的还原性物质或耗氧物质，主要为有机物。

由实验原理可知，测定时用去 $KMnO_4$ 的总量减去与 $Na_2C_2O_4$ 反应的 $KMnO_4$ 的量，即为被氧化水样中还原性物质消耗的 $KMnO_4$ 的量。从 $KMnO_4$ 与有机物的氧化还原反应可知：1 mol MnO_4^- 相当于5/4 mol C，相当于5/4 mol O_2。

酸性高锰酸钾法计算COD($mg \cdot L^{-1}$)的公式为

$$COD_{Mn}=\frac{\left(c_{KMnO_4}V_{KMnO_4}-\frac{2}{5}c_{Na_2C_2O_4}V_{Na_2C_2O_4}\right)\times\frac{5}{4}\times M_{O_2}\times 1000}{V_{试样}}$$

式中，$KMnO_4$ 的体积 V_{KMnO_4} 为加入 $KMnO_4$ 的总体积。

三、主要仪器及试剂

仪器：50 mL 酸式滴定管；250 mL 锥形瓶；10 mL 和 100 mL 量筒；回流装置；电炉或其他加热器件；分析天平。

试剂：0.002 mol · L^{-1} $KMnO_4$ 标准溶液（配制与标定参考第 3 章基础实验十三）；0.005 mol · L^{-1} $Na_2C_2O_4$ 标准溶液；0.040 mol · L^{-1} $K_2Cr_2O_7$ 溶液；邻菲罗啉指示剂（称取 1.485 g 邻菲罗啉和 0.695 g $FeSO_4 \cdot 7H_2O$，溶于 100 mL 水中，摇匀，储于棕色瓶中）；0.1 mol · L^{-1} 硫酸亚铁铵（用小烧杯称取 9.8 g 六水硫酸亚铁铵，加 10 mL 6 mol · L^{-1} H_2SO_4 溶液和少量水，溶解后加水稀释至 250 mL，储于试剂瓶内，待标定）；固体 Ag_2SO_4；6 mol · L^{-1} H_2SO_4 溶液。

四、实验步骤

1. 酸性高锰酸钾法

于 250 mL 锥形瓶中加入 100.0 mL 水样和 5 mL 6 mol · L^{-1} H_2SO_4 溶液，再用滴定管或移液管准确加入 10.00 mL 0.002 mol · L^{-1} $KMnO_4$ 标准溶液，然后尽快加热溶液至沸，并准确煮沸 10 min（紫红色不应褪去，否则应增加 $KMnO_4$ 溶液的体积）。取下锥形瓶，冷却 1 min 后，准确加入 10.00 mL 0.005 mol · L^{-1} $Na_2C_2O_4$ 标准溶液，充分摇匀（此时溶液应为无色，否则应增加 $Na_2C_2O_4$ 的用量）。趁热用 $KMnO_4$ 标准溶液滴定至溶液呈微红色，记录 $KMnO_4$ 溶液的体积。如此平行测定三份。另取 100.0 mL 蒸馏水代替水样进行实验，求空白值。计算水样的 COD。

2. 重铬酸钾法

1) 硫酸亚铁铵溶液的标定

准确移取 10.00 mL 0.040 mol · L^{-1} $K_2Cr_2O_7$ 溶液分别置于 250 mL 锥形瓶中，加入 30 mL 水、20 mL 浓 H_2SO_4 溶液（注意应慢慢加入，并随时摇匀）、3 滴邻菲罗啉指示剂，然后用硫酸亚铁铵溶液滴定，溶液由黄色变为红褐色即为终点，记录硫酸亚铁铵溶液的体积。平行测定三份，计算硫酸亚铁铵的浓度。

2) COD 的测定

取 50.00 mL 水样于 250 mL 回流锥形瓶中，准确加入 15.00 mL 0.040 mol · L^{-1} $K_2Cr_2O_7$ 标准溶液、20 mL 浓 H_2SO_4 溶液、1 g Ag_2SO_4 固体和数粒玻璃珠，轻轻摇匀后加热回流 2 h。若水样中氯含量较高，则先往水样中加 1 g $HgSO_4$ 和 5 mL浓硫酸，待 $HgSO_4$ 溶解后，再加入 25.00 mL $K_2Cr_2O_7$ 溶液、20 mL 浓 H_2SO_4、1 g Ag_2SO_4，加热回流。冷却后用适量蒸馏水冲洗冷凝管，取下锥形瓶，用

水稀释至约 150 mL。加 3 滴邻菲罗啉指示剂，用硫酸亚铁铵标准溶液滴定至溶液呈红褐色即为终点，记录所用硫酸亚铁铵的体积。

以 50.00 mL 蒸馏水代替水样进行上述实验，测定空白值。计算水样的 COD。

五、思考题

(1) 水样中加入 $KMnO_4$ 溶液煮沸后，若紫红色褪去，说明什么？应怎样处理？

(2) 用重铬酸钾法测定时，若在加热回流后溶液变绿，是什么原因？应如何处理？

(3) 水样中氯离子的含量高时，为什么对测定有干扰？如何消除？

注释

(1) 严格控制滴定速度(慢—快—慢)，开始反应慢，第一滴红色消失后加第二滴，此后反应加快时可以快滴，但仍是逐滴加入，防止 $KMnO_4$ 过量分解造成误差，滴定至颜色褪去较慢时再放慢速度。

(2) 严格控制煮沸时间，即氧化还原反应进行的时间，才能得到较好的重现性。煮沸时，控制温度不能太高，防止溶液溅出。

(3) 由于含量较低，使用的 $KMnO_4$ 溶液浓度也低($0.002\ mol \cdot L^{-1}$)，终点的颜色很浅(淡淡的微红色)，因此注意不要过量。

应用实验十一　石灰石中钙含量的测定

一、实验目的

(1) 掌握用高锰酸钾测定钙的原理和方法。

(2) 了解沉淀分离的基本要求与操作。

二、实验原理

石灰石的主要成分是 $CaCO_3$(含钙量约为 40%)，此外还含有一定量的 $MgCO_3$、SiO_2、Fe_2O_3 和 Al_2O_3 等杂质。用高锰酸钾法测定石灰石中的钙，先要将石灰石溶解并使其中的钙以 CaC_2O_4 形式沉淀下来，沉淀经过滤洗净后用稀硫酸溶液溶解，然后用 $KMnO_4$ 标准溶液滴定释放出来的 $H_2C_2O_4$。根据消耗的 $KMnO_4$溶液的量，计算钙的含量。有关反应式如下：

$$CaCO_3 + 2H^+ = Ca^{2+} + CO_2\uparrow + H_2O$$

$$Ca^{2+} + C_2O_4^{2-} = CaC_2O_4 \downarrow$$

$$CaC_2O_4 + 2H^+ = H_2C_2O_4 + Ca^{2+}$$

$$2MnO_4^- + 5C_2O_4^{2-} + 16H^+ = 2Mn^{2+} + 10CO_2 \uparrow + 8H_2O$$

$$n_{Ca} = n_{C_2O_4^{2-}} = \frac{5}{2} n_{KMnO_4}$$

钙含量的计算式为

$$w_{Ca} = \frac{\frac{5}{2} c_{KMnO_4} V_{KMnO_4} M_{Ca} \times 10^{-3}}{m_{试样}} \times 100\%$$

三、主要仪器及试剂

仪器：50 mL 酸式滴定管；250 mL 烧杯；10 mL 量筒；分析天平；电炉或其他加热器件。

试剂：0.02 mol · L^{-1} $KMnO_4$ 标准溶液（配制与标定见第 3 章基础实验十三）；0.05 mol · L^{-1} $(NH_4)_2C_2O_4$ 溶液；$NH_3 \cdot H_2O$(1+1)；HCl 溶液(1+1)；1 mol · L^{-1} H_2SO_4 溶液；1 g · L^{-1} 甲基橙指示剂；0.1 mol · L^{-1} $AgNO_3$ 溶液；石灰石试样。

四、实验步骤

1. 试样的溶解

准确称取约 0.15 g 研细并烘干的石灰石试样置于 250 mL 烧杯中，加入适量蒸馏水，盖上表面皿（稍留缝隙），缓慢滴加 10 mL HCl 溶液，并轻轻摇动烧杯，待不产生气泡后，用小火加热至微沸，室温冷却。

2. 钙含量的测定

向上述冷却的溶液中加入 2～3 滴甲基橙，再滴加 $NH_3 \cdot H_2O$ 至溶液由红色变为黄色，趁热逐滴加入约 50 mL $(NH_4)_2C_2O_4$ 溶液，在低温电热板（或水浴）上陈化 30 min。冷却后过滤（先将上层清液倾入漏斗中），将烧杯中的沉淀洗涤数次后转入漏斗中，继续洗涤沉淀至无 Cl^-（承接洗液于 HNO_3 介质中，以 $AgNO_3$ 检查），将带有沉淀的滤纸铺在原烧杯的内壁上，用 50 mL 1 mol · L^{-1} H_2SO_4 将沉淀由滤纸上洗入烧杯中，再用洗瓶洗两次，加入蒸馏水使总体积约为 100 mL，加热至 70～80 ℃，用 $KMnO_4$ 标准溶液滴定至溶液呈淡红色，再将滤纸搅入溶液中，若溶液褪色，则继续滴定，直至出现的淡红色 30 s 内不消失即为终点。计算石灰石中钙的质量分数。

五、思考题

(1) 以$(NH_4)_2C_2O_4$沉淀钙时，pH应控制为多少？为什么？

(2) 加入$(NH_4)_2C_2O_4$时，为什么要在热溶液中逐滴加入？

(3) 洗涤CaC_2O_4沉淀时，为什么要洗至无Cl^-？

(4) 试比较$KMnO_4$法测定Ca^{2+}和配位滴定法测定Ca^{2+}的优缺点。

应用实验十二　漂白粉中有效氯的测定

一、实验目的

了解用碘量法测定漂白粉中有效氯的原理与方法。

二、实验原理

漂白粉的主要成分是氯化钙和次氯酸钙，通常用化学式Ca(OCl)Cl表示，其中的次氯酸钙与酸作用后产生氯气，氯气具有漂白作用。释放出来的氯称为有效氯，漂白粉的质量常用有效氯来表示，普通漂白粉含有效氯的量为30%～35%。漂白粉能与空气中的CO_2作用产生HClO而造成有效氯的损失，因此应尽量避免与空气较长时间的接触。

漂白粉的有效氯可用间接碘量法测定，这是因为漂白粉在酸性条件下与过量的I^-作用可定量产生I_2，而析出的I_2可用$Na_2S_2O_3$标准溶液进行滴定。有关反应式如下：

$$Ca(OCl)Cl+2H^+ = Ca^{2+}+H_2O+Cl_2$$

$$Cl_2+2I^- = 2Cl^-+I_2$$

$$或\ OCl^-+2I^-+2H^+ = I_2+H_2O+Cl^-$$

$$2S_2O_3^{2-}+I_2 = S_4O_6^{2-}+2I^-$$

漂白粉中有效氯的计算式为

$$w_{Cl}=\frac{\frac{1}{2}c_{Na_2S_2O_3}V_{Na_2S_2O_3}M_{Cl}\times 10^{-3}}{m_{试样}\times\frac{25.00}{250.0}}\times 100\%$$

三、主要仪器及试剂

仪器：50 mL酸式滴定管；250 mL容量瓶；250 mL锥形瓶；25 mL移液管；10 mL和100 mL量筒；分析天平；研钵。

试剂：200 g·L^{-1} KI溶液；0.1 mol·L^{-1} $Na_2S_2O_3$标准溶液（配制和标定方

法见第 3 章基础实验十五)；5 g · L^{-1}淀粉溶液(配制方法见第 3 章基础实验十五)；2 mol · L^{-1} H_2SO_4 溶液；漂白粉试样。

四、实验步骤

准确称取约 1.5 g 漂白粉试样(用称量瓶称，以避免其腐蚀天平)，置于研钵中研细，转入烧杯中，加少许蒸馏水后将其研成糊状，然后定量转入 250 mL 容量瓶中，加水至刻度，摇匀。迅速移取 25.00 mL 摇匀的漂白粉悬浊液于 250 mL 锥形瓶(或碘量瓶)中，加入 2 mL 2 mol · L^{-1} H_2SO_4 溶液和 10 mL KI 溶液，盖上表面皿(或盖上碘量瓶塞)，摇匀。在暗处放置 3～5 min 后加入 50 mL 水，立即用 $Na_2S_2O_3$ 标准溶液滴定至呈浅黄色，加入 1 mL 淀粉溶液，继续用 $Na_2S_2O_3$ 溶液滴定至蓝色刚好消失，记录 $Na_2S_2O_3$ 溶液的体积。平行滴定三份，计算漂白粉中有效氯的含量。

五、思考题

(1) 漂白粉悬浊液为什么要在摇匀后迅速移取？

(2) 造成本实验误差的主要因素有哪些？应如何减少误差？

注释

(1) 在配制硫代硫酸钠溶液时，为了除去水中的二氧化碳和杀死细菌，用新煮沸并冷却了的蒸馏水配制溶液，应保存在棕色瓶中置于暗处经 8～14 天再标定。

(2) 在放置 I_2 溶液时应先冲洗瓶盖，将挥发出的 I_2 冲洗到溶液中，即水封防止 I_2 挥发。

(3) 在以淀粉作指示剂时，应先以硫代硫酸钠溶液滴定至呈浅黄色，然后加入淀粉指示剂，用硫代硫酸钠溶液继续滴定至蓝色恰好消失即为终点。淀粉指示剂若加入太早，则大量的 I_2 与淀粉结合成蓝色物质，这部分 I_2 就不容易与硫代硫酸钠反应，因而使滴定发生误差，滴定至终点后再经过几分钟，溶液又会出现蓝色是空气氧化 I_2 引起的。

应用实验十三　维生素 C 制剂及果蔬中抗坏血酸含量的测定

一、实验目的

(1) 掌握碘标准溶液的配制和标定方法。

(2) 了解直接碘量法测定抗坏血酸的原理和方法。

二、实验原理

维生素 C 又称抗坏血酸，分子式为 $C_6H_8O_6$。维生素 C 具有还原性，可被 I_2

定量氧化，因而可用 I_2 标准溶液直接滴定。其滴定反应式为

$$C_6H_8O_6 + I_2 = C_6H_6O_6 + 2HI$$

抗坏血酸含量的计算式为

$$w_{C_6H_8O_6} = \frac{c_{I_2} V_{I_2} M_{C_6H_8O_6} \times 10^{-3}}{m_{试样}} \times 100\%$$

用直接碘量法可测定药片、注射液、饮料、蔬菜、水果等的维生素 C 含量。在酸性溶液中，KI 可与 KIO_3 反应而快速定量地释放出 I_2，因此维生素 C 的含量也可在过量 KI 存在下，用 KIO_3 标准溶液直接滴定。

维生素 C 的还原性很强，较易被溶液和空气中的氧氧化，在碱性介质中这种氧化作用更强，因此滴定宜在酸性介质中进行以减少副反应的发生。考虑到 I^- 在强酸性溶液中也易被氧化，故一般选在 pH＝3～4 的弱酸性溶液中进行滴定。

三、主要仪器及试剂

仪器：50 mL 酸式滴定管；250 mL 锥形瓶；25 mL 移液管；10 mL 和 100 mL 量筒；100 mL 烧杯；分析天平；绞碎机。

试剂：I_2 固体；0.01 mol · L^{-1} $Na_2S_2O_3$ 标准溶液(配制和标定方法见第 3 章基础实验十五)；5 g · L^{-1}淀粉溶液(配制方法见第 3 章基础实验十五)；2 mol · L^{-1} HAc；固体维生素 C 样品(维生素 C 片剂)；0.002 mol · L^{-1} KIO_3 标准溶液；果蔬样品(如西红柿、橙子、草莓等)；20% KI 溶液。

四、实验步骤

1. 0.05 mol · L^{-1} I_2 溶液的配制与标定

称取 3.3 g I_2 和 5 g KI 置于研钵中，加少量水，在通风橱中研磨。待 I_2 全部溶解后，将溶液转入棕色试剂瓶中，加水稀释至 250 mL，充分摇匀，放暗处保存。

用移液管移取 25.00 mL $Na_2S_2O_3$ 标准溶液于 250 mL 锥形瓶中，加 50 mL 蒸馏水、2 mL 5 g · L^{-1}淀粉溶液，然后用 I_2 溶液滴定至溶液呈浅蓝色，30 s 内不褪色即为终点。平行标定三份，计算 I_2 溶液的浓度。

2. 维生素 C 片剂中维生素 C 含量的测定

准确称取约 0.2 g 研碎了的维生素 C 药片置于 250 mL 锥形瓶中，加入 100 mL 新煮沸并冷却的蒸馏水、10 mL 2 mol · L^{-1} HAc 溶液和 2 mL 5 g · L^{-1}淀粉溶液，立即用 I_2 标准溶液滴定至出现稳定的浅蓝色，且在 30 s 内不褪色即为终点，记录消耗的 I_2 溶液体积。平行滴定三份，计算试样中抗坏血酸的含量。

3. 果蔬样品中维生素 C 含量的测定

用 100 mL 干燥小烧杯准确称取 50 g 左右绞碎了的果蔬样品(如草莓用绞碎机打成糊状),将其转入 250 mL 锥形瓶中,用水冲洗小烧杯一两次。向锥形瓶中加入 10 mL 2 mol · L^{-1} HAc、20 mL 20% KI 溶液和 2 mL 5 g · L^{-1} 淀粉溶液,然后用 KIO_3 标准溶液滴定至溶液由红色变为蓝紫色即为终点,计算维生素 C 的含量。

五、思考题

(1) 溶解 I_2 时,加入过量 KI 的作用是什么?

(2) 维生素 C 固体试样溶解时为何要加入新煮沸并冷却的蒸馏水?

(3) 碘量法的误差来源有哪些? 应采取哪些措施减小误差?

应用实验十四　云杉树叶片中纤维素含量的测定

一、实验目的

(1) 掌握氧化还原法测定纤维素的原理及方法。

(2) 掌握返滴定法的原理及方法。

二、实验原理

纤维素是由葡萄糖组成的大分子多糖,不溶于水及一般有机溶剂,是植物细胞壁的主要成分。纤维素是世界上最丰富的天然有机物,占植物界碳含量的 50%以上。棉花的纤维素含量接近 100%,一般木材中纤维素占 40%~50%。食物中的纤维素(膳食纤维)对人体的健康有重要的作用。纤维素也是重要的造纸原料。此外,以纤维素为原料的产品也广泛用于塑料、炸药、电工及科研器材等方面。

根据纤维素的性质,测定纤维素的方法有直接浓酸水解分离测定法、分光光度法、红外光谱法、氧化还原滴定法等。本实验对树叶中纤维素的测定采用氧化还原滴定法进行。

纤维素在硫酸介质中被重铬酸钾氧化为二氧化碳和水,反应式为

$$C_6H_{10}O_5 + 4K_2Cr_2O_7 + 16H_2SO_4 = 4Cr_2(SO_4)_3 + 4K_2SO_4 + 6CO_2 + 21H_2O$$

过量的重铬酸钾与碘化钾反应析出碘后用硫代硫酸钠返滴定。

$$K_2Cr_2O_7 + 6KI + 7H_2SO_4 = Cr_2(SO_4)_3 + 3I_2 + 4K_2SO_4 + 7H_2O$$

$$I_2 + 2Na_2S_2O_3 = 2NaI + Na_2S_4O_6$$

纤维素含量的计算式为

$$w_{C_6H_{10}O_5} = \frac{\left[c_{K_2Cr_2O_7}V_{K_2Cr_2O_7} - \frac{1}{6}c_{Na_2S_2O_3}(V_{空白Na_2S_2O_3} - V_{试样Na_2S_2O_3})\right]M_{C_6H_{10}O_5} \times 10^{-3}}{m_{试样}} \times 100\%$$

三、主要仪器及试剂

仪器：50 mL 酸式滴定管；标准筛 1 套（ 100～200 目）；250 mL 锥形瓶；试管；25 mL 移液管；10 mL 量筒；分析天平；粉碎机；离心机；水浴锅或电炉。

试剂：乙酸-硝酸混合液（1＋1）；10％和 3 mol · L^{-1} 硫酸；20％碘化钾溶液；0.01 mol · L^{-1} 重铬酸钾；0.5％淀粉溶液（配制方法见第 3 章基础实验十五）；0.100 mol · L^{-1} $Na_2S_2O_3$ 标准溶液（配制和标定方法参考第 3 章基础实验十五）；云杉叶片。

四、实验步骤

1. 样品预处理

将云杉叶片烘干，磨碎，过 200 目筛，称取 0.05～0.10 g 粉末于试管中，加入 5 mL乙酸-硝酸混合液，盖上表面皿，置沸水浴中加热 25 min，并不断搅拌，取出冷却后离心，弃去上清液，沉淀用水冲洗三次。

向上述沉淀中加入 10 mL 10％硫酸和 10 mL 0.01 mol · L^{-1} 重铬酸钾溶液，摇匀，在沸水浴中加热 10 min，取出后倒入锥形瓶中，用适量的蒸馏水洗涤三次，一并倒入锥形瓶中。

2. 纤维素含量的测定

溶液冷却后加 5 mL 20％KI 溶液，放置 10 min 使其充分反应，然后用硫代硫酸钠滴定至接近终点，颜色为棕红色。再加入 1 mL 0.5％淀粉溶液，继续用硫代硫酸钠滴定，滴定到蓝色消失显示亮绿色，即达到终点。平行测定三次，计算纤维素含量。同时做试剂空白实验。

五、思考题

(1) 为什么在滴定至近终点时才加入淀粉指示液？过早加入会出现什么现象？

(2) 标定 $Na_2S_2O_3$ 标准溶液时为什么要在一定的酸度范围进行？酸度过高或过低有何影响？为什么滴定前要先放置 10 min？为什么先加 100 mL 水稀释后再滴定？

注释

(1) $K_2Cr_2O_7$ 与 KI 反应进行较慢，在稀溶液中尤慢，故在加水稀释前应放置 10 min，使反应完全。

(2) 重铬酸钾标定硫代硫酸钠浓度时，终点是蓝色到亮绿色而不是到无色。重铬酸根与 KI 反应生成亮绿色的三价铬离子，有棕色碘生成以及有淀粉呈蓝色时，这个亮绿色被掩盖，淀粉蓝色褪去后本应是无色，但原来的三价铬的亮绿色就作为背景呈现出来。

(3) 空白实验：将 10 mL 10%硫酸和 10 mL 0.01 mol · L^{-1}重铬酸钾溶液在试管中混合，在沸水浴中加热 10 min，取出后倒入锥形瓶中，用适量的蒸馏水洗涤三次，一并倒入锥形瓶中。冷却后，将试管中所有的物质转入烧杯中作滴定用，加入 15～20 mL 蒸馏水，然后向烧杯中加 5 mL 20% KI 溶液，用硫代硫酸钠滴定至接近终点，颜色为棕红色。再加入 1 mL 1%淀粉溶液，再用硫代硫酸钠滴定，滴定到蓝色消失显示亮绿色，即达到终点。

应用实验十五　土壤中有效磷的测定

一、实验目的

(1) 了解光度法测定土壤中有效磷的原理及方法。

(2) 熟悉分光光度计的使用方法。

二、实验原理

土壤中的磷大部分不能被植物直接吸收利用，易被吸收利用的有效磷通常含量很低。土壤中有效磷含量是指能被当季作物吸收的磷量。

土壤中有效磷的测定方法有生物法、同位素法、阴离子交换树脂法及化学法等，其中应用最普遍的是化学法。它是用浸提剂提取土壤中的一部分有效磷。浸提剂种类很多，应根据各种土壤的性质进行选择。酸性土壤中磷酸铁和磷酸铝形态的有效磷可用酸性氟化铵提取，形成氟铝化铵和氟铁化铵配合物，少量的钙离子形成氟化钙沉淀，磷酸根离子被提取到溶液中来。石灰性土壤则采用碳酸氢钠溶液浸取。

在含磷的溶液中加入钼酸铵，在一定酸度条件下，溶液中的磷酸与钼酸配位形成黄色的磷钼杂合酸——磷钼黄。

$$H_3PO_4 + 12H_2MoO_4 = H_3[PMo_{12}O_{40}] + 12H_2O$$

在适宜的试剂浓度下加入适当的还原剂($SnCl_2$ 或抗坏血酸)，使磷钼酸中的一部分 Mo(Ⅶ)还原为 Mo(Ⅵ)，生成磷钼蓝(磷钼杂多蓝)——$H_3PO_4 \cdot 10MoO_3 \cdot Mo_2O_5$ 或 $H_3PO_4 \cdot 8MoO_3 \cdot 2Mo_2O_5$。在一定的浓度范围内，蓝色的深度与磷含量成正比，这是钼蓝比色法的基础。

三、主要仪器及试剂

仪器：722 型分光光度计或其他型号的分光光度计；25 mL 容量瓶；50 mL 锥

形瓶；1 mL、2 mL 和 5 mL 吸量管；振荡机；漏斗；无磷滤纸；分析天平。

试剂：0.5 mol·L^{-1} HCl 溶液；1 mol·L^{-1} NH_4F 溶液；提取剂(分别移取 15 mL 1 mol·L^{-1} NH_4F 溶液和 25 mL 0.5 mol·L^{-1} HCl 溶液，加入 460 mL 蒸馏水中，配制成 0.03 mol·L^{-1} NH_4F-0.025 mol·L^{-1} HCl 溶液)；100 g·L^{-1} H_3BO_3 溶液；15 g·L^{-1}钼酸铵-3.5 mol·L^{-1} HCl 溶液(溶解 15 g 钼酸铵于 300 mL 蒸馏水中，加热至 60 ℃左右，如有沉淀，将溶液过滤，待溶液冷却后，慢慢加入 350 mL 10 mol·L^{-1} HCl 溶液，并用玻璃棒迅速搅动，待溶液冷却至室温，用蒸馏水稀释至 1 L，充分摇匀，储存于棕色瓶中，放置时间不得超过两个月)；25 g·L^{-1}氯化亚锡溶液(称取氯化亚锡 2.5 g 溶于 10 mL 浓 HCl 中，溶解后加入 90 mL 蒸馏水，混合均匀后置于棕色瓶中，此溶液现配现用)；50 μg·mL^{-1}磷标准溶液[准确称取 105 ℃烘干的 KH_2PO_4 0.2195 g，溶解于 400 mL 水中，加浓 H_2SO_4 5 mL(防止溶液长真菌)，转入 1 L 容量瓶中，加水稀释至刻度，摇匀，此溶液不易久存]；50 μg·mL^{-1}磷标准溶液(将上述溶液稀释 10 倍制得)。

四、实验步骤

1. 土壤样品预处理

称取风干土壤样品 1 g(精确至 0.01 g)于 50～100 mL 小塑料瓶中，加入 0.03 mol·L^{-1} NH_4F-0.025 mol·L^{-1} HCl 溶液 20 mL，稍摇匀立即放在振荡机上，振荡 30 min。用无磷滤纸过滤，滤液承接于盛有 15 滴 100 g·L^{-1} H_3BO_3 溶液的 50 mL 锥形瓶中(加 H_3BO_3 防止 F^- 对显色的干扰和腐蚀玻璃仪器)，摇动瓶内溶液。

2. 土壤中有效磷的测定

准确移取上述土壤滤液 5～10 mL 于 25 mL 容量瓶中，用吸量管加入 15 g·L^{-1}钼酸铵-盐酸溶液 5 mL，加入蒸馏水定容，摇匀。

3. 工作曲线的制作

分别准确移取 5 μg·mL^{-1}磷标准溶液 0 mL、1.00 mL、2.00 mL、3.00 mL、4.00 mL、5.00 mL 于 6 个 25 mL 容量瓶中，加入 NH_4F- HCl 溶液 5～10 mL(按所取滤液体积而定)，用吸量管加钼酸铵-盐酸溶液 5 mL，并滴加 25 g·L^{-1}氯化亚锡 3 滴，摇动后，至溶液有深蓝色出现，用水稀释至刻度，摇匀，放置 15 min，与土样溶液同时显色，测其吸光度。

以磷的浓度为横坐标，相应的吸光度为纵坐标，绘制标准曲线，并从标准曲线上查出土样中磷的含量。

五、思考题

(1) 试述本实验测定磷的基本原理。

(2) 测定吸光度为什么一般选择在最大吸收波长下进行?

注释

用氯化亚锡作还原剂生成磷钼盐,溶液的颜色不够稳定,必须严格控制比色时间,一般在显色后的 15～20 min 内颜色较为稳定,显色后准确放置 15 min 后立即比色,并在 5 min 内完成比色操作。

应用实验十六　水泥熟料中主要成分含量的测定

一、实验目的

(1) 学习用重量法测定硅酸盐中 SiO_2 含量的原理和方法。

(2) 学习配位滴定法测定硅酸盐中 Fe、Al、Ca、Mg 的原理及方法。

二、实验原理

硅酸盐试样分析的项目有 SiO_2、Fe_2O_3、Al_2O_3、CaO、MgO 等。在此选择水泥作为复杂样品进行分析实践,以便了解一般测定方法。本实验采用普通硅酸盐水泥试样。

HCl 分解水泥的反应方程式如下:

$$CaO \cdot SiO_2 + 2HCl = CaCl_2 + H_2SiO_3$$

$$CaO \cdot Al_2O_3 + 8HCl = CaCl_2 + 2AlCl_3 + 4H_2O$$

$$CaO \cdot Al_2O_3 \cdot Fe_2O_3 + 14HCl = CaCl_2 + 2AlCl_3 + 2FeCl_3 + 7H_2O$$

$$MgO + 2HCl = MgCl_2 + H_2O$$

试样用酸分解后,硅酸一部分以溶胶状存在,一部分以无定形沉淀析出,吸附严重,为此,将试样与定量固体 NH_4Cl 混合后,再用少量浓 HCl 溶液在沸水浴中加热分解。

SiO_2 的测定:采用氯化铵法。试样与固体 NH_4Cl 混匀,用 HCl 溶液分解,沉淀分离,过滤洗涤后的 SiO_2 在瓷坩埚中于 950 ℃灼烧至恒量。

Fe_2O_3 的测定:调节溶液的 pH 为 2～ 2.5(用 pH 试纸检验),以磺基水杨酸为指示剂,用 EDTA 滴定至终点。温度应控制为 60～70 ℃,若温度太低,滴定速度又较快,则由于终点前 EDTA 夺取磺基水杨酸合铁(Ⅲ)配合物中 Fe^{3+} 的速度缓慢,往往容易滴定过量。

Al_2O_3 的测定:采用 $CuSO_4$ 返滴法。在测 Fe^{3+} 后的溶液中加入一定量过量的 EDTA 标准溶液煮沸,待 Al^{3+} 与 EDTA 完全配位后,调节溶液的 pH 约为 4.2,以

PAN 作指示剂，用 $CuSO_4$ 标准溶液滴定过量的 EDTA，反应方程式如下：

$$H_2Y^{2-} + Cu^{2+} \xlongequal{} CuY^{2-} + 2H^+$$

浅蓝色　　蓝色

$$Cu^{2+} + PAN \xlongequal{} Cu^{2+}\text{-}PAN$$

黄色　　红色

终点时的颜色与 EDTA 和 PAN 指示剂的量有关，如果 EDTA 过量太多，或 PAN 量较少，因存在大量蓝色 CuY^{2-}，终点为蓝紫色或蓝色；如果 EDTA 过量太少，EDTA 与 Al^{3+} 配位可能不完全，使误差增大。

CaO 的测定：钙指示剂在 $pH<8$ 时呈酒红色，在 $pH=8\sim13$ 时呈蓝色，在 $pH>13$ 时呈酒红色，在 pH 为 1～13 时与 Ca^{2+} 形成酒红色配合物。滴定 Ca^{2+} 时，调节溶液的 pH 约为 12.5，这时 Mg^{2+} 生成 $Mg(OH)_2$ 沉淀，不被 EDTA 滴定。由于 $CaIn^{2-}$ 不如 CaY^{2-} 稳定，因此接近化学计量点时，$CaIn^{2-}$ 中的 Ca^{2+} 被 EDTA 夺取，游离出钙指示剂，溶液呈纯蓝色即为终点。

MgO 的测定：镁的测定采取差减法。在 $pH=10$ 时，以酸性铬蓝 K-萘酚绿 B 为指示剂（萘酚绿 B 本身为绿色，只作酸性铬蓝 K 变色的背景），用 EDTA 滴定溶液中 Ca^{2+}、Mg^{2+} 的总含量。从 Ca^{2+}、Mg^{2+} 的总含量中减去 Ca^{2+} 的含量即得 MgO 的含量。

试样中各组分含量的计算式如下：

$$w_{SiO_2} = \frac{m_{SiO_2}}{m_{试样}} \times 100\%$$

$$w_{Fe_2O_3} = \frac{c_{EDTA}V_{EDTA}M_{Fe_2O_3} \times 10^{-3}}{2m_{试样} \times \frac{50.00}{250.0}} \times 100\%$$

$$w_{Al_2O_3} = \frac{(c_{CuSO_4}V_{CuSO_4} - c_{EDTA}V_{EDTA})M_{Al_2O_3} \times 10^{-3}}{2m_{试样} \times \frac{50.00}{250.0}} \times 100\%$$

$$w_{CaO} = \frac{c_{EDTA}V_{EDTA}M_{CaO} \times 10^{-3}}{m_{试样} \times \frac{25.00}{250.0}} \times 100\%$$

$$w_{MgO} = \frac{c_{EDTA}(V_2 - V_1)M_{MgO} \times 10^{-3}}{m_{试样} \times \frac{25.00}{250.0}} \times 100\%$$

三、主要仪器及试剂

仪器：50 mL 酸式滴定管；50 mL 和 100 mL 烧杯；250 mL 容量瓶；25 mL 和

50 mL 移液管；250 mL 锥形瓶；100 mL 量筒；坩埚；分析天平；马弗炉；干燥器。

试剂：浓 HCl；硝酸；10%磺基水杨酸；0.02 mol · L^{-1} EDTA 溶液；pH=4.2 的 HAc-NaAc 缓冲溶液；0.3% PAN 指示剂；0.02 mol · L^{-1} $CuSO_4$ 标准溶液［称 6.24 g $CuSO_4 \cdot 5H_2O$ 溶于水中，加 4～5 滴 H_2SO_4 溶液（1+1），用水稀释至 1 L］；0.1% $AgNO_3$ 溶液；0.1%溴甲酚绿指示剂；氨水(1+1)；HCl 溶液(1+1)；三乙醇胺水溶液(1+1)；固体钙指示剂；pH=10 的 NH_3-NH_4Cl 缓冲溶液；酸性铬蓝 K-萘酚绿 B 指示剂。

四、实验步骤

1. SiO_2 含量的测定

准确称取 0.4 g 试样置于干燥的 50 mL 小烧杯中，加入 2.5～3 g 固体 NH_4Cl，用玻璃棒混匀，滴加浓 HCl 溶液至试样全部润湿，并滴加 2～3 滴 HNO_3，搅匀，盖上表面皿，置于沸水浴上加热 10 min，加水约 40 mL，搅拌以溶解可溶性盐类，过滤。用热水洗涤烧杯和滤纸，直至无 Cl^-（用 $AgNO_3$ 溶液检验），弃去滤液。

将沉淀连同滤纸放入已灼烧至恒量的坩埚中，低温炭化后，于 950 ℃灼烧 30 min，取下，置于干燥器中冷却至室温，称量，重复操作直至恒量，计算试样中 SiO_2 的含量。

2. Fe_2O_3、Al_2O_3、CaO、MgO 含量的测定

称取试样 0.50～0.55 g 于 100 mL 烧杯中，加入 20 mL HCl 溶液(1+1)，在水浴上加热溶解后，用快速定性滤纸过滤(注意滤纸的叠法)，用 250 mL 的容量瓶接收。趁热用倾泻法进行过滤，并用热蒸馏水洗涤，直至洗出液中不含 Cl^-，待容量瓶温度降至室温后，加水至刻度，摇匀。

1) Fe_2O_3 的测定

准确移取上述滤液 50 mL 置于 250 mL 锥形瓶中，加 50 mL 水、1 滴 0.1%溴甲酚绿指示剂(溴甲酚绿在 pH<3.8 时呈黄色，在 pH>5.4 时呈蓝绿色)，此时溶液呈黄色，逐滴加氨水(1+1)使之呈蓝绿色。然后用 HCl 溶液(1+1)调至黄色后再过量 3 滴，此时溶液的 pH=2，加热至约 70 ℃时取下，加 2 滴 10%磺基水杨酸，用 0.02 mol · L^{-1}EDTA 标准溶液滴定，在滴定开始时溶液呈紫红色，此时滴定速度宜稍快些。当溶液开始呈淡红色时，则把滴定速度放慢，逐滴滴加，摇动(保持温度)，直至溶液变为亮黄色即为终点。记录消耗的 EDTA 标准溶液的体积，计算 Fe_2O_3 的含量。

2）Al_2O_3 的测定

$CuSO_4$ 溶液和 EDTA 溶液体积比的测定：准确移取 10.00 mL 0.02 mol·L^{-1} EDTA 溶液于锥形瓶中，加蒸馏水稀释至 100 mL，加 10 mL pH=4.2 的 HAc-NaAc 缓冲溶液，加热至 70～80 ℃，加入 4～6 滴 PAN 指示剂，用 0.02 mol·L^{-1} $CuSO_4$ 溶液滴定至紫红色不变即为终点。计算 1 mL $CuSO_4$ 溶液相当于 EDTA 标准溶液的体积。

在已测定 Fe^{3+} 的溶液中继续测定 Al^{3+}。加入 20 mL 0.02 mol·L^{-1} EDTA 溶液，摇匀。70～80 ℃时，滴加氨水(1+1)至溶液的 pH 约为 4，加入 10 mL pH=4.2 的 HAc-NaAc 缓冲溶液，煮沸 1 min 后取下稍冷。加 6～8 滴 PAN 指示剂（PAN 在 pH 为 1.9～12.2 范围内呈黄色），用 $CuSO_4$ 标准溶液返滴过量的 EDTA 至溶液呈紫红色即为终点。记录 $CuSO_4$ 溶液的用量，计算 Al_2O_3 的含量。

3）CaO 的测定

准确移取滤液 25.00 mL 置于 250 mL 锥形瓶中。加蒸馏水稀释至约 100 mL，加 4 mL 三乙醇胺溶液(1+1)（掩蔽 Fe^{3+}、Al^{3+}），摇匀后再加 10 mL 10% NaOH 溶液，再摇匀，加入少许钙指示剂，此时溶液呈酒红色，然后用 0.02 mol·L^{-1} EDTA 标准溶液滴定至溶液呈纯蓝色即为终点。记录消耗的 EDTA 标准溶液的体积 V_1，计算 CaO 的含量。

4）MgO 的测定

准确移取 25.00 mL 滤液于 250 mL 锥形瓶中，加水稀释至约 100 mL，加 4 mL三乙醇胺溶液（1+1）、4 mL 10%酒石酸钾钠溶液，用氨水（1+1）调 pH 约为 10，摇匀后，加入 10 mL pH=10 的 NH_3-NH_4Cl 缓冲溶液，再摇匀，然后加入 4～5滴酸性铬蓝 K-萘酚绿 B 指示剂，用 0.02 mol·L^{-1} EDTA 标准溶液滴定，溶液由紫红色变为蓝色，即为终点。记下消耗的 EDTA 标准溶液的体积 V_2，这是滴定 Ca^{2+}、Mg^{2+} 的总含量消耗的体积。根据此结果计算所得的为 Ca、Mg 的总量，由 V_2-V_1 计算试样中 MgO 的含量。

五、思考题

简述本实验各种组分的测定原理。

注释

(1) 在测定 Fe^{3+} 后的溶液中加入过量的 EDTA，加热调 pH=4.2，以保证 $Al^{3+}+H_2Y^{2-}$ ══ AlY^-+2H^+ 的反应进行完全，然后在此 pH 下用 Cu^{2+} 滴定剩余量的 EDTA 是此实验设计的妙笔。按照配位滴定理论，准确滴定 Al^{3+} 的适宜酸度范围为 4.1～3.7，这意味着要用 EDTA 准确滴定 Al^{3+}，溶液的 pH 必须大于等于 4.1，然而 Al^{3+} 在 pH=3.7 时便开始水解，到 pH=4.2 已经水解得差不多了，因此这是一个不合理的范围。加之 Al^{3+} 与 EDTA 的配合物 AlY^- 溶解度较小，Al^{3+} 对二甲酚橙指示剂有封闭等，都给 EDTA 测定 Al^{3+} 带来了困难。实际分析中，采用测 Al^{3+} 的方法有返滴定法和置换滴定法。一般是在 pH 为 5～6 时，用 Zn^{2+} 滴定剩余或置换出来的 EDTA。但在本实验中有大量的 Ca^{2+} 存在，pH 为 5～6 时会有部分 Ca^{2+} 被滴定。此实验在加入过量的 EDTA 后，加热，调 pH＝4.2，用 Cu^{2+} 滴定剩余量的 EDTA 恰好使 Ca^{2+} 不被滴定(可以算出 pH＝4.2 时，$\lg K'_{CaY}=10.7-8.04=2.66$)。

(2) Cu^{2+} 标准溶液是用 $CuSO_4 \cdot 5H_2O$ 配制的，显然不够准确，需要标定。在此实验中，已标定了 EDTA 标准溶液的浓度，只要测得 Cu^{2+} 标准溶液与 EDTA 标准溶液在实验条件下的比值，便可计算 Cu^{2+} 标准溶液的浓度。这里使用了两溶液体积比与浓度比的关系。

应用实验十七　加碘食盐的质量检验

一、实验目的

(1) 学习复杂物质分析方法，锻炼解决实际问题的能力。

(2) 了解食盐的分析方法。

二、食盐简介

食盐是人们生活中不可缺少的调味品，又是副食品加工中重要的辅料。我国食用盐的历史可以追溯到 5000 年前。食盐不仅有调味作用，还具有一定的医用价值和营养价值。成年人每天食用 10 g 左右的食盐即可满足身体需要，过量食用常可导致一些疾病的产生，食盐摄入量过多是引起高血压病的重要因素。

食盐的主要成分是氯化钠，还含有少量的钾、镁、钙等物质。

为保证食盐的质量，食盐一直作为专卖品由国家统一销售，并制定了 GB 2721—2003《食用盐卫生标准》、GB 14880—2012《食品安全国家标准　食品营养强化剂使用标准》等，规定了食盐的感官指标、理化指标及检验方法。

(1) 感官指标：白色、味咸，无可见的外来杂物，无苦味、涩味，无异嗅。

(2) 理化指标：理化指标应符合表 4-1 的规定。

表 4-1　食盐理化指标

项目		指标
氯化钠(以干基计)/%		≥97
水不溶物/%	普通	≤0.4
	精制盐	≤0.1
硫酸盐(以 SO_4^{2-} 计)/%		≤2

续表

项目	指标
氟(以 F 计)/($mg \cdot kg^{-1}$)	≤2.5
镁/%	≤0.5
钡(以 Ba 计)/($mg \cdot kg^{-1}$)	≤15
砷(以 As 计)/($mg \cdot kg^{-1}$)	≤0.5
铅(以 Pb 计)/($mg \cdot kg^{-1}$)	≤1
食品添加剂	按 GB 2760—2011 规定
碘化钾,碘酸钾(以碘计)/($mg \cdot kg^{-1}$)	按 GB 14880—2012 规定

注:参考 GB 5461—2003。

本实验分别采用沉淀滴定法、重量分析法、比色法、EDTA 配位滴定法、碘量法对食盐样品中氯化钠、水不溶物、硫酸盐、镁、碘化钾 5 项指标进行检验。

三、实验方法

1. 感官检查

(1) 将样品撒在一张白纸上观察其颜色,应为白色或白色带淡灰色或淡黄色,加有抗结剂铁氰化钾的为淡蓝色,因其来源而异,不应含有肉眼可见的外来机械杂质。

(2) 取约 20 g 样品于瓷研钵中研碎后立即检查,不应有气味。

(3) 取约 5 g 样品用 100 mL 温水溶解,其水溶液应具有纯净的咸味,无其他异味。

2. 水不溶物

仪器:称量瓶;烘箱;500 mL 烧杯;100 mL 量筒;500 mL 容量瓶;电炉;分析天平。

试剂:50 $g \cdot L^{-1}$ 硝酸银溶液。

分析步骤:

(1) 预先取直径为 12.5 cm (或 9 cm) 的快速定量滤纸,折叠后置于高形称量瓶中,滤纸连同称量瓶在(100±5) ℃烘至恒量,得到 m_1。

(2) 称取 25.00 g 样品置于 500 mL 烧杯中,加约 200 mL 水,置沸水浴上加热,不断用玻璃棒搅拌,使全部溶解。

(3) 将步骤(2)中溶液通过恒量滤纸过滤,滤液收集于 500 mL 容量瓶中,用热水反复冲洗沉淀及滤纸至无氯离子反应(加 1 滴硝酸银溶液检查,不产生白色浑浊为止)。加水至刻度,混匀,此液留作其他项目测定用。

(4) 将带有水不溶物的滤纸与称量瓶干燥至恒量,得到 m_2。首次干燥 1 h,以后每次为30 min,取出放入干燥器中 30 min 后称量,至两次所称质量之差不超过 0.001 g。

计算:

$$w_1=\frac{m_2-m_1}{m_2}\times 100\%$$

3. 氯化钠

原理、主要仪器及试剂同第 3 章基础实验十六。

分析步骤:吸取 25.00 mL 实验方法 2(3)中滤液于 250 mL 容量瓶中,加水至刻度,混匀。从容量瓶中移取稀释液 25.00 mL 置于 250 mL 锥形瓶中,加水 25 mL、5% K_2CrO_4 1 mL,在不断摇动下,用 $AgNO_3$ 标准溶液滴定至溶液呈砖红色,即为终点。平行测定三份,计算试样中氯含量。

计算:

$$w_{NaCl}=\frac{c_{AgNO_3}[V_{AgNO_3(样品)}-V_{AgNO_3(空白)}]M_{NaCl}\times 10^{-3}}{m_{试样}\times\frac{25.00}{500.0}\times\frac{25.00}{250.00}}\times 100\%$$

4. 硫酸盐(铬酸钡法)

原理:铬酸钡溶解于稀盐酸中,可与样品中硫酸盐生成硫酸钡沉淀,溶液中和后,多余的铬酸钡及生成的硫酸钡呈沉淀状态,过滤除去,而滤液则含有硫酸根所取代出的铬酸离子,与标准系列比较定量。

仪器:分光光度计;50 mL 具塞比色管;20 mL 移液管;10 mL 吸量管;250 mL 锥形瓶;电炉。

试剂:铬酸钡混悬液[称取 19.44 g 铬酸钾与 29.44 g 氯化钡($BaCl_2\cdot 2H_2O$),分别溶于 100 mL 水中,加热至沸腾;将两溶液共同倾入 3000 mL 烧杯内,生成黄色铬酸钡沉淀;待沉淀沉降后,倾出上层液体,然后每次用 1000 mL 水冲洗沉淀 5 次左右;最后加水至 1000 mL,成混悬液,每次使用前混匀];盐酸(1+4);氨水(1+2);硫酸盐标准溶液(准确称取 1.4787 g 干燥过的无水硫酸钠或 1.8141 g 干燥过的无水硫酸钾,溶于少量水中,移入 1000 mL 容量瓶,加水稀释至刻度,此溶液每毫升相当于 1.0 mg 硫酸根)。

分析步骤:吸取 20.00 mL 实验方法 2(3)中滤液,及 0 mL、0.50 mL、1.0 mL、3.0 mL、5.0 mL、7.0 mL 硫酸盐标准溶液,分别置于 250 mL 锥形瓶中,各加水至 50 mL。于每瓶中加入 3~5 粒玻璃珠(以防爆沸)及 1 mL 盐酸(1+4),加热煮沸 5 min。再分别加入 2.5 mL 铬酸钡混悬液,再煮沸 5 min 左右,使铬酸钡和硫酸盐生成硫酸钡沉淀。

取下锥形瓶放冷，于每瓶内逐滴加氨水(1+2)，中和至呈柠檬黄色。

再分别过滤于 50 mL 具塞比色管中（滤液应透明），用水洗涤三次，洗液收集于比色管中，最后用水稀释至刻度，用 1 cm 比色皿，于波长 420 nm 处测吸光度，绘制标准曲线比较。

计算：

$$w_{SO_4^{2-}}=\frac{m_{SO_4^{2-}}}{m_{试样}\times\frac{20.00}{500.0}}\times100\%$$

5. 镁

原理：在 pH=10 的氨性缓冲溶液中，以铬黑 T 为指示剂，用 EDTA 标准溶液滴定钙、镁总量；调节 pH=12，此时镁以氢氧化物的形式沉淀出，以钙指示剂为指示剂，用 EDTA 标准溶液滴定测得钙量，两者之差即为镁含量。

仪器：10 mL 微量滴定管；50 mL 移液管；250 mL 锥形瓶。

试剂：0.01 mol · L^{-1} EDTA 标准溶液；铬黑 T 指示剂；钙指示剂；pH=10 的氨性缓冲溶液；100 g · L^{-1} NaOH 溶液。

分析步骤：吸取 50 mL 测定水不溶物的滤液，即实验方法 2(3) 中滤液，置于 250 mL 锥形瓶中。加入 2 mL 100 g · L^{-1} NaOH 溶液及约 0.01 g 钙指示剂，搅拌溶解后，立即用EDTA标准溶液滴定，至溶液由酒红色变为纯蓝色即为终点。记录消耗 EDTA 标准溶液的体积 V_1。

再吸取 50 mL 测定水不溶物的滤液，即实验方法 2(3) 中滤液，置于 250 mL 锥形瓶中，加 5 mL 氨缓冲溶液及约 5 mg 铬黑 T 混合指示剂，搅拌溶解后立即用 EDTA 标准溶液滴定，至溶液由酒红色变为亮蓝色即为终点。记录消耗 EDTA 标准溶液的体积 V_2。

计算：

$$w_{Mg}=\frac{c_{EDTA}(V_2-V_1)M_{Mg}\times10^{-3}}{m_{试样}\times\frac{50.00}{500.0}}\times100\%$$

6. 碘

1) 定性

首先定性确定添加剂为碘化钾还是碘酸钾。

仪器：白瓷板。

试剂：硫酸(1+3)；5 g · L^{-1} 亚硝酸钠溶液；5 g · L^{-1} 淀粉溶液；10 g · L^{-1} 硫代硫酸钠；硫酸。

(1) KI定性。

混合试剂：4滴硫酸(1+3)，8滴5 g·L^{-1}亚硝酸钠溶液，20 mL 5 g·L^{-1}淀粉溶液，临用时混合。

分析步骤：取约2 g样品，置于白瓷板上，滴2～3滴混合试剂于样品上，如显蓝紫色，表示有碘化物存在。

(2) 碘酸钾定性。

原理：碘酸钾为氧化剂，在酸性条件下易被硫代硫酸钠还原生成碘，遇淀粉显蓝色，当硫代硫酸钠浓度较高时，生成的碘又可和剩余的硫代硫酸钠反应，生成碘离子使蓝色消失，硫代硫酸钠控制一定浓度可以建立此定性反应。

显色液配制：10 mL 5 g·L^{-1}淀粉溶液，12滴10 g·L^{-1}硫代硫酸钠与5～10滴硫酸混合，临用时现配。

分析步骤：称取数克样品，滴1滴显色液，显蓝色为阳性反应，阴性者不反应(此反应特异)。

测定范围：每克盐含30 μg碘酸钾(含18 μg碘)立即显浅蓝色，含50 μg呈蓝色，含碘越多蓝色越深。

2) 定量(添加KI)

原理：样品中的碘化物在酸性条件下用饱和溴水氧化成碘酸盐，加入甲酸钠除去过量的溴，再加入碘化钾与碘酸钾作用，析出的碘用硫代硫酸钠标准溶液滴定，测定碘离子的含量。其反应式如下：

$$I^- + 3Br_2 + 3H_2O \longrightarrow IO_3^- + 6H^+ + 6Br^-$$

$$3Br_2 + 2HCOO^- + 2H_2O \longrightarrow 2CO_3^{2-} + 4H^+ + 2Br^-$$

$$IO_3^- + 5I^- + 6H^+ \longrightarrow 3I_2 + 3H_2O$$

$$I_2 + 2Na_2S_2O_3 \longrightarrow 2NaI + Na_2S_4O_6$$

仪器：50 mL酸式滴定管；250 mL锥形瓶；250 mL碘量瓶；100 mL量筒；分析天平。

试剂：1 mol·L^{-1}盐酸；50 g·L^{-1}碘化钾溶液；饱和溴水(取25 mL试剂溴至100 mL水中，充分摇匀)；100 g·L^{-1}甲酸钠溶液；淀粉指示液；0.1 mol·L^{-1}硫代硫酸钠标准溶液。

分析步骤：称取10.0 g均匀加碘食盐置于250 mL碘量瓶中，加100 mL水溶解，加2 mL 1 mol·L^{-1}盐酸和2 mL饱和溴水，混匀，放置5 min，摇动下加入5 mL100 g·L^{-1}甲酸钠溶液，放置5 min后加5 mL 50 g·L^{-1}碘化钾溶液，静置约10 min，用0.002 mol·L^{-1}硫代硫酸钠标准溶液滴定至溶液呈浅黄色时，加5 mL淀粉指示剂，继续滴定至蓝色恰好消失即为终点。

如果盐样含杂质过多，应先取盐样加水150 mL溶解，过滤，取100 mL滤液至250 mL锥形瓶中，然后进行操作。

计算：

$$w_{I_2}=\frac{\frac{1}{12}c_{Na_2S_2O_3}V_{Na_2S_2O_3}M_{I_2}\times10^{-3}}{m_{试样}}\times100\%$$

四、思考题

简述本实验各种组分的测定原理。

第 5 章　设 计 实 验

5.1　设计实验的目的和要求

在基础实验、应用实验结束之后，安排学生进行 2～4 周的设计实验。在设计实验期间实行全开放式教学，旨在强化基本操作训练和实验素质培养的基础上，给学生一个以自我训练为主的机会和思考、置疑、发现、探究与自由发挥的空间。加强学生对分析化学理论知识的理解及实验技能的应用能力；培养学生对信息资料收集与整理、数据记录与分析、发现问题、提出问题、分析问题和解决问题的能力。让学生在实验课堂上体会创造的内涵，经受失败的磨砺，感受成功的快乐，锻炼学生的意志，调动学生的知识潜能，启迪学生的思维，激发学生的创造欲望，提高学生独立工作的能力。使教师的教学思想与学生的学习愿望发生“共振”，从而使教与学都有更高的效率和追求。

本书所列出的设计实验预选题目以无机物的混合体系中组分含量测定为主。考虑到学生各方面的差异性，实验题目按其难度分成三个级别，难度依次增加。每级给出一定数目的选题，同时鼓励学生自带设计实验项目（含大学生课外科技活动项目）。Ⅰ、Ⅱ两级题目为常用无机化学物质的混合体系，但共存组分间的干扰较容易克服，有较多可参考的示例，主要考查的是操作技术、数据处理能力和独立工作能力。要求学生独立完成实验，且对分析结果的准确度要求较高。Ⅲ级题目有一定的难度，主要体现在固体试样中往往有难溶物质存在，而对混合物的溶解问题的解决是学生在经典实验中训练较少的内容，故允许学生两三人组成小组选题。实验室应给学生提供互联网、参考书籍等以备查用，同时应在时间和空间上为学生提供方便，以利于学生在对实际样品分析的过程中，展现和提高自己的学习能力、解决问题的能力、团队合作能力和创新能力。

作为学生成绩考核内容之一，不同级别题目应设定有不同的基础分，完成设计实验的成绩应在完成质量评分上乘以一定的基础分折算系数得出，如选择Ⅰ级题得分＝0.8×总分，Ⅱ级题得分＝1.0×总分，Ⅲ级题目适当加分。学生自带题目的应由指导教师组事先评定等级。

学生选定题目后，应明确分析任务、目的和要求，依托对分析化学理论和实验知识的积累，查阅相关参考文献资料，结合实验室条件和分析要求选择合适的实验方法。在此基础上，拟订详细的实验和分析结果评价方案。方案通过指导教师的考查合格后，应及时与指导教师、实验室教辅人员约定实验时间。学生必须在约定的时间内完成实验并及时上交实验报告。

5.2 设计实验的一般步骤

5.2.1 选题

根据教学要求、个人分析化学理论知识掌握的程度、实验技术及对成绩的期待值等，在两周前选择本人能独立完成的题目。

5.2.2 设计实验方案

实验方案可以流程图的形式列出，但应说明以下问题。

(1) 分析方法原理，包括所应用的化学反应、平衡常数与平衡关系式、准确或分别滴定的判断、滴定剂的选择、化学计量点的计算、指示剂的选择及分析结果的计算公式等。

(2) 实验所需仪器的种类、型号、数量，所需试剂的种类、用量、浓度、配制方法与标定方法。

(3) 实验步骤，包括样品的采集及试样量的确定、试样分解与分析试液的制备、试样测定等。

(4) 误差分析和评价方法。

(5) 实验注意事项，对实验中可能存在的技术性、安全性问题有充分的思想和技术上的准备。

注意：分析试样为固体时，试样中一般认为存在惰性杂质，不影响分析过程，但具体杂质含量未知，因此设计实验方案时必须对混合物中的每个组分分别测定出各自的含量。

5.2.3 实验前准备

设计方案应在实验进行前一周送交指导教师审查，通过后，由学生申请并经教师、实验室工作人员批准，登记进入实验室的时间。

设计实验中所用的试剂与仪器清单应在实验方案审查通过后及时提交实验室备案，以便实验室采购和准备。提倡尽量使用实验室现有物品，原则上不使用有毒有害试剂。在条件允许的情况下，实验室应尽可能为学生实验提供便利。

5.2.4 完成实验

学生应在申请的时间内进行实验并参与当天的讨论。所需试剂、器皿除公用部分外，由本人向实验室工作人员借用，实验中所用试剂由学生个人配制和妥善保存。要注意节约，杜绝浪费。当日实验结束后，应及时归还借用物品。学生在实验室工作期间应对实验室安全、卫生负责。

5.2.5 实验报告

实验结束后，应妥善保存原始实验数据并及时上交副本，并在其后一周上交设计实验报告。报告内容应包括以下内容：

(1) 试样信息及分析任务。

(2) 实验原理、试样测定所涉及的原理(不包括标准溶液的标定)。

(3) 实验步骤、实验现象，要求完整、简洁、详细。

(4) 原始数据、数据处理，将全部分析数据及处理结果列入表格，一般液体试样以浓度单位表示，固体式样以质量分数表示。

(5) 实验结果和对分析结果的评价，报出分析结果并以合适的方式对其可靠程度做出评价。

(6) 讨论，对实验中遇到的问题和解决、体会及提高、认识与不足等加以讨论。如果实际做法与设计方案不一致，应对自己设计方案中的问题给予说明。

(7) 参考文献，写出设计实验方案时所参考的书籍、文献等。

5.3 设计实验案例一 $NaOH$-Na_3PO_4 混合液中各组分含量的测定

§ 实验方案

一、设计思路

$NaOH+Na_3PO_4$(无色透明溶液)

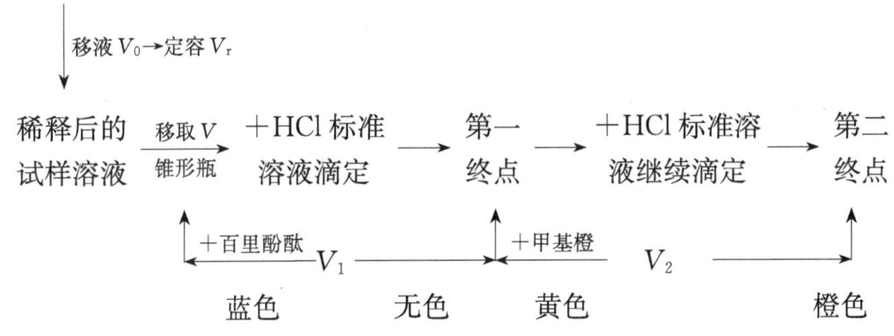

二、实验原理

$NaOH$ 和 Na_3PO_4 分别为强碱和多元碱。已知：H_3PO_4 的 $pK_{a_1}=2.12$，$pK_{a_2}=7.20$，$pK_{a_3}=12.36$，故 Na_3PO_4 的 $pK_{b_1}=14.00-12.36=1.64$，$pK_{b_2}=14.00-$

7.20＝6.80，$pK_{b_3}=14.00-2.12=11.88$。

因为 $K_{b_1}>10^{-7}$，$K_{b_2}>10^{-7}$，$K_{b_3}<10^{-7}$，$K_{b_1}/K_{b_2}>10^5$，$K_{b_2}/K_{b_3}>10^5$，所以 Na_3PO_4 的第一、二两级碱可以被酸分别滴定，但第一级碱和 NaOH 无法分开，应同时被滴定，再继续滴定 Na_3PO_4 的第二级碱。

三、主要仪器及试剂

仪器：50 mL 酸式滴定管；250 mL 锥形瓶；2 mL 和 25 mL 移液管；100 mL 和 200 mL 容量瓶；10 mL 量筒；100 mL 烧杯；分析天平。

试剂：0.1 mol · L^{-1} HCl 标准溶液[配制方法：用量筒量取 4.2～4.5 mL 浓 HCl(12 mol · L^{-1})，注入预先盛有适量水的试剂瓶中，加水稀释至 500 mL，摇匀备用；标定方法：准确称取烘干无水碳酸钠三份，每份质量为 0.15 g 左右，加入 30～40 mL 水溶解，加入 1～2 滴甲基橙指示剂，用配制的 HCl 溶液滴定至由黄色变橙色为终点，计算 HCl 标准溶液浓度]；0.1％百里酚酞指示剂或 0.2％酚酞指示剂；0.2％甲基橙指示剂或 0.1％溴酚蓝指示剂；Na_2CO_3 基准物质；分析纯 NaOH 和 $Na_3PO_4 \cdot 12H_2O$，配制标准储备液用。

四、实验步骤

1. 初步实验——实验方法的考察及取样量的确定

用 1.0～2.0 mL 移液管取试液于 250 mL 锥形瓶中，加 30 mL 水、2 滴百里酚酞指示剂，用 HCl 标准溶液滴定至蓝色变无色为终点，记下滴定消耗 HCl 体积为 V_1。加入甲基橙指示剂 1～2 滴，继续用 HCl 标准溶液滴定至溶液由黄色变橙色为终点，记下第二次消耗 HCl 体积为 V_2。计算当消耗滴定剂体积符合分析要求时(V_1 和 V_2 至少其一≥20 mL)的取样量。

将指示剂换成酚酞，观察滴定终点颜色的变化。根据终点变色是否敏锐考察指示剂是否合适。

根据消耗滴定剂体积确定正式实验的取样量及方式。方法如下：

设试样分析时消耗滴定剂体积≥20 mL；$V_{取样体积}/\text{mL}=20V_{初试}/V_1$，或 $V_{取样体积}/\text{mL}=20V_{初试}/V_2$。

当 $V_{取样体积}\geq 20$ mL 时，取小样进行正式实验；当 $V_{取样体积}<10$ mL 时，则应采用取大样法进行实验。

2. 试样分析

假设初步实验中指示剂变化明显，按上式算得每次测定应取原试样＜5 mL，则应采用取大样法进行实验。

(1) 用移液管准确移取原试液 V_0 于 250 mL 容量瓶中，定容，摇匀，得试样液。

(2) 用移液管准确移取试样液 V 于 250 mL 锥形瓶中，加入 2 滴百里酚酞指示剂，用 HCl 标准溶液滴定至蓝色恰变无色为终点，记下消耗 HCl 体积为 V_1(mL)。加入甲基橙指示剂 1～2 滴，继续用 HCl 标准溶液滴定至溶液由黄色恰变橙色为终点，记下第二次消耗 HCl 体积为 V_2(mL)。平行测定 3～5 次，计算各组分的含量($g \cdot L^{-1}$)。

五、分析结果准确度的考察

化学分析实验可采用加标回收法或标准物比对法(也称模拟试样)对分析结果的准确度进行评价。对组成简单的试样一般用标准物比对法，对组成复杂的试样宜采用加标回收法。本实验用标准物比对法。

1. 标准合成试样的配制

(1) 按试样分析所得结果计算出分别配制浓度 2 倍于试样含量的 NaOH 和 Na_3PO_4 溶液各 100 mL 所需 NaOH 和 Na_3PO_4 的质量。分别称取计算量分析纯 NaOH 和 Na_3PO_4 于小烧杯中，加水溶解，转入试剂瓶中并稀释至 100 mL，摇匀，得 NaOH 和 Na_3PO_4 的标准储备液待用。

(2) 分别移取 25.00 mL 的 NaOH 和 Na_3PO_4 标准储备液于两个 100.0 mL 容量瓶中，定容后摇匀，得稀释液。

(3) 分别移取一定量的 NaOH 和 Na_3PO_4 稀释液，加入与实验相同的指示剂，用 HCl 标准溶液滴定至终点。平行测定 3～5 次，计算出各标准储备液中的溶质含量 ρ_{NaOH} 和 $\rho_{Na_3PO_4}$ ($g \cdot L^{-1}$)。

(4) 移取等体积的 NaOH 和 Na_3PO_4 标准储备液于合适的容器中，摇匀，得标准合成试样溶液(其中各组分浓度应尽量与试样溶液接近)。

2. 标准合成试样的分析

按试样分析的相同步骤测定并计算出标准合成试样中各组分的含量。

3. 显著性检验

以标准储备液的测定值为各组分的标准值，以标准合成试样分析结果为测定值，用 F 检验和 t 检验确定标准值与测定值是否存在显著性差别($P=95\%$)。如存在，说明分析方法有问题，应重新设计并实验；如无显著性差别，说明分析方法合理，结果可靠。

六、参考文献

华东理工大学. 2009. 分析化学. 6 版. 北京：高等教育出版社.

李暐，刘毓琪，孙明礼. 2009. 分析化学实验. 哈尔滨：东北林业大学出版社.
武汉大学. 2006. 分析化学. 5 版. 北京：高等教育出版社.

§ 实验报告

一、试样信息及分析任务

（1）试样信息：$NaOH\text{-}Na_3PO_4$ 混合溶液由实验室提供，为无色、透明溶液。

（2）分析任务：测定 NaOH 与 Na_3PO_4 的含量，以 $g \cdot L^{-1}$ 表示。

二、实验原理

NaOH 和 Na_3PO_4 分别为强碱和多元碱。当以 HCl 滴定混合液至第一化学计量点时

$$NaOH + HCl \xlongequal{} NaCl + H_2O$$

$$PO_4^{3-} + H^+ \xlongequal{} HPO_4^{2-}$$

NaOH 和 Na_3PO_4 分别被滴定生成 H_2O 和 HPO_4^{2-}，溶液中$[H^+]$为

$$[H^+] = \sqrt{K_{a_2} K_{a_3}} = \sqrt{10^{-7.2} \times 10^{-12.36}} = 10^{-9.8}$$

$$pH = 9.8$$

因此选择百里酚酞(变色范围 pH 为 9.3～10.5)作指示剂，终点时溶液由蓝色变为无色(或者酚酞，变色范围 pH 为 8.0～10.0，终点时溶液由红色变为无色)。消耗盐酸的体积记作 V_1(mL)。

继续滴定至第二化学计量点时

$$HPO_4^{2-} + H^+ \xlongequal{} H_2PO_4^-$$

HPO_4^{2-} 被滴定生成 $H_2PO_4^-$，溶液中$[H^+]$为

$$[H^+] = \sqrt{K_{a_1} K_{a_2}} = \sqrt{10^{-2.12} \times 10^{-7.2}} = 10^{-4.7}$$

$$pH = 4.7$$

因此用甲基橙(变色范围 pH 为 3.1～4.4)作指示剂，溶液由黄色变橙色为终点(也可用溴酸蓝作指示剂，pH 为 3.1～4.6，由紫色变为黄色)。消耗的盐酸体积记作V_2(mL)。

两组分含量计算式为

$$\rho_{Na_3PO_4} = \frac{c_{HCl} V_2 M_{Na_3PO_4} \times 10^{-3}}{V_s} \quad (g \cdot L^{-1})$$

$$\rho_{NaOH} = \frac{c_{HCl} (V_1 - V_2) M_{NaOH} \times 10^{-3}}{V_s} \quad (g \cdot L^{-1})$$

式中，V_s 为待测试样的体积，$V_s = \frac{V_0}{V_r} V$，V_0、V_r 以及 V 的含义见前面示意图。

三、主要仪器及试剂

同5.3.1实验方案。

四、实验步骤

1. 实验方法考察及取样量的确定

(1) $\frac{\text{移取 1.0 mL 供试液}}{\text{锥形瓶}}$+30 mL H_2O+2滴百里酚酞→用0.1 mol·L^{-1}盐酸标准溶液滴定→终点(蓝色→无色),消耗HCl V_1=4.0 mL→+1滴甲基橙→用0.1 mol·L^{-1} HCl标准溶液继续滴定→终点(黄色→橙色),消耗HCl V_2=1.5 mL。计算出符合分析要求的取样量为5~7 mL。正式实验应取大样。

(2) 将指示剂换成酚酞,观察滴定终点颜色的变化。

达第一终点时,百里酚酞指示剂蓝色变无色较明显,指示剂的用量以3~5滴为宜,改用酚酞指示剂红色变为无色较难观察;第二终点甲基橙指示剂变化明显。

2. 试样分析

(1) $\frac{\text{移取 50.0 mL 供试液}}{\text{200 mL 容量瓶}}$+$H_2O$稀释→定容→摇匀→得待测液(每25.00 mL相当于6.25 mL供试液)。

(2) $\frac{\text{移取 25.00 mL 待测液}}{\text{250 mL 锥形瓶}}$+4滴百里酚酞→用HCl标准溶液滴定→终点(蓝色→无色)→消耗HCl V_1+1~2滴甲基橙→继续用HCl标准溶液滴定→终点(黄色→橙色)→消耗HCl V_2。平行分析3次。

五、分析结果准确度的考察(标准合成试样法)

1. 标准合成试液的配制

(1) $\frac{\text{称取 NaOH 2.2 g}}{\text{100 mL 烧杯}}$+$H_2O$溶解→稀释至100 mL→具橡皮塞的白色试剂瓶→摇匀→标准储备液A。

(2) $\frac{\text{称取 } Na_3PO_4 \cdot 12H_2O \text{ 17 g}}{\text{100 mL 烧杯}}$+$H_2O$溶解→稀释至100 mL→具橡皮塞的试剂瓶→摇匀→标准储备液B。

(3) $\frac{\text{移取 25.00 mL 标准储备液 A}}{\text{100 mL 容量瓶}}$+$H_2O$稀释→定容→稀释液$A_1$。

(4) $\frac{\text{移取 25.00 mL 标准储备液 B}}{\text{100 mL 容量瓶}}$+$H_2O$稀释→定容→稀释液$B_1$。

(5) $\frac{\text{移取 25.00 mL } A_1}{\text{250 mL 锥形瓶}}$ +4 滴百里酚酞→用 HCl 标准溶液滴定→终点(蓝色→无色)→消耗 HCl V_1。平行测定 3 次,计算标准储备液中的 NaOH 含量 ρ_{NaOH}(g · L^{-1})。

(6) $\frac{\text{移取 25.00 mL } B_1}{\text{250 mL 锥形瓶}}$ +4 滴百里酚酞→用 HCl 标准溶液滴定→终点(蓝色→无色)→消耗 HCl V_2。平行测定 3 次,计算标准储备液中 Na_3PO_4 的含量 $\rho_{Na_3PO_4}$(g · L^{-1})。

(7) $\frac{\text{分别移取 50.00 mL A、B 储备液}}{\text{100 mL 容量瓶}}$ →摇匀→标准合成试液。

该标准合成试液中,$\rho_{NaOH}=21.49/2=10.74$(g · L^{-1});$\rho_{Na_3PO_4}=59.86/2=29.93$(g · L^{-1})。

2. 标准合成试液的分析

(1) $\frac{\text{移取 50.0 mL 合成试液}}{\text{200 mL 容量瓶}}$ $+H_2O$ 稀释→定容→摇匀→合成待测液。

(2) $\frac{\text{移取 25.00 mL 合成待测液}}{\text{250 mL 锥形瓶}}$ +4 滴百里酚酞→用 HCl 标准溶液滴定→终点(蓝色→无色)→消耗 HCl V_1^* →+1～2 滴甲基橙→继续用 HCl 标准溶液滴定→终点(黄色→橙色)→消耗 HCl V_2^* 。平行分析 3 次。

六、数据记录及处理

表 5-1 HCl 标准溶液标定实验数据及处理

项目 \ 序号	1	2	3
$m_{Na_2CO_3}$/g	0.1562	0.1634	0.1678
V_{HCl}/ mL	28.95	30.20	31.00
c_{HCl}/(mol · L^{-1})	0.1018	0.1020	0.1021
$\bar{c}_{HCl}$/(mol · L^{-1})	0.1020		
$\overline{d}_r$/%	0.1		

表 5-2 供试液中 NaOH 和 Na_3PO_4 浓度分析实验数据及处理

项目 \ 序号	1	2	3
c_{HCl}/(mol · L^{-1})	0.1020		
V_s/mL	6.25		
V_1/mL	35.04	35.05	35.09

续表

项目 \ 序号	1	2	3
$\rho_{NaOH}/(g \cdot L^{-1})$	10.98	10.96	11.00
$\overline{\rho}_{NaOH}/(g \cdot L^{-1})$	10.98		
$\overline{d}_r/\%$	0.1		
$\rho_{NaOH}/(g \cdot L^{-1})(P=0.95)$	10.98±0.05		
V_2/mL	13.44	13.47	13.46
$\rho_{Na_3PO_4}/(g \cdot L^{-1})$	30.04	30.10	30.08
$\overline{\rho}_{Na_3PO_4}/(g \cdot L^{-1})$	30.07		
$\overline{d}_r/\%$	0.08		
$\rho_{Na_3PO_4}/(g \cdot L^{-1})(P=0.95)$	30.07±0.07		

表 5-3 标准储备液分析实验数据及处理

项目 \ 序号	1	2	3
$c_{HCl}/(mol \cdot L^{-1})$	0.1020		
V_{NaOH}/mL	5.00		
V_1^*/mL	26.35	26.33	26.30
$\rho_{NaOH}/(g \cdot L^{-1})$	21.51	21.49	21.47
$\overline{\rho}_{NaOH}/(g \cdot L^{-1})$	21.49		
$\overline{d}_r/\%$	0.06		
$\rho_{NaOH}/(g \cdot L^{-1})(P=0.95)$	21.49±0.05		
$V_{Na_3PO_4}/mL$	5.00		
V_2^*/mL	21.46	21.40	21.42
$\rho_{Na_3PO_4}/(g \cdot L^{-1})$	59.95	59.78	59.84
$\overline{\rho}_{Na_3PO_4}/(g \cdot L^{-1})$	59.86		
$\overline{d}_r/\%$	0.1		
$\rho_{Na_3PO_4}/(g \cdot L^{-1})(P=0.95)$	59.86±0.22		

表 5-4 标准合成试液分析实验数据及处理

项目 \ 序号	1	2	3
$c_{HCl}/(mol \cdot L^{-1})$	0.1020		
V/mL	6.25		
V_1^*/mL	29.88	29.90	29.92

续表

项目 \ 序号	1	2	3
$\rho_{NaOH}/(g \cdot L^{-1})$	10.75	10.74	10.76
$\bar{\rho}_{NaOH}/(g \cdot L^{-1})$	10.75		
$\bar{d}_r/\%$	0.06%		
$\rho_{NaOH}/(g \cdot L^{-1})(P=0.95)$	10.75±0.02		
V_2^*/mL	13.41	13.45	13.44
$\rho_{Na_3PO_4}/(g \cdot L^{-1})$	29.97	30.06	30.04
$\bar{\rho}_{Na_3PO_4}/(g \cdot L^{-1})$	30.02		
$\bar{d}_r/\%$	0.1%		
$\rho_{Na_3PO_4}/(g \cdot L^{-1})(P=0.95)$	30.02±0.12		

表 5-5 分析结果检验

项目 \ 序号		NaOH	Na_3PO_4
分析结果	标准值	$n=3$ $x_{b1}=10.75$ $S=0.01$	$n=3$ $\bar{x}_{b2}=29.93$ $S=0.09$
	测定值	$n=3$ $\bar{x}_1=10.75$ $S=0.01$	$n=3$ $\bar{x}_2=30.02$ $S=0.05$
F 检验($P=95\%$)		$F_{计}=1.0<F_{表}(9.28)$	$F_{计}=3.24<F_{表}(9.28)$
t 检验($P=95\%$)		$t_{计}=1.3<F_{表}(2.78)$	$t_{计}=1.51<F_{表}(2.78)$
结论		两平均值无显著性差异	两平均值无显著性差异

七、结论

供试样品用酸碱滴定法测得结果如下：

组分 NaOH：$\rho_{NaOH}=10.98\pm0.05(g \cdot L^{-1})$ （$n=3, P=95\%, \bar{d}_r=0.1\%$ ）

组分 Na_3PO_4：$\rho_{Na_3PO_4}=30.07\pm0.07(g \cdot L^{-1})$ （$n=3, P=95\%, \bar{d}_r=0.08\%$）

滴定终点指示剂变色较易观察，测定精密度好。F 检验、t 检验结果表明标准储备样与模拟样分析结果无显著性差异，说明所选用方法系统误差小，因此该分析结果应有较高的准确度。

八、存在的问题及讨论

(1) 第一计量点可用指示剂有酚酞和百里酚酞，从突跃范围与变色范围的重合程度考虑，百里酚酞更合适。另外，两种指示剂的变色方向分别为：蓝色→无色（百里酚酞）、红色→无色（酚酞），两者都存在视觉暂留的问题，故无论使用哪种指示剂，用量都要多一点为好。从实验结果看，百里酚酞更好一些，这与理论是一致的。

(2) 学生实验用供试液和一些实际样品的浓度较大，不要用吸量管或小体积的移液管取样，因器壁和管口残留溶液的变化带来的误差不能忽略，甚至是误差的主要来源。使用体积≥10 mL 的移液管较好。

(3) 如果实验室不能提供标准样品，在配制模拟试样时，要考虑以下因素：

(i) 对于基准物质，使用前需按规定方法进行前处理。例如，标定 NaOH 溶液要使用的邻苯二甲酸氢钾应首先在研钵中磨细，再放到干燥箱中于 110～120 ℃下烘 1～2 h 后，放在干燥器内使其自然冷却到室温，盛于称量瓶内备用。

(ii) 实验室提供的分析纯试剂只表明在该试剂出厂时其纯度等检验指标符合分析纯试剂的国家标准，但化学试剂在储存、运输和进入化学实验的使用过程中，会不断地与空气接触，吸水、吸收 CO_2、潮解、风化甚至被局部氧化。因此，不能简单地认为试剂的实际成分就是标签上的值。需要用经典方法对其进行分析后获得试剂纯度。

(iii) 配制模拟试样用的试剂若黏度较大，应将试剂适当稀释后使用，若为含有结晶水的物质，应将其研磨混匀后使用。

九、参考文献

同 5.3 § 实验方案。

5.4　设计实验案例二　黑木耳中钙、镁、铁含量的测定

§　实验方案

一、设计思路

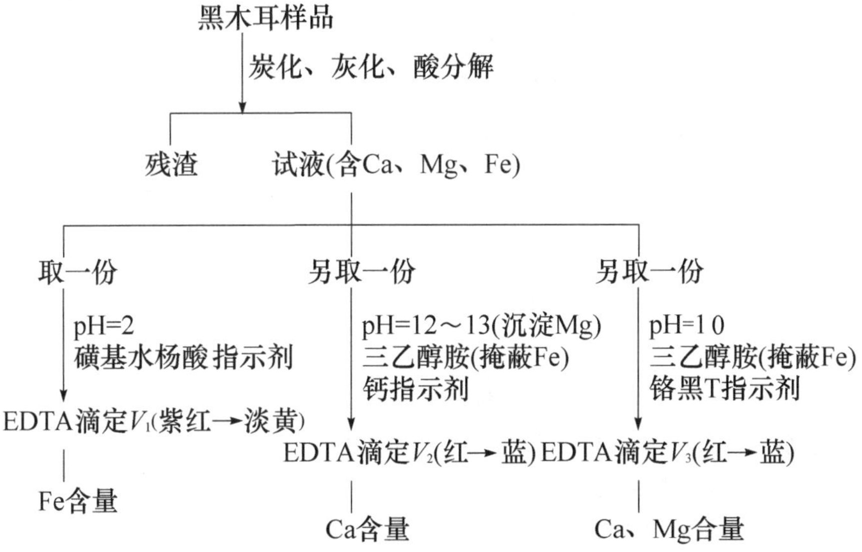

二、实验原理

查阅相关资料可知，黑木耳中钙、镁、铁的含量大约为 Ca 357 mg·(100 g)$^{-1}$、Mg 152 mg·(100 g)$^{-1}$、Fe 185 mg·(100 g)$^{-1}$，属于常量分析的范畴，可以考虑用配位滴定法进行测定。

已知：$\lg K_{FeY}=25.1$，$\lg K_{CaY}=10.7$，$\lg K_{MgY}=8.7$，且 $K_{FeY}/K_{CaY}>10^5$，$K_{CaY}/K_{MgY}<10^5$，因此可通过控制酸度的方法对 Fe^{3+} 和 Ca^{2+} 进行选择性滴定，不能通过控制酸度的方法对 Ca^{2+} 和 Mg^{2+} 进行选择性滴定。但可通过 NaOH 沉淀掩蔽 Mg^{2+}，选择滴定 Ca^{2+}。

相关理论计算如下。

1. 滴定各种离子的适宜酸度

1) EDTA 滴定 Fe^{3+} 的适宜酸度

最高酸度：$\lg\alpha_{Y(H)}$ 所对应的酸度

$$\lg\alpha_{Y(H)}=\lg K_{FeY}-8.0=25.10-8.0=17.10$$

查酸效应系数表，所对应的 pH=1.2。

最低酸度：Fe^{3+} 水解时的酸度

$$[OH^-]=\sqrt[3]{\frac{K_{sp}[Fe(OH)_3]}{c_{Fe^{3+}}}}=10^{-11.6}$$

$$pH=14.0-11.6=2.4$$

计算表明：EDTA 滴定 Fe^{3+} 的适宜酸度范围为 1.2～2.4。

本实验选用磺基水杨酸作指示剂指示 Fe^{3+} 的终点，酸度控制在 pH≈2.0。

2) EDTA 滴定 Ca^{2+} 的适宜酸度

最高酸度：$\lg\alpha_{Y(H)}$ 所对应的酸度

$$\lg\alpha_{Y(H)}=\lg K_{CaY}-8.0=10.7-8.0=2.7$$

查酸效应系数表，所对应的 pH=7.6。

最低酸度：Ca^{2+} 水解时的酸度

$$[OH^-]=\sqrt{\frac{K_{sp}[Ca(OH)_2]}{c_{Ca^{2+}}}}=10^{-1.3}$$

$$pH=14.0-1.3=12.7$$

计算表明：EDTA 滴定 Ca^{2+} 的适宜酸度范围为 7.6～12.7。

本实验选用钙指示剂指示 Ca^{2+} 的终点，酸度控制在 pH 为 12～13。

3) EDTA 滴定 Mg^{2+} 的适宜酸度

最高酸度：$\lg\alpha_{Y(H)}$ 所对应的酸度

$$\lg\alpha_{Y(H)}=\lg K_{MgY}-8.0=8.7-8.0=0.7$$

查酸效应系数表，所对应的 pH=9.7。

最低酸度：Mg^{2+} 水解时的酸度

$$[OH^-]=\sqrt{\frac{K_{sp}[Mg(OH)_2]}{c_{Mg^{2+}}}}=10^{-4.2}$$

$$pH=14.0-4.2=9.8$$

计算表明：EDTA 滴定 Mg^{2+} 的适宜酸度范围为 9.7～9.8。

本实验选用铬黑 T 指示剂指示 Mg^{2+} 的终点，酸度控制在 pH≈10.0。

2. 估算黑木耳称样量

滴定分析要求 TE＜0.2%，滴定消耗 EDTA 的体积为 30 mL$\geqslant V_{EDTA}\geqslant$ 20 mL。

依据黑木耳试样 Ca 参考值 357 mg · 100 g^{-1}，可配制 c_{EDTA}= 0.005 mol · L^{-1}，黑木耳称样量估算如下：

$$m_{试样}=V_{EDTA}c_{EDTA}M_{Ca}\times10^{-3}\times\frac{250.0}{25.00}\times\frac{100}{0.3}$$

$$m_{试样1}=20\times0.005\times40\times10^{-3}\times\frac{250.0}{25.00}\times\frac{100}{0.357}\approx11.2(g)$$

$$m_{试样2}=30\times0.005\times40\times10^{-3}\times\frac{250.0}{25.00}\times\frac{100}{0.357}\approx16.8(g)$$

黑木耳称样量范围是 11～17 g。

因为试样中铁含量大约是钙的一半，因此样品分解后，取试液分析铁时可多取一倍的量。

3. 估算基准物的称量范围

EDTA 采用基准物 $CaCO_3$ 标定，称取一定量的 $CaCO_3$，溶解后定容至 250.0 mL，分取 25.00 mL 平行 3 份，为满足滴定误差的要求，滴定时消耗 EDTA 的体积为 20～30 mL，则基准物 $CaCO_3$ 称样量估算如下：

$$m_{CaCO_3 1}=20\times0.005\times100\times10^{-3}\times\frac{250.0}{25.00}=0.1(g)$$

$$m_{CaCO_3 2}=30\times0.005\times100\times10^{-3}\times\frac{250.0}{25.00}=0.15(g)$$

$CaCO_3$ 称量范围是 0.1～0.15 g。

三、主要仪器及试剂

仪器：50 mL 滴定管；250 mL 锥形瓶；25 mL 移液管；250 mL 容量瓶；分析天

平；台秤；电炉；马弗炉；坩埚。

试剂：0.005 mol·L^{-1} EDTA 溶液（称取 1.0 g EDTA 于烧杯中，加水，温热溶解，冷却后移入试剂瓶中并稀释至 500 mL，摇匀）；0.005 mol·L^{-1}钙标准溶液[用差减法准确称取 0.1～0.12 g 基准物质 $CaCO_3$ 于小烧杯中，用少量水润湿，盖上表面皿，从烧杯嘴处往烧杯中滴加 5 mL(1+1) HCl，使 $CaCO_3$ 完全溶解，加水 50 mL，微沸几分钟以除去 CO_2，冷却后用水冲洗烧杯内壁和表面皿，定量转移至 250 mL 容量瓶中，定容，摇匀，计算钙的准确浓度]；20% NaOH；三乙醇胺(1+3)；HCl(1+1)；浓 HNO_3；氨水(1+1)；铬黑 T 指示剂；10%磺基水杨酸；钙指示剂；NH_3-NH_4Cl 缓冲溶液(pH=10)。

四、实验步骤

1. EDTA 溶液的标定

用移液管移取钙标准溶液 25.00 mL 于锥形瓶中，加水 70 mL，加 5 mL 20% NaOH 溶液，加少许钙指示剂，用 EDTA 标准溶液滴定溶液由红色变为蓝色即为终点。平行标定三份，计算 EDTA 的浓度。

2. 黑木耳试样的处理

将干的黑木耳用粉碎机粉碎后，称取试样粉末 15 g 于坩埚中，在电炉上炭化、灰化完全，置于高温炉中于 650 ℃灼烧 2 h。取出冷却后，加入 10 mL(1+1) HCl 和7～8滴浓 HNO_3，浸泡 20 min 并不断搅拌，静置沉降，过滤。用 250 mL 容量瓶承接，用蒸馏水洗沉淀、坩埚数次。定容、摇匀，待测。

3. EDTA 测铁

准确移取上述试液 50.00 mL 于锥形瓶中，加 50 mL 水、2 滴 10%磺基水杨酸。用氨水(1+1)和 HCl 溶液(1+1)调节溶液至紫红色(pH≈2)，然后加热至约 70 ℃，用 EDTA 标准溶液滴定，溶液由紫红色变为淡黄色时即达到终点。平行滴定三次，计算铁的含量。

4. EDTA 测钙

准确移取试液 25.00 mL 于锥形瓶中，加 5 mL 三乙醇胺(1+3)、50 mL 水、5 mL 20% NaOH 溶液，加少许钙指示剂，用 EDTA 标准溶液滴定溶液由红色变为蓝色为终点。平行滴定三次，计算钙的含量。

5. EDTA 测镁

准确移取试液 25.00 mL 于锥形瓶中，加 5 mL 三乙醇胺(1+3)、50 mL 水、

5 mL pH＝10 的 NH_3-NH_4Cl 缓冲溶液，加少许铬黑 T 指示剂，用 EDTA 标准溶液滴定溶液由红色变为蓝色为终点。平行滴定三次，得到钙镁的总量，然后用差减法计算镁的含量。

五、参考文献

四川大学，浙江大学．2003．分析化学实验．3 版．北京：高等教育出版社．
武汉大学．2009．分析化学实验．4 版．北京：高等教育出版社．

§　实验报告

一、试样信息及分析任务

（1）试样信息。黑木耳是一种营养丰富的食用菌，因生长于腐木之上，其形似人的耳朵，故名木耳。黑木耳营养价值很高，其中蛋白质含量和肉类相当，铁比肉类高 10 倍，钙是肉类的 20 倍，维生素 B_2 是蔬菜的 10 倍以上，还含有多种有益氨基酸和微量元素。本实验中的试样为超市购买的干黑木耳。

（2）分析任务。测定黑木耳中钙、镁和铁的含量，以 mg・$(100\ g)^{-1}$表示。

二、实验原理

样品经炭化、灰化、酸分解处理后，在 pH＝2.0 时用磺基水杨酸作指示剂滴定 Fe^{3+}，终点颜色为紫红色变为淡黄色。其滴定反应式为

$$Fe^{3+}+H_4Y = FeY^-+4H^+$$

根据消耗的 EDTA 的体积 V_1，计算试样中 Fe^{3+}含量[mg・$(100\ g)^{-1}$]。

$$w_{Fe}=\frac{c_{EDTA}V_1M_{Fe}}{m_{试样}\dfrac{50.00}{250.0}}\times 100$$

测定钙镁时铁对测定有影响，加入三乙醇胺对其进行掩蔽，调节 pH＝12～13，滴定 Ca^{2+}，这时 Mg^{2+}生成 $Mg(OH)_2$ 沉淀，不影响滴定结果。钙指示剂指示终点为酒红色变为纯蓝色。其滴定反应式为

$$Ca^{2+}+Y^{4-} = CaY^{2-}$$

根据消耗的 EDTA 的体积 V_2，计算试样中 Ca^{2+}含量[mg・$(100\ g)^{-1}$]。

$$w_{Ca}=\frac{c_{EDTA}V_2M_{Ca}}{m_{试样}\dfrac{25.00}{250.0}}\times 100$$

另取一份试样，在 pH＝10 时，以铬黑 T 为指示剂，用 EDTA 滴定溶液中

Ca^{2+}、Mg^{2+}的总含量。由Ca^{2+}、Mg^{2+}的总含量中减去Ca^{2+}的含量，即得Mg^{2+}的含量。其滴定反应式为

$$Ca^{2+}+HY^{3-}═══CaY^{2-}+H^{+}$$

$$Mg^{2+}+HY^{3-}═══MgY^{2-}+H^{+}$$

根据消耗的EDTA的体积V_3以及滴定Ca^{2+}时消耗的体积V_2，利用差减法计算试样中Mg^{2+}含量[mg·(100 g)$^{-1}$]。

$$w_{Mg}=\frac{c_{EDTA}(V_3-V_2)M_{Mg}}{m_{试样}\frac{25.00}{250.0}}\times100$$

三、主要仪器及试剂

同5.4§实验方案。

四、实验步骤

1. EDTA溶液的标定

$\frac{\text{移取25.00 mL钙标准溶液}}{\text{锥形瓶}}$+70 mL H_2O+5 mL 20% NaOH+适量钙指示剂→用EDTA溶液滴定→终点(红色→蓝色)→消耗EDTA V，平行测定3次。

2. 黑木耳试样的处理

粉碎黑木耳$\xrightarrow[\text{坩埚}]{\text{取15 g}}\xrightarrow[\text{电炉}]{\text{炭化、灰化}}\xrightarrow[\text{高温炉}]{\text{650 ℃灼烧2 h}}$冷却→ +10 mL(1+1) HCl→+7～8滴浓HNO_3→浸泡20 min→过滤→250 mL容量瓶定容。

3. EDTA测铁

$\frac{\text{移取50.00 mL待测液}}{\text{锥形瓶}}$+50 mL H_2O→+2滴磺基水杨酸→滴加氨水(1+1)和HCl(1+1)至紫红色(pH≈2)$\xrightarrow[\text{电炉}]{\text{加热至70 ℃}}$EDTA滴定→终点(紫色→淡黄色)→消耗EDTA V_1，平行测定3次。

4. EDTA测钙

$\frac{\text{移取25.00 mL待测液}}{\text{锥形瓶}}$→+5 mL三乙醇胺→50 mL H_2O→+5 mL 20% NaOH→适量钙指示剂→EDTA滴定→终点(红色→蓝色)→消耗EDTA V_2，平行

测定 3 次。

5. EDTA 测镁

$\frac{\text{移取 25.00 mL 待测液}}{\text{锥形瓶}}$ → + 5 mL 三乙醇胺 → 50 mL H_2O → + 5 mL NH_3-NH_4Cl缓冲溶液（pH=10）→适量铬黑 T 指示剂→EDTA 滴定→终点（红色→蓝色）→消耗 EDTA V_3，平行测定 3 次。

五、数据记录及处理

表 5-6　EDTA 标准溶液的标定数据记录及处理

项目＼序号		1	2	3
$CaCO_3$ 质量/g	倾出前	15.7463		
	倾出后	15.6240		
	称出 $CaCO_3$ 质量	0.1223		
基准 Ca 的浓度/($mol \cdot L^{-1}$)		0.004888		
V_{Ca}/mL		25.00		
V_{EDTA}/mL		24.30	24.36	24.29
c_{EDTA}/($mol \cdot L^{-1}$)		0.005029	0.005016	0.005031
$\overline{c}_{EDTA}$/($mol \cdot L^{-1}$)		0.005025		
$\overline{d}_r$/%		0.1%		

表 5-7　黑木耳中铁含量的测定数据记录及处理

项目＼序号	1	2	3
$m_{试样}$/g	15.2322		
$V_{定容}$/mL	250.0		
$V_{分析}$/mL	50.00		
c_{EDTA}/($mol \cdot L^{-1}$)	0.005025		
V_1/mL	16.24	16.32	16.40
w_{Fe}/[$mg \cdot (100\ g)^{-1}$]	149.6	150.3	151.1
$\overline{w}_{Fe}$/[$mg \cdot (100\ g)^{-1}$]	150.3		
$\overline{d}_r$/%	0.3%		
w_{Fe}/[$mg \cdot (100\ g)^{-1}$]($P=0.95$)	150.3±1.7		

表 5-8 黑木耳中钙含量的测定数据记录及处理

项目 \ 序号	1	2	3
$m_{试样}$/g	15.2322		
$V_{定容}$/mL	250.0		
$V_{分析}$/mL	25.00		
c_{EDTA}/(mol·L^{-1})	0.005025		
V_2/mL	23.52	23.56	23.66
w_{Ca}/[mg·(100 g)$^{-1}$]	311.0	311.5	312.8
$\overline{w}_{Ca}$/[mg·(100 g)$^{-1}$]	311.7		
$\overline{d}_r$/%	0.2%		
w_{Ca}/[mg·(100 g)$^{-1}$](P=0.95)	311.7±2.3		

表 5-9 黑木耳中镁含量的测定数据记录及处理

项目 \ 序号	1	2	3
$m_{试样}$/g	15.2322		
$V_{定容}$/mL	250.0		
$V_{分析}$/mL	25.00		
c_{EDTA}/(mol·L^{-1})	0.005025		
V_2/mL	23.52	23.56	23.66
V_3/mL	37.70	37.82	37.82
(V_3-V_2)/mL	14.18	14.26	14.16
w_{Mg}/[mg·(100 g)$^{-1}$]	113.7	114.3	113.5
$\overline{w}_{Mg}$/[mg·(100 g)$^{-1}$]	113.8		
$\overline{d}_r$/%	0.3%		
w_{Mg}/[mg·(100 g)$^{-1}$](P=0.95)	113.8±1.0		

六、结论

黑木耳试样用配位滴定法测得结果如下。

铁含量：$w_{Fe}=(150.3\pm1.7)[mg\cdot(100\ g)^{-1}]$ ($n=3, P=95\%, \overline{d}_r=0.3\%$)

钙含量：$w_{ca}=(311.7\pm2.3)[mg\cdot(100\ g)^{-1}]$ ($n=3, P=95\%, \overline{d}_r=0.2\%$)

镁含量：$w_{Mg}=(113.8\pm1.0)[mg\cdot(100\ g)^{-1}]$ ($n=3, P=95\%, \overline{d}_r=0.3\%$)

滴定终点指示剂变色较易观察，测定精密度符合要求。

七、存在的问题及讨论

(1) 由实验数据得到的黑木耳试样中钙、镁、铁含量与资料给出的参考值：Ca 357 mg·(100 g)$^{-1}$、Mg 152 mg·(100 g)$^{-1}$、Fe 185 mg·(100 g)$^{-1}$相比均有所降低，这与所测试样的产地有关，不同产地的黑木耳由于受到当地气候、环境等因素影响，微量元素的含量也会不尽相同。

(2) 本实验中 EDTA 的标定采用 $CaCO_3$ 基准物，在碱性条件下，钙指示剂指示终点，进行标定。由此标定的 EDTA 用来测定钙镁含量时比较理想，然而测定铁含量时可能会存在一些误差，因为铁的测定是在酸性条件下进行的。要想结果更可靠一些，EDTA 可用铜、锌等基准物在酸性介质中对其进行标定，然后滴定铁离子。

(3) 若铁含量较高，则对钙镁的滴定有影响，且三乙醇胺掩蔽浓度高的铁时效果不理想，可采用氨水法或尿素均匀沉淀法将其转化为氢氧化物沉淀而分离除去。

八、参考文献

同 5.4 § 实验方案。

5.5 设计实验预选题目及提示

§ 设计实验Ⅰ级预选题目及提示

这一级别的设计实验预选题目较简单，故完成的质量要好。要求对分析结果进行评价，回收率应达到 98%～101%。

设计实验 1-1 乌洛托品(六次甲基四胺)的测定

一、试样信息及分析任务

(1) 试样信息：试样溶液为无色透明液体。乌洛托品是常见的化工、医药原料，化学名称为六次甲基四胺或六亚甲基四胺，分子式为$(CH_2)_6N_4$，相对分子质量 $M_r=140.19$。

(2) 分析任务：测定试样中六次甲基四胺的含量，以 g·L^{-1}表示。

二、分析方法提示

六次甲基四胺是有机碱，$pK_b=8.85$，故不能直接被酸准确滴定。如将其与过量 H_2SO_4 标准溶液共热，其水解反应如下：

$$(CH_2)_6N_4+6H_2O+2H_2SO_4 = 6HCHO\uparrow+2(NH_4)_2SO_4$$

用 NaOH 标准溶液返滴定过量的硫酸，从而可测定乌洛托品的纯度。注意：

水解应在水浴上进行，为使水解反应进行完全，可将水解液蒸至无甲醛气味（近干、但不能全干），然后加水待结晶溶解后滴定剩余的酸。

设计实验 1-2　工业硼酸纯度的测定

一、试样信息及分析任务

（1）试样信息。试样为白色粉末状结晶或三斜轴面鳞片状光泽结晶，有滑腻手感，无臭味。溶于水、乙醇、甘油、醚类及香精油中，水溶液呈弱酸性。用于玻璃、搪瓷、医药、化妆品等工业，以及制备硼和硼酸盐，并用作食物防腐剂和消毒剂等。

（2）分析任务。测定试样硼酸的纯度，以质量分数表示。

二、分析方法提示

硼酸酸性极弱（$K_a=5.8\times10^{-10}$），不能直接用碱滴定。但硼酸根能与甘油、甘露醇等形成稳定的配合物，从而增加硼酸在水溶液中的解离，使硼酸转变为中强酸。反应式如下：

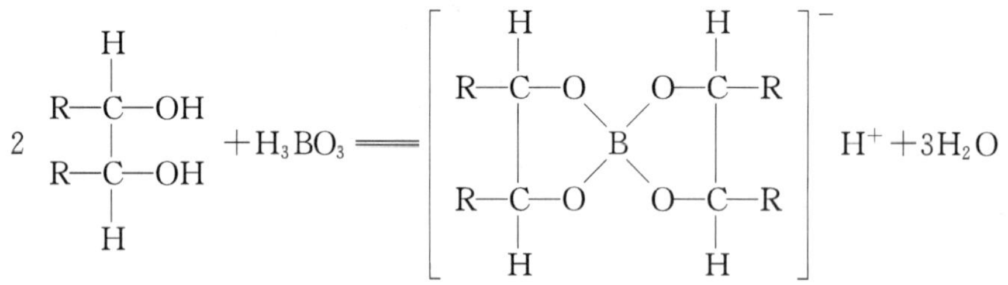

该配合物的酸性较强，$pK_a=5.4$，可用 NaOH 标准溶液准确滴定。此反应是等物质的量进行的，化学计量点的 pH 约为 9.2，可选酚酞或百里酚蓝为指示剂。借此进行试样中硼酸含量的测定。注意：①硼酸易溶于热水，故配制的试样溶液浓度不宜大；②强化试剂最好分批加入，且应过量，但不可随意，要注意节约；③应取与试样分析用量相同的强化试剂做空白试验，以消除由其带来的测量误差；④如使用甘油作强化试剂，应先将甘油适当稀释，甘露醇则可直接使用固体。

设计实验 1-3　熏制品中亚硝酸盐含量的测定

一、试样信息及分析任务

（1）试样信息。可从超市购买午餐肉等含有亚硝酸盐的食品来进行检测。亚硝酸盐是有很久应用历史的食品添加剂，特别是肉制品防腐剂。世界食品卫生科学委员会 1992 年发布的人体安全摄入亚硝酸钠的标准为 0～0.1 mg·（kg 体重)$^{-1}$,按此标准使用和食用,对人体不会造成危害。过量食入的毒副作用是麻痹血管、运动中枢、呼吸中枢及周围血管,形成高铁血红蛋白。急性中毒表现为全身无力、头痛、头晕、恶心、呕吐、腹泻、胸部紧迫感以及呼吸困难,检查见皮肤黏膜明显发绀。严重者血压下降,昏迷、死亡。另外,亚硝酸钠在人体内也会生成致癌物质。新腌制的泡菜中也含有亚硝酸钠,所以泡菜最好在腌制后的15天以后食用,当中的亚硝酸盐含量会逐渐降低。

(2) 分析任务。测定食品试样中亚硝酸盐的含量,以质量分数表示。

二、分析方法提示

测定亚硝酸根的方法有很多,广泛使用的是盐酸萘乙胺光度法。在pH为1.7以下,水中亚硝酸盐与对氨基苯磺酸发生重氮化反应后,再与盐酸*N*-1-萘乙二胺发生偶合反应,生成紫红色的偶氮染料。紫红色染料在540 nm波长处有最大吸收峰,且生成紫红色的偶氮染料的颜色与溶液中亚硝酸盐量成正比,可用于定量分析。注意:样品中的脂肪和蛋白质要先除去,可用硼砂饱和溶液与搅碎的肉制品共同在沸水浴上加热数分钟,亚硝酸盐进入溶液而被提取,再以硫酸锌溶液沉淀蛋白质。过滤后的滤液用于测定亚硝酸根。

设计实验1-4　三氯化铁纯度分析

一、试样信息及分析任务

(1) 试样信息。试样为黄色固体。常见的三氯化铁试剂有两种:$FeCl_3$和$FeCl_3 \cdot 6H_2O$。

(2) 分析任务。测定试样三氯化铁的纯度,以质量分数表示。

二、分析方法提示

$FeCl_3$纯度分析有多种方法可以选择:①重铬酸钾法测Fe^{3+};②配位滴定法测Fe^{3+};③福尔哈德法测Cl^-;④分光光度法测Fe^{3+}(待测液的浓度不宜大)等。注意:Fe^{3+}的水解和氧化还原特性。

设计实验1-5　硫酸高铁铵纯度分析

一、试样信息及分析任务

(1) 试样信息。无色至淡紫色透明八面形结晶,无气味,有收敛性,有酸味,易溶于水。硫酸高铁铵化学式为$NH_4Fe(SO_4)_2 \cdot 12H_2O$。

(2) 分析任务。测定试样硫酸高铁铵的纯度,以质量分数表示。

二、分析方法提示

硫酸高铁铵在水中解离出 NH_4^+、Fe^{3+} 和 SO_4^{2-}，测定三者中任一离子便可算出纯度。因 Fe^{3+} 具有氧化性，故不能用甲醛法测 NH_4^+，用蒸馏法可以但需要特殊的设备，且误差大些。用沉淀法测 SO_4^{2-}，因大量 Fe^{3+} 的存在使测量误差很大而弃用。用重铬酸钾法测 Fe^{3+} 是解决问题的首选。使用甲基橙指示 $SnCl_2$ 还原 Fe^{3+} 的终点，具有变化易观察、测量精密度高的特点，测定的准确度很高。

设计实验 1-6　褐铁矿中铁含量的测定

一、试样信息及分析任务

(1) 试样信息。试样为淡褐色细粉末。褐铁矿中主要成分是 $CaCO_3$ 和 Fe_2O_3。

(2) 分析任务。测得试样中的铁含量，以质量分数表示。

二、分析方法提示

试样分析可参考铁矿石铁含量的测定，要注意溶解时不宜使用太小的烧杯以防止反应剧烈试样溅失，且应先将矿粉润湿，加酸要慢，边加边摇动烧杯，待无气泡放出时方可加热助溶。

设计实验 1-7　工业盐酸中铁含量的测定

一、试样信息及分析任务

(1) 试样信息。试样混合溶液为略带黄色的液体。

(2) 分析任务。测定试样中铁的含量，以 $g \cdot L^{-1}$ 表示。

二、分析方法提示

工业盐酸中因含有 Fe^{3+} 而带有棕黄色，可用抗坏血酸或盐酸羟胺还原为 Fe^{2+} 后，以邻二氮菲作显色剂，以分光光度法测定其含量。注意：初步实验以确定取样量和酸度的调节。

设计实验 1-8　NH_3-NH_4Cl 混合液中各组分浓度的测定

一、试样信息及分析任务

(1) 试样信息。NH_3-NH_4Cl 混合溶液无色、透明、略带氨臭味。

(2) 分析任务。分别测得 NH_3 与 NH_4Cl 的含量，以 $g \cdot L^{-1}$ 表示。

二、分析方法提示

混合液中的 NH_3 可用酸标准溶液直接滴定，生成的 NH_4^+ 和 NH_4Cl 可用甲醛强化法测得总量。注意：①待测液中的 NH_3 浓度大时会有挥发损失，建议先将试样适当稀释；②要尽量保持强化反应的时间一致；③滴定前，一定要清楚整个滴定过程中溶液的颜色变化。

设计实验 1-9　H_2SO_4-H_3PO_4 混合液中各组分浓度的测定

一、试样信息及分析任务

(1) 试样信息。试样混合溶液为无色透明液体。

(2) 分析任务。分别测得 H_2SO_4 与 H_3PO_4 的含量，以 $g \cdot L^{-1}$表示。

二、分析方法提示

H_2SO_4 和 H_3PO_4 为强酸和中强酸，采用酸碱滴定法最方便。H_2SO_4：$pK_{a_2}=2$，H_3PO_4：$pK_{a_1}=2.12$，$pK_{a_2}=7.21$，$pK_{a_3}=12.36$。因为磷酸 $K_{a_1}/K_{a_2}=10^{5.09}>10^5$，$K_{a_2}/K_{a_3}=10^{5.11}>10^5$，所以磷酸的一、二两级电离出的 H^+ 可以被分别滴定，但磷酸一级电离常数与硫酸的电离常数相近，故二者将被同时滴定得到总酸量，继续滴定 $H_2PO_4^-$ 得出磷酸的量。选择合适的指示剂，正确判断滴定终点，分析准确度会很好。

设计实验 1-10　金属化学除油剂(Na_2CO_3 和 Na_3PO_4)的分析

一、试样信息及分析任务

(1) 试样信息。试样混合溶液为淡绿色的透明液体。金属化学除油剂的主要成分为 Na_2CO_3 和 Na_3PO_4。

(2) 分析任务。分别测定 Na_2CO_3 与 Na_3PO_4 的含量，以 $g \cdot L^{-1}$表示。

二、分析方法提示

已知：Na_2CO_3，$pK_{b_1}=3.75$，$pK_{b_2}=7.62$；Na_3PO_4，$pK_{b_1}=1.66$，$pK_{b_1}=6.79$，$pK_{b_3}=11.88$。所以，两混合碱只能以甲基橙作指示剂，用盐酸标准溶液滴定总碱量，再利用 CO_3^{2-}、PO_4^{3-} 各自的特点区分。

§ 设计实验Ⅱ级预选题目及提示

该级实验大都为两组分混合物，要求分别测定各组分含量，如何避免共存组分的干扰是关键问题，实际操作时要注意实验条件。由于试样稍复杂，对分析精密度和准确度的要求也稍加放宽，一般要求 $E_r \leqslant 1.0\%$ 即可。

设计实验 2-1　植物叶片上铅含量的测定

一、试样信息及分析任务

(1) 试样信息。实验者可在交通干道两旁的绿化树木上采摘树叶。由于环境的污染(汽车尾气的排放)，在城市绿化植物叶面(树叶、菜叶)上附有铅。铅是一种蓄积性毒物，过量铅对人体有很大危害。

(2) 分析任务。测定一种绿化植物叶片中的铅含量，以 $\mu g \cdot g^{-1}$ 表示。

二、分析方法提示

常见测定铅的方法为双硫腙显色、氰化钾掩蔽，该方法灵敏，选择性好，但引入高毒物氰化钾又导致环境污染。也可用二甲酚橙显色，邻二氮菲为掩蔽剂，在 pH=4.5～5.4 条件下，铅与二甲酚橙形成稳定的 1∶1 红色配合物，此配合物在 580 nm 波长处有最大吸收，摩尔吸光系数为 1.55×10^4。注意：正确处理试样，避免铅的损失。

设计实验 2-2　分子筛中 Al_2O_3 含量的测定

一、试样信息及分析任务

(1) 试样信息。本实验供试样品为淡粉色固体颗粒。分子筛(又称合成沸石)是一种硅铝酸盐多微孔晶体，它是由 SiO 和 AlO 四面体组成的框架结构。

3A 分子筛分子式　$0.4K_2O \cdot 0.6Na_2O \cdot Al_2O_3 \cdot 2.0SiO_2 \cdot 4.5H_2O$

4A 分子筛分子式　$Na_2O \cdot Al_2O_3 \cdot 2.0SiO_2 \cdot 4.5H_2O$

5A 分子筛分子式　$0.70CaO \cdot 0.30Na_2O \cdot Al_2O_3 \cdot 2.0SiO_2 \cdot 4.5H_2O$

13X 分子筛分子式　$Na_2O \cdot Al_2O_3 \cdot 2.45SiO_2 \cdot 6.0H_2O$。

(2) 分析任务。测定分子筛中 Al_2O_3 含量，以质量分数表示。

二、分析方法提示

测定分子筛中 Al_2O_3 含量的关键在溶样。试样溶解后，可参考“铝合金中铝含量的测定”。如考虑铝既可溶于酸又可溶于碱的特性，选择合适的酸溶液和碱溶液都可将试样溶解。但因分子筛骨架中含有 SiO_2，用较高浓度的碱溶液应更好些。试样应先在研钵中磨细再溶解，可加热，但要防止溅失。

设计实验 2-3　$Pb(NO_3)_2$-$Ca(NO_3)_2$ 溶液中各组分浓度的测定

一、试样信息及分析任务

(1) 试样信息。试样为无色透明液体。

(2) 分析任务。分别测定 $Pb(NO_3)_2$ 和 $Ca(NO_3)_2$ 的含量，以 $g \cdot L^{-1}$ 表示。

二、分析方法提示

试样中的 Pb^{2+}、Ca^{2+} 都可与 EDTA 形成稳定的配合物，$\lg K_{PbY}=18.08$，$\lg K_{CaY}=10.69$，$\Delta\lg K>7$。因此，只要两离子的浓度不是相差太大，便可以控制酸度选择滴定 Pb^{2+} 或连续滴定 Pb^{2+}、Ca^{2+}。注意：在 pH=5～6 时测定 Pb^{2+}，应使用六次甲基四胺缓冲液，可取现有的 200 $g \cdot L^{-1}$ 六次甲基四胺溶液，加 1 滴二甲酚橙指示剂，滴加 6 $mol \cdot L^{-1}$ 的 HCl 使溶液刚好转变为亮黄色(pH=5～6)。如果在测定 Pb^{2+} 后连续滴定 Ca^{2+}，要注意指示剂颜色的干扰。

设计实验 2-4　化学热袋中 Fe 和 NaCl 含量的测定

一、试样信息及分析任务

(1) 试样信息。化学热袋早已在国外市场上市，某化学热袋是利用还原铁粉在水分的存在下与空气中氧反应放出热量的原理，将一定比例的木粉、水、食盐、还原铁粉真空包装，使用时将外部的封闭层打开，抖动包装袋，空气透过透气层进入混合物中，发生化学反应从而产生热量。

(2) 分析任务。分别测定 Fe 和 NaCl 的含量，以质量分数表示。

二、分析方法提示

要测定其中的 Fe 和 NaCl，首先要将两组分溶解并与不溶的木粉分离。可将试样盛于小烧杯中，加入适量的水，木粉漂浮在上部，借此可先将木粉与试样分离，并用水“少量多次”洗涤试样，使 NaCl 全部进入溶液。调 pH=6.5～10.0，用莫尔法测定 Cl^- 含量。另取试样盛于小烧杯中，加酸溶解 Fe 后，将过滤木粉后的溶液收集、洗涤，合并滤液和洗涤液，可用重铬酸钾法、配位滴定法、分光光度法等测定 Fe。

设计实验 2-5　HCl-$FeCl_3$ 溶液中各组分浓度的测定

一、试样信息及分析任务

（1）试样信息。HCl-$FeCl_3$ 混合溶液为红棕色透明液体。

（2）分析任务。分别测定 HCl 与 $FeCl_3$ 的含量，以 $g \cdot L^{-1}$表示。

二、分析方法提示

此溶液中含有 H^+、Cl^- 和 Fe^{3+} 共三种离子。用 NaOH 滴定 HCl 时，Fe^{3+} 在 pH＝3 时便可生成氢氧化物沉淀，将导致较大滴定误差；Cl^- 可用福尔哈德法测定；Fe^{3+} 的测定用重铬酸钾法、分光光度法、配位滴定法皆可。

设计实验 2-6　$FeCl_3$-$AlCl_3$ 混合液中各组分浓度的测定

一、试样信息及分析任务

（1）试样信息。混合溶液为棕色透明液体。

（2）分析任务。分别测得 $FeCl_3$ 和 $AlCl_3$ 的含量，以 $g \cdot L^{-1}$表示。

二、分析方法提示

根据 Fe^{3+}、Al^{3+} 和 EDTA 配位的稳定常数可知，理论上可以控制酸度连续滴定两离子。具体实现需要考虑：①指示剂及其溶液中的颜色干扰；②如何调节和控制酸度。

设计实验 2-7　HCl-$AlCl_3$ 混合液中各组分浓度的测定

一、试样信息及分析任务

（1）试样信息。试样混合溶液为淡绿色的透明液体。

（2）分析任务。分别测定 HCl 和 $AlCl_3$ 的含量，以 $g \cdot L^{-1}$表示。

二、分析方法提示

如果用碱标准溶液滴定 HCl，由于 $AlCl_3$ 的存在，当溶液的 pH≈4 时，Al^{3+} 的水解就已经很严重了，此时 HCl 还没有滴定完全。因此，必须有合适的方法消除 Al^{3+} 的水解干扰。在强酸性条件下，用福尔哈德法测定总 Cl^- 量，再用配位滴定法测 Al^{3+} 含量，通过计算可求出两组分的含量。要注意实验中的酸度控制。

设计实验 2-8 HAc-NaAc 混合液中各组分浓度的测定

一、试样信息及分析任务

(1) 试样信息。混合溶液无色、透明、略带酸味。
(2) 分析任务。分别测定 HAc 和 NaAc 的含量,以 $g \cdot L^{-1}$表示。

二、分析方法提示

在 NaAc 存在下用 NaOH 标准溶液滴定 HAc,化学计量点 pH≈9,可用酚酞作指示剂。但 Ac^- 的碱性太弱,$K_b=5.7\times10^{-10}$,不能用 HCl 标准溶液准确滴定。研究表明,如果在 NaAc 试样溶液中加入大量乃至达到饱和的强电解质(如 NaCl、KI 等),使溶液成为浓盐体系,则由于活度系数的降低,K_b 增大,从而在计量点附近产生足够大的滴定突跃,使指示剂有明显的颜色变化而指示终点。本实验可使用廉价的 NaCl 作强化试剂,在一定量的混合液中加入固体 NaCl 至饱和,在浓盐体系中用橙黄Ⅳ(建议用 10 滴 0.1%的橙黄Ⅳ)或甲基橙作指示剂滴定 Ac^-。

设计实验 2-9 H_2SO_4-$H_2C_2O_4$ 混合液中各组分浓度的测定

一、试样信息及分析任务

(1) 试样信息。H_2SO_4-$H_2C_2O_4$ 混合溶液为无色、透明液体。
(2) 分析任务。分别测定 H_2SO_4 和 $H_2C_2O_4$ 的含量,以 $g \cdot L^{-1}$表示。

二、分析方法提示

H_2SO_4 与 $H_2C_2O_4$ 中的 H^+ 可以直接被 NaOH 标准溶液同时滴定。在足够的酸度下用高锰酸钾标准溶液滴定混合液中的 $H_2C_2O_4$,分析结果的准确度会很高。

设计实验 2-10 HCl-H_3BO_3 混合液中各组分浓度的测定

一、试样信息及分析任务

(1) 试样信息。HCl-H_3BO_3 为无色、透明液体。
(2) 分析任务。分别测定 HCl 与 H_3BO_3 的含量,以 $g \cdot L^{-1}$表示。

二、分析方法提示

H_3BO_3 是极弱酸,$K_a=5.6\times10^{-10}$,不能用 NaOH 标准溶液直接滴定。因此,

可用 NaOH 标准溶液滴定混合液中的 HCl。而 H_3BO_3 能与多元醇反应生成酸性较强的配位酸，可被 NaOH 标准溶液直接滴定，称为弱酸的强化。在滴定 HCl 后的溶液中加入强化试剂，稍加放置，用 NaOH 标准溶液直接滴定。注意：①所用的强化试剂应廉价易得；②测定的准确度取决于强化反应的完全程度；③指示剂的用量不宜过少。

设计实验 2-11　$CaSO_4$-$MgSO_4$ 混合物中各组分含量的测定

一、试样信息及分析任务

（1）试样信息。试样为白色粉末状固体混合物。

（2）分析任务。分别测定 $CaSO_4$ 和 $MgSO_4$ 的含量，以质量分数表示。

二、分析方法提示

分析固体混合试样的首要任务是试样的溶解。$MgSO_4$ 易溶于水，而 $CaSO_4$ 要在一定浓度的酸中方可溶解。可从实验室领取 $CaSO_4$，仔细阅读理论书中关于试样溶解部分内容，按无机物溶解的一般做法试验，找到符合要求的溶解方法。试样溶解后，则变成 Ca^{2+}、Mg^{2+} 混合液的分析问题。注意：①溶样要遵守试样分解的原则；②要尽量避免加入过量的酸；③缓冲液的用量要合理。

设计实验 2-12　$ZnCl_2$-MgO 混合物中各组分含量的测定

一、试样信息及分析任务

（1）试样信息。试样为白色粉末状固体混合物。

（2）分析任务。分别测定 $ZnCl_2$ 和 MgO 的含量，以质量分数表示。

二、分析方法提示

试样中的 MgO 需加稀酸溶解，溶解后为 Zn^{2+}、Mg^{2+} 的混合液，用配位滴定法测定两组分各自含量。已知：$\lg K_{ZnY}=16.5$，$\lg K_{MgY}=8.7$，$\Delta\lg K=16.5-8.7=7.8$。所以，理论上可以控制酸度选择滴定 Zn^{2+} 及连续滴定 Mg^{2+}，但要解决指示剂的颜色干扰。也可调节溶液为中性，用莫尔法测定 Cl^-。注意：溶解试样应使用稀酸，且边加酸边摇动溶样烧杯，当试样溶解完全时即停止加酸。

设计实验 2-13　HCl-HAc 混合液各组分浓度的测定

一、试样信息及分析任务

（1）试样信息。HCl-HAc 混合溶液为无色、透明液体。

(2) 分析任务。分别测定 HCl 与 HAc 的含量，以 $g \cdot L^{-1}$表示。

二、分析方法提示

已知：HAc 的 $K_a = 1.8 \times 10^{-5}$，如两酸的浓度相差不太大(如 $c_{HCl} \leqslant 100\ c_{HAc}$)，则无法用指示剂将两酸分别滴定。只能用酚酞作指示剂，用 NaOH 标准溶液滴定两酸总量，再用福尔哈德法测定 Cl^- 的含量。

设计实验 2-14　碳酸钠与硼砂混合物中各组分含量的测定

一、试样信息及分析任务

(1) 试样信息。试样为白色粉末状固体。

(2) 分析任务。分别测定碳酸钠和硼砂的含量，以质量分数表示。

二、分析方法提示

试样是两种弱碱的混合物，各自与酸的反应如下：

$$Na_2CO_3 + 2HCl \xlongequal{} 2NaCl + CO_2\uparrow + H_2O$$

$$Na_2B_4O_7 + 2HCl + 5H_2O \xlongequal{} 4H_3BO_3 + 2NaCl$$

由电离平衡常数可知，用指示剂法直接测得的是总酸量。但生成的 H_3BO_3 可用强化法测得。注意：加入强化试剂之前应除去 CO_2，以消除其对强化反应的影响。

设计实验 2-15　HCOOH-HAc 混合液中各组分浓度的测定

一、试样信息及分析任务

(1) 试样信息。HCOOH-HAc 混合溶液为无色、略带酸味的透明液体。

(2) 分析任务。分别测定 HCOOH 和 HAc 的含量，以 $g \cdot L^{-1}$表示。

二、分析方法提示

两种酸的电离平衡常数仅差一个数量级，无法用指示剂法分别滴定，只能用 NaOH 溶液滴定总酸量。但 HCOOH 具有还原性，可用氧化剂滴定。

设计实验 2-16　阳极浸蚀用电解除锈液(H_2SO_4 和 $FeSO_4$)组分分析

一、试样信息及分析任务

(1) 试样信息。试样混合溶液为淡绿色的透明液体。

(2) 分析任务。分别测定 H_2SO_4 和 $FeSO_4$ 的含量，以 g · L^{-1} 表示。

二、分析方法提示

用酸碱滴定法测定 H_2SO_4，只要指示剂选择得当，$FeSO_4$ 不干扰。$FeSO_4$ 可采用的方法有多种，如重铬酸钾法、配位滴定法、分光光度法等，但无论使用哪种方法，测定前都必须将全部铁离子转化为待测价态。注意：当溶液颜色变黄绿或棕色时，说明已有 Fe^{2+} 转化为 Fe^{3+} 了。

设计实验 2-17　$CuSO_4$-$ZnSO_4$ 混合物中各组分含量的测定

一、试样信息及分析任务

(1) 试样信息。试样为淡蓝色粉末状固体。
(2) 分析任务。分别测定 $CuSO_4$ 和 $ZnSO_4$ 的含量，以质量分数表示。

二、分析方法提示

已知：Cu^{2+}、Zn^{2+} 与 EDTA 形成配合物，$\lg K_{CuY}=18.8$，$\lg K_{ZnY}=16.5$，两离子不可能用控制酸度的方法分别滴定，但可测得总量。用碘量法测定 Cu^{2+} 含量，Zn^{2+} 无干扰，也可以用合适的掩蔽剂掩蔽其中的某离子测定另一离子的含量。

设计实验 2-18　NH_4Cl-$(NH_4)_2SO_4$ 混合物中各组分含量的测定

一、试样信息及分析任务

(1) 试样信息。试样为白色粉末状固体。
(2) 分析任务。分别测定 NH_4Cl 和 $(NH_4)_2SO_4$ 的含量，以质量分数表示。

二、分析方法提示

两组分皆为可溶性铵盐，可利用甲醛强化法测定总量。分别测定可根据 Cl^-、SO_4^{2-} 的分析特性实现。注意：强化试剂甲醛有毒，用时应将原液加以稀释并尽量降低使用量。

设计实验 2-19　混凝土调节剂($CaSO_4$ 和 $CaCO_3$)组分分析

一、试样信息及分析任务

(1) 试样信息。试样为白色粉末状固体。

(2) 分析任务。分别测定 $CaSO_4$ 和 $CaCO_3$ 的含量,以质量分数表示。

二、分析方法提示

向试样中加入准确过量的盐酸标准溶液,$CaCO_3$ 全部溶解。稍加热,赶出生成的二氧化碳,用 NaOH 标准溶液滴定过量的盐酸,根据所得数据可算出 $CaCO_3$ 的量。该试样中的阳离子都是 Ca^{2+},用酸溶解试样后,以配位滴定法可测其总量,再根据 $CaCO_3$ 的含量求出 $CaSO_4$ 含量。

设计实验 2-20　$ZnSO_4$-$Al_2(SO_4)_3$ 混合物中各组分含量的测定

一、试样信息及分析任务

(1) 试样信息。试样为白色粉末状固体。

(2) 分析任务。分别测定 $ZnSO_4$ 和 $Al_2(SO_4)_3$ 的含量,以质量分数表示。

二、分析方法提示

混合样的阴离子都是 SO_4^{2-},现阶段 SO_4^{2-} 的测定主要是沉淀重量法,此法费时,操作繁杂,非不得已时不会使用。Zn^{2+}、Al^{3+} 各自与 EDTA 配位的稳定常数分别为 $\lg K_{ZnY}=16.5$,$\lg K_{AlY}=16.3$,不能控制酸度实现选择滴定。但 Al^{3+} 与 F^- 能形成很稳定的配离子 AlF_6^{3-},而 Zn^{2+} 不与 F^- 配位,因此,可利用掩蔽再解蔽的方法测得两离子的量。实验成功的关键是溶液 pH 的调节。

§　设计实验Ⅲ级预选题目及提示

该级实验大都为三组分混合物,要求分别测定各组分含量。难度较大,一般要求 $E_r \leqslant 3.0\%$ 即可。

设计实验 3-1　Na_2CO_3-$CaCO_3$-$CaSO_4$ 混合物分析

一、试样信息及分析任务

(1) 试样信息。Na_2CO_3-$CaCO_3$-$CaSO_4$ 为白色粉末状固体。

(2) 分析任务。分别测定 Na_2CO_3、$CaCO_3$ 和 $CaSO_4$ 的含量,以质量分数表示。

二、分析方法提示

试样中的 Na_2CO_3、$CaCO_3$ 可用酸碱滴定法滴定,$CaCO_3$、$CaSO_4$ 溶解后可用 EDTA 测得总量,SO_4^{2-} 可用沉淀重量法测得。要注意试样的均匀性对分析结果的影响。

设计实验 3-2　$FeCl_3$-$ZnSO_4$-HCl 混合液分析

一、试样信息及分析任务

(1) 试样信息。$FeCl_3$-$ZnSO_4$-HCl 混合液为棕色液体。

(2) 分析任务。分别测定 $FeCl_3$、$ZnSO_4$ 和 HCl 的浓度，以 g · L^{-1}表示。

二、分析方法提示

Fe^{3+}和 Zn^{2+}与 EDTA 生成配合物的稳定常数分别为：$\lg K_{FeY}=25.1$、$\lg K_{ZnY}=16.5$，只要 $c_{Fe^{3+}}$ 与 $c_{Zn^{2+}}$ 相差不太大，便可控制酸度选择滴定 Fe^{3+} 或连续滴定 Fe^{3+} 和 Zn^{2+}，但在该混合物中用 NaOH 标准溶液滴定 HCl 是不可行的，可以用福尔哈德法测定 Cl^- 总量，再减去来自 $FeCl_3$ 的 Cl^-，得到 HCl 含量。注意溶液 pH 调节和控制以及指示剂颜色的相互影响。

设计实验 3-3　无酒精碘消毒液中 I_2、KI 和 H_3PO_4 浓度测定

一、试样信息及分析任务

(1) 试样信息。试样为棕红色液体。

(2) 分析任务。分别测得 I_2、KI 和 H_3PO_4 的含量，以 g · L^{-1}表示。

二、分析方法提示

调溶液的 pH 为中性或弱酸性，以淀粉作指示剂，用 $Na_2S_2O_3$ 标准溶液滴定试样中的 I_2，再测定 I^- 的总量，即可知 KI 的量。取试样溶液，加热驱除 I_2，可用 NaOH 标准溶液滴定磷酸。

设计实验 3-4　纸张添加剂($CaCO_3$ 和 Al_2O_3)组成分析

一、试样信息及分析任务

(1) 试样信息。试样为白色粉末。

(2) 分析任务。分别测定 $CaCO_3$ 和 Al_2O_3 的含量，以质量分数表示。

二、分析方法提示

本试样分析的难度在溶样，$CaCO_3$ 和 Al_2O_3 的溶解情况不同，$CaCO_3$ 极易溶于稀酸，而 Al_2O_3 即使是在较浓的酸中溶解也不是很容易。$CaCO_3$ 不溶于碱，

Al_2O_3 可溶于浓碱液，但溶解过程需较长的时间，如果选择合适的试剂可用熔融法使其溶解。

设计实验 3-5　化学去毛刺剂中 H_2SO_4、HCl 和 HNO_3 浓度测定

一、试样信息及分析任务

(1) 试样信息。试样为无色液体。

(2) 分析任务。分别测定 H_2SO_4、HCl 和 HNO_3 的浓度，以 $g \cdot L^{-1}$ 表示。

二、分析方法提示

可先测出中总酸量，再根据各酸根的不同特点测定分量。

设计实验 3-6　金属擦光剂($CaCO_3$、$MgCO_3$ 和 Fe_2O_3)主要成分分析

一、试样信息及分析任务

(1) 试样信息。试样为红褐色的固体粉末。

(2) 分析任务。分别测定 $CaCO_3$、$MgCO_3$ 和 Fe_2O_3 的含量，以质量分数表示。

二、分析方法提示

用酸碱滴定法可以得到 $MgCO_3$ 和 $CaCO_3$ 总量，此酸度下 Fe_2O_3 不溶。将反应液过滤、洗涤，收集全部滤液、洗涤液，得 Mg^{2+}、Ca^{2+} 溶液。可用配位滴定法测定。另取准确量的固体混合物，用浓盐酸溶解试样(注意加热温度不要太高)，用重铬酸钾法测定 Fe。

设计实验 3-7　面包品质改良剂中 $KBrO_3$、NH_4Cl 和 $CaSO_4$ 的含量测定

一、试样信息及分析任务

(1) 试样信息。试样为白色粉末状固体。面包改良剂的主要无机成分为铵盐和钙盐。铵盐是酵母菌细胞最重要的氮源，酵母菌利用铵盐中的氮在细胞中合成复杂的多肽和蛋白质，以满足正常生长繁殖的需要，其可能存在形式为 NH_4Cl、$(NH_4)_2SO_4$、$(NH_4)_3PO_3$。而钙盐作为水质改良剂，可增大水的硬度。硬水可增强面筋筋性，提高面团持气性，有利于面包膨胀和疏松。同时，添加钙盐又能调节水的 pH，使酵母菌在最合适的 pH(5～6)范围内正常生长和发酵，其可能存在形

式为 $CaSO_4$、$CaHPO_3$、$CaCl_2$。$KBrO_3$ 作为食品添加剂有致癌性，国家规定其用量不得超过 25 mg · kg^{-1}。

(2) 分析任务。测定 $KBrO_3$、NH_4Cl 和 $CaSO_4$ 各组分含量，以质量分数表示。

二、分析方法提示

三组分中 $KBrO_3$ 具有强氧化性，可通过向其溶液中加入过量 KI 溶液，以淀粉为指示剂，用硫代硫酸钠标准溶液滴定。在强酸性条件下，用福尔哈德法测定氯含量，$CaSO_4$ 和 $KBrO_3$ 都不干扰滴定；试样用酸溶解后，可测 Ca^{2+} 含量。

设计实验 3-8　纸类添加剂中 $MgCO_3$、$CaSO_4$ 和 $Na_2B_4O_7 \cdot 10H_2O$ 的含量测定

一、试样信息及分析任务

(1) 试样信息。试样为白色粉末状固体。

(2) 分析任务。分别测定 $MgCO_3$、$CaSO_4$ 和 $Na_2B_4O_7 \cdot 10H_2O$ 的含量，以质量分数表示。

二、分析方法提示

三组分的溶解性及酸碱性皆有差别，测定时要充分考虑相互间的干扰。

设计实验 3-9　金属处理前浴液中 NaOH、Na_2SO_4 和 $Na_2B_4O_7 \cdot 10H_2O$ 的浓度测定

一、试样信息及分析任务

(1) 试样信息。试样为无色液体。

(2) 分析任务。分别测定 NaOH、Na_2SO_4 和 $Na_2B_4O_7 \cdot 10H_2O$ 的含量，以质量分数表示。

二、分析方法提示

用酸碱滴定法可测定 NaOH、$Na_2B_4O_7 \cdot 10H_2O$ 的总碱量。在测完总碱量的溶液中加入甘露醇，强化硼酸的酸性，测定 $Na_2B_4O_7 \cdot 10H_2O$ 的含量；用重量法测 SO_4^{2-}，得到 Na_2SO_4 含量。

设计实验 3-10 木耳增产剂(H_3BO_3、$ZnSO_4$ 和 $MgSO_4$)组成分析

一、试样信息及分析任务

(1) 试样信息。试样为白色粉末状固体。

(2) 分析任务。分别测定 H_3BO_3、$ZnSO_4$ 和 $MgSO_4$ 的含量,以质量分数表示。

二、分析方法提示

该试样中的三种物质皆溶于水。用醇强化法测定 H_3BO_3 无共存干扰。用配位滴定法连续或分别滴定 Zn^{2+}、Mg^{2+} 皆可。

第 6 章　分析化学实验基本操作练习题

一、选择题

1. 递减称量法(差减法)最适合于称量(　　)。

A. 对天平托盘有腐蚀性的物质　B. 剧毒物质

C. 易潮解、易吸收 CO_2 或易氧化的物质　D. 不易潮解的试样

2. 在常量分析中,使用的分析天平最大载荷量是(　　)。

A. 1 g　B. 20 g　C. 200 g　D. 500 g

3. 在以下各类称量中,需要严格地调整天平零点的有(　　)。

A. 称取表面皿质量　B. 用减重法称取试样

C. 用加重法(固定质量法)称取试样

4. 将称量瓶置于烘箱中干燥时,应将瓶盖(　　)。

A. 横放在瓶口上　B. 盖紧　C. 取下　D. 任意放置

5. 读取滴定管读数时,下列错误的是(　　)。

A. 读数前要检查管壁是否挂水珠,管尖是否有气泡

B. 读数时应使滴定管保持垂直

C. 读取弯月面下缘最低点,并使视线与该点在一个水平面上

D. 在常量分析中,滴定管读数必须读到小数点后第四位

6. 欲配制 $0.1\ mol \cdot L^{-1}$ 的盐酸标准溶液,量取浓盐酸用(　　)。

A. 量筒　B. 移液管　C. 容量瓶　D. 滴定管

7. 滴定分析操作过程中除了锥形瓶外,还可以用作滴定的容器有(　　)。

A. 容量瓶　B. 烧杯　C. 试剂瓶　D. 滴瓶

8. 用 25 mL 移液管移取的溶液体积(单位:mL)应记录为(　　)。

A. 25　B. 25.0　C. 25.00　D. 25.0000

9. 将标准溶液从试剂瓶倒入滴定管时,正确的操作是(　　)。

A. 从试剂瓶直接倒入滴定管　B. 借助于漏斗加入滴定管

C. 用烧杯取溶液加入滴定管　D. 用滴定管加溶液至刚好为零点

10. 不宜放于电热恒温箱中干燥的玻璃器皿是(　　)。

A. 称量瓶　B. 容量瓶　C. 锥形瓶　D. 碘量瓶

11. 试剂瓶的作用是(　　)。

A. 储存溶液　B. 配制溶液　C. 稀释溶液　D. 量取溶液

12. 用移液管吸取溶液时，调节液面至标线的正确方法是(　　)。
   A. 保持移液管的管尖在液面下，调节至标线
   B. 将移液管提高离开液面，使管尖紧贴放置溶液器皿的内壁，调至标线
   C. 将移液管移出液面，悬空调至标线
   D. 移液管移至水槽上，调至标线

13. 将试样溶解并转入容量瓶中定容，正确的操作方法是(　　)。
   A. 将试样直接倒入容量瓶中溶解定容
   B. 将试样置于烧杯中，边溶解边转移至容量瓶
   C. 将试样置于烧杯中，待大部分溶解后全部转移至容量瓶
   D. 将试样置于烧杯中，待完全溶解后再转移至容量瓶

14. 在移液管调定零点和排放溶液时，下面操作正确的是(　　)。
   A. 移液管垂直置于容器液面上方
   B. 移液管竖直插入溶液中
   C. 移液管倾斜约 30°，使管尖与容器壁接触
   D. 容器倾斜约 30°，与竖直的移液管尖端接触

15. 用碱式滴定管滴定时，正确的操作是(　　)。
   A. 左手捏玻璃珠的左下侧胶管　　B. 左手捏玻璃珠的右上侧胶管
   C. 右手捏玻璃珠的左上侧胶管　　D. 右手捏玻璃珠的右下侧胶管

16. 下列操作不正确的是(　　)。
   A. 洗净的移液管在移液前用待移液洗三次
   B. 滴定管洗净后，又用待装液洗三次
   C. 容量瓶洗净后，用欲稀释的溶液洗三次
   D. 锥形瓶洗净后，未用被测溶液洗涤

17. 进行以下容量仪器校正时，需要事先将仪器干燥的是(　　)。
   A. 移液管体积校正　　B. 滴定管体积校正
   C. 移液管-容量瓶相对校正时的移液管
   D. 移液管-容量瓶相对校正时的容量瓶

18. 以下情况需要进行移液管绝对体积校正的是(　　)。
   A. 称取草酸，溶解后定容于 100 mL 容量瓶中，移取 25 mL 以标定 NaOH 浓度
   B. 用移液管移取待测酸，用 NaOH 标准溶液滴定
   C. 移取 25 mL 标准 HCl 溶液于 250 mL 容量瓶，用蒸馏水稀释至标线
   D. 称取定量硼砂，加水 25 mL，用以标定 HCl 浓度

19. 滴定分析的相对误差一般要求小于 0.1%，使用 50 mL 滴定管时消耗标准溶液的体积应控制在(　　)。

A. 5～10 mL　　B. 10～15 mL　　C. 20～30 mL　　D. 15～20 mL

20. 下列仪器中可在沸水浴中加热的有(　　)。

A. 容量瓶　　B. 量筒　　C. 比色管　　D. 锥形瓶

21. 有关滴定管的使用错误的是(　　)。

A. 使用前应洗干净并检漏　　B. 滴定前应保证尖嘴部分无气泡

C. 要求较高时,要进行体积校正

D. 为保证标准溶液浓度不变,使用前可加热烘干

22. 只能量取一种体积的是(　　)。

A. 吸量管　　B. 移液管　　C. 量筒　　D. 量杯

23. 称取 0.5000 g $H_2C_2O_4 \cdot H_2O$ 基准物于锥形瓶中,加 30 mL 纯水溶解,合理的操作是(　　)。

A. 用量杯或量筒取 30 mL 纯水　　B. 用吸量管准确量取 30 mL 纯水

C. 不必用量器,估计加入适量水即可

D. 将锥形瓶干燥后,用量杯加 30 mL 纯水

24. 根据置信度为 95%对某项分析结果计算后,写出了如下四种报告。合理的是(　　)。

A. (25.48±0.1)%　　B. (25.48±0.13)%

C. (25.48±0.135)%　　D. (25.48±0.1348)%

25. 用硼砂作基准物标定盐酸浓度时,硼砂与盐酸物质的量之比即 $n_{硼砂}/n_{HCl}$ 等于(　　)。

A. 1∶1　　B. 1∶2　　C. 2∶1　　D. 1∶4

26. 定量分析工作要求测定结果的误差(　　)。

A. 越小越好　　B. 等于 0　　C. 没有要求　　D. 在允许误差范围内

27. 称量时使用了被腐蚀的砝码,会产生(　　)。

A. 方法误差　　B. 试剂误差　　C. 系统误差　　D. 偶然误差

28. 下述情况所引起的误差中,不属于系统误差的是(　　)。

A. 滴定管刻度未经校正

B. 天平两臂不等长

C. 移液管转移溶液后,残留量稍有不同

D. 称量时使用腐蚀的砝码

29. 在阴雨天气,以 Na_2CO_3 为基准物标定 HCl 标准溶液浓度时,称量操作较慢,将引起(　　)。

A. 正误差　　B. 负误差　　C. 不确定　　D. 无影响

30. NaOH 标准溶液保存不当,吸收了 CO_2,使部分 NaOH 变成了 Na_2CO_3。用这瓶 NaOH 溶液标定 HCl 溶液浓度,用甲基橙作指示剂,使测定结果(　　)。

A. 偏高　B. 偏低　C. 准确　D. 不能确定

31. NaOH 标准溶液保存不当，吸收了 CO_2，使部分 NaOH 变成了 Na_2CO_3。用这瓶 NaOH 溶液测定 HAc，用酚酞作指示剂，则测定结果将(　　)。

A. 偏高　B. 偏低　C. 准确　D. 不能确定

32. 在滴定分析中，能产生系统误差的是(　　)。

A. 试样未经充分混匀　B. 使用的基准物纯度达不到要求

C. 天平的零点稍有变动　D. 滴定管读数最后一位估计不太一致

33. 下列因素中，产生系统误差的是(　　)。

A. 称量时未关天平门　B. 指示剂提前变色

C. 滴定管末端有气泡　D. 移液管转移溶液后残留量稍有不同

34. 为提高滴定分析的准确度，对标准溶液不必做到(　　)。

A. 正确地配制　B. 准确地标定

C. 对有些标准溶液须妥善保存

D. 所有标准溶液必须当天配、当天标、当天用

35. 用酸碱滴定法测定食醋中的乙酸含量，应选择的指示剂是(　　)。

A. 酚酞　B. 甲基橙　C. 甲基红

36. $KMnO_4$ 滴定所需的介质是(　　)。

A. 硫酸　B. 盐酸　C. 磷酸　D. 硝酸

37. 碘量法滴定的酸度条件为(　　)。

A. 弱酸　B. 强酸　C. 弱碱　D. 强碱

38. 在酸性介质中，用 $KMnO_4$ 标准溶液滴定草酸盐溶液，滴定应该是(　　)。

A. 将草酸盐溶液煮沸后，冷却至 85 ℃再进行

B. 在室温下进行

C. 将草酸盐溶液煮沸后立即进行

D. 将草酸盐溶液加热至 75～85 ℃时进行

39. 在间接碘量法中加入淀粉指示剂的适宜时间是(　　)。

A. 滴定开始时　B. 滴定近终点时

C. 滴入标准溶液近 50%时　D. 滴入标准溶液至 50%后

40. 下列测定过程中，必须用力振荡锥形瓶的是(　　)。

A. 莫尔法测定水中氯　B. 间接碘量法测定 Cu^{2+} 浓度

C. 酸碱滴定法测定工业硫酸浓度　D. 配位滴定法测定硬度

41. 在 HCl 滴定 NaOH 时，一般选择甲基橙而不是酚酞作为指示剂，主要是由于(　　)。

A. 甲基橙水溶性好　B. 甲基橙终点 CO_2 影响小

C. 甲基橙变色范围较狭窄　D. 甲基橙是双色指示剂

42. 用基准物 $Na_2C_2O_4$ 标定配制好的 $KMnO_4$ 溶液，其终点颜色是(　　)。
A. 蓝色　B. 亮绿色　C. 紫色变为纯蓝色　D. 粉红色
43. 为了获得颗粒较大的 $BaSO_4$ 沉淀不应采取的措施是(　　)。
A. 在热溶液中沉淀　B. 陈化　C. 在稀溶液中进行　D. 快加沉淀剂
44. 下列溶液中需要避光保存的是(　　)。
A. 氢氧化钾　B. 碘化钾　C. 氯化钾　D. 碘酸钾
45. 配制酚酞指示剂选用的溶剂是(　　)。
A. 水-甲醇　B. 水-乙醇　C. 水　D. 水-丙酮
46. (1＋5)H_2SO_4 这种体积比浓度表示方法的含义是(　　)。
A. 水和浓 H_2SO_4 的体积比为 1∶6　B. 水和浓 H_2SO_4 的体积比为 1∶5
C. 浓 H_2SO_4 和水的体积比为 1∶5　D. 浓 H_2SO_4 和水的体积比为 1∶6
47. 汽油等有机溶剂着火时，不能用的灭火剂是(　　)。
A. 沙　B. 水　C. CO_2　D. 泡沫灭火器
48. 某学生做实验时不小心被 NaOH 灼伤，正确的处理方法是(　　)。
A. 先用水冲洗，再用 2%乙酸冲洗　B. 先用乙酸洗，再用大量水冲洗
C. 先用大量水冲洗，再用 3%硼酸洗　D. 先用硼酸洗，再用大量水洗
49. 使用浓 H_2SO_4 时若不小心溅到手上，正确的处理方法为(　　)。
A. 立即用水洗，再用 2%苏打水冲洗
B. 先用 2%苏打水洗，再用水冲洗
C. 立即用水冲洗，再用 NaOH 溶液洗
D. 先用 NaOH 溶液冲洗，再用水洗
50. 使用浓盐酸和浓硝酸时必须在(　　)中进行。
A. 大容器　B. 玻璃器皿　C. 耐腐蚀容器　D. 通风橱

二、填空题

1. 某实验室有 3 种天平：台秤、分析天平和微量天平，请为下列称量选择合适的天平。
(1) 称取固体 NaOH 配制碱标准溶液________；
(2) 称取甲基橙指示剂，配制 1 $g \cdot L^{-1}$ 的指示剂溶液 50 mL ________；
(3) 称取某试样约 20 mg，要求称量的相对误差≤0.1%________；
(4) 重量法测定 Ba^{2+} 含量，称取坩埚加 $BaSO_4$ 沉淀的质量 ________。
2. 天平处于水平状态的标志是________，为使天平处于水平状态，应调________。
3. 差减法称取试样时，通常需在________上粗称至________ g；粗称的目的是________。

4. 下列称量对象宜采用何种称量方法(增量法、减量法或直接法)。

(1) 洁净干燥的器皿__________；

(2) 颗粒状、粉末状试剂__________；

(3) 称取 $CaCO_3$ 基准试剂__________。

5. 减重称量法是利用__________称量之差，求得一份或多份被称物的质量。特点：在测量过程中不测__________，可连续称取若干份试样，优点是节省时间。

6. 以下溶液应置于哪类滴定管中(酸式滴定管、碱式滴定管)？

(1) HCl 溶液__________；　(2) NaOH 溶液__________；

(3) $KMnO_4$ 溶液__________；　(4) $AgNO_3$ 溶液__________。

7. 为下列操作选合适的仪器(量筒、移液管、容量瓶、带橡皮塞的试剂瓶)。

(1) 量取未知液进行滴定__________；

(2) 配制 $K_2Cr_2O_7$ 标准溶液__________；

(3) 配制 NaOH 标准溶液__________；

(4) 配 HCl 标准溶液时量取浓 HCl __________。

8. 以下情况应使用哪种洗液清洗？

(1) 烧杯内壁挂水__________；

(2) 移液管挂水__________；

(3) 滴定管因久盛 $KMnO_4$ 而管壁上有棕色沉积物__________。

9. 为下列操作选择合适的容器。

(1) 称取 $CaCO_3$ 基准物时，装 $CaCO_3$ 基准物用__________；

(2) 盛装 $K_2Cr_2O_7$ 标准溶液以进行滴定，用__________；

(3) 储存 $AgNO_3$ 标准溶液用__________；

(4) 储存 0.2 $mol \cdot L^{-1}$ NaOH 溶液用__________；

(5) 灼烧后的坩埚在__________内冷却。

10. 吸量管比移液管的容量精度__________，因此在移取固定量溶液时应尽可能用__________。

11. 定量分析用的玻璃仪器洗涤干净的标志是__________。

12. 酸式滴定管用来盛装__________及__________溶液；碱式滴定管用来盛装__________及__________溶液，不宜装__________溶液；滴定管在装溶液前需用待装溶液润洗__________次，其目的是__________。

13. 为下列实验选择合适的分析仪器。

在__________上称取 0.5 g 硼砂各三份置于__________中，用__________加入 25 mL 蒸馏水溶解，以甲基红为指示剂，用 HCl 滴定以标定 HCl 浓度。

14. 对滴定管进行体积校正时，滴定管__________事先干燥(需要或不需要)，其原因是__________。

15. 带磨口的玻璃仪器，长期不用时磨口塞应__________，以防止时间长了塞子打不开。

16. 酸式滴定管使用前应检查__________是否灵活，然后检查__________。试漏的方法是将__________关闭，在滴定管内充满水，将滴定管夹上，放置__________，看是否有水渗出；将活塞转动 180°，再放置 2 min，看是否有水渗出。若前后两次均无水渗出，活塞转动也灵活，即可使用，否则应将活塞取出，重新涂__________后再使用。

17. 读取初读数前，应将__________除去。滴定至终点时应立即关闭活塞，并注意不要使滴定管中的溶液有稍许流出，否则终读数便包括__________。因此，在读取终读数前应注意检查出口管尖是否悬挂溶液，如有，则此次读数不能取用。

18. 50 mL 滴定管的最小分度是__________ mL，如放出约 5 mL 溶液，记录数据为__________位有效数字，相对误差为__________。若使误差<0.1%，则滴定体积至少为__________。

19. 当某溶液可用多种标准物质及指示剂进行标定时，原则上应使标定的实验条件与__________相同或相近，以消除可能产生的__________误差。

20. 用正确的有效数字表示下列数据：用准确度为 0.01 mL 的 25 mL 移液管移出溶液的体积应记录为__________ mL；用 25 mL 量筒量取 20 mL 溶液应记录为__________ mL；用误差为 0.1 g 的台秤称取 6 g 样品应记录为__________ g。

21. 体积比为 1∶1 的 HCl 溶液浓度为__________ $mol \cdot L^{-1}$，体积比为 1∶2 的 H_2SO_4 溶液浓度为__________ $mol \cdot L^{-1}$。

22. 以下不同情况下使用 HCl 溶液，选择其纯度规格（工业纯、分析纯、优级纯）。

(1) 配制标准 HCl 溶液__________；

(2) 洗涤玻璃砂芯坩埚中的 MnO_2 __________；

(3) 测定铁矿中铁含量时作为溶剂__________；

(4) 光度法测定纯试剂中的微量铁__________。

23. 为配制下列标准溶液选择正确的方法。

(1) $Na_2S_2O_3$ 溶液__________；

(2) $KMnO_4$ 溶液__________；

(3) NaOH 溶液__________；

(4) $K_2Cr_2O_7$ 溶液__________；

(5) HCl 溶液__________。

A. 直接用去离子水配制即可

B. 将去离子水煮沸冷却后用于溶解试剂

C. 将试剂加到去离子水中溶解后煮沸

D. 将试剂的饱和溶液用煮沸冷却的去离子水稀释

24. 滴定分析中配制大量的标准溶液常用__________纯试剂配制，再用__________试剂标定；不用基准试剂直接配制的原因是__________；滴定分析中的其他试剂一般可用__________纯试剂。

25. 实验室中常用的铬酸洗液是由__________和__________配制的__________色溶液。若已失效，则显__________色。

26. 写出下列市售试剂的近似浓度(单位：$mol \cdot L^{-1}$)。

(1) 硫酸 (ρ=1.84 $g \cdot mL^{-1}$, w=98%)__________ $mol \cdot L^{-1}$

(2) 盐酸 (ρ=1.18 $g \cdot mL^{-1}$, w=37%)__________ $mol \cdot L^{-1}$

(3) 氨水 (ρ=0.90 $g \cdot mL^{-1}$, w=29%)__________ $mol \cdot L^{-1}$

(4) 冰醋酸 (ρ=1.05 $g \cdot mL^{-1}$, w=99%)__________ $mol \cdot L^{-1}$

27. 常用的无机干燥剂有__________、__________、__________、__________、__________，变色硅胶的变色原理是__________。

28. 在分析化学实验中，常用化学试剂按纯度的高低一般分为__________、__________、__________三级，各级试剂使用标签的颜色分别为__________、__________、__________色。

29. 配制 NaOH 标准溶液时，要求除去水中的__________；配制 $KMnO_4$ 标准溶液时，要求除去水中的__________；配制 $Na_2S_2O_3$ 标准溶液时，要求除去水中的__________。

30. 配制 HCl 标准溶液时，所取浓盐酸的体积应比理论值稍__________，这是因为 HCl 溶液有__________性。

三、判断题

1. $KMnO_4$ 性质稳定，可作基准物直接配制标准溶液。(　　)
2. $K_2Cr_2O_7$ 容易提纯，干燥后可作为基准物直接配制标准溶液，不必标定。(　　)
3. 在记录原始数据的时候，如果发现数据记错，应将该数据用一横线划去，在旁边另写更正数据。(　　)
4. 在酸性溶液中 H^+ 浓度就等于酸的浓度。(　　)
5. 感光性溶液宜用棕色滴定管。(　　)
6. 在分析化学实验中常用化学纯试剂。(　　)
7. 加减砝码必须关闭天平，取放称量物可不关闭。(　　)
8. 用纯水洗涤玻璃仪器时，使其既干净又节约用水的原则是少量多次。(　　)
9. 掩蔽剂的用量过量太多，被测离子也可能被掩蔽而引起误差。(　　)

10. $K_2Cr_2O_7$ 是比 $KMnO_4$ 更强的一种氧化剂，它可以在 HCl 介质中进行滴定。（　）
11. 从高温电炉里取出灼烧后的坩埚，应立即放入干燥器中冷却。（　）
12. 重量分析中恒量的定义是前后两次称量的质量之差不超过 0.2 mg。（　）
13. 水硬度测定过程中需加入一定量的 $NH_3 \cdot H_2O\text{-}NH_4Cl$ 溶液，其目的是保持溶液的酸度在整个滴定过程中基本不变。（　）
14. 提高反应溶液的温度能提高氧化还原反应的速率，因此在酸性溶液中用 $KMnO_4$ 滴定 $C_2O_4^{2-}$ 时，必须加热至沸腾才能保证正常滴定。（　）
15. 使用吸管时绝不能用未经洗净的同一吸管插入不同试剂瓶中吸取试剂。（　）
16. 移液管移取溶液转移后，残留于移液管管尖处的溶液应该用洗耳球吹入容器中。（　）
17. 配好 $Na_2S_2O_3$ 标准滴定溶液后煮沸约 10 min，其作用主要是除去 CO_2 和杀死微生物，使 $Na_2S_2O_3$ 标准滴定溶液趋于稳定。（　）
18. 容量瓶既可以风干，也可以在烘箱中干燥。（　）
19. 称量时，每次均应将砝码和物体放在天平托盘的中央。（　）
20. 根据同离子效应，可加入过量沉淀剂以降低沉淀在水中的溶解度。（　）
21. 滴定管内壁不能用去污粉清洗，以免划伤内壁，影响体积准确测量。（　）
22. 标准溶液装入滴定管之前，要用该溶液润洗滴定管两三次，而锥形瓶也需用该溶液润洗或烘干。（　）
23. 溶解基准物质时用移液管移取 20～30 mL 水加入。（　）
24. 配制 $KMnO_4$ 标准溶液时，需要将 $KMnO_4$ 溶液煮沸一定时间并放置数天，配好的 $KMnO_4$ 溶液要用滤纸过滤后才能保存。（　）
25. 配制好的 $KMnO_4$ 溶液要盛放在棕色瓶中保存，如果没有棕色瓶应放在避光处保存。
26. 重量分析中使用的无灰滤纸是指每张滤纸的灰分质量小于 0.2 mg。（　）
27. 空白试验可以消除由试剂、器皿等引入杂质所引起的系统误差。（　）
28. 标准溶液是已知浓度的试剂溶液。（　）
29. 在配制好的硫代硫酸钠溶液中，为了避免细菌的干扰，常加入少量碳酸钠。（　）
30. 用浓溶液配制稀溶液的计算依据是稀释前后溶质的物质的量不变。（　）

四、问答题

1. 分析天平的灵敏度越高，是否称量的准确度就越高？
2. 递减称量法称量过程中能否用小勺取样？为什么？

3. 滴定至临近终点时加入半滴的操作是怎样进行的?
4. 如何计算称取基准物邻苯二甲酸氢钾或 Na_2CO_3 的质量范围? 称得太多或太少对标定有何影响?
5. 某学生按如下步骤配制 NaOH 标准溶液,请指出其错误并加以改正。
准确称取分析纯 NaOH 2.000 g 溶于水中,为除去其中 CO_2,加热煮沸,冷却后定容并保存于 500 mL 容量瓶中备用。
6. 配制 $KMnO_4$ 标准溶液时,为什么要将 $KMnO_4$ 溶液煮沸一定时间并放置数天? 配好的 $KMnO_4$ 溶液为什么要过滤后才能保存? 过滤时是否可以用滤纸?
7. 用 $Na_2C_2O_4$ 标定 $KMnO_4$ 时候,为什么用 H_2SO_4 调节酸度? 可以用 HNO_3 或 HCl 调节酸度吗? 酸度过高或过低有何影响? 为什么要加热到 75～85 ℃? 溶液温度过高或过低有何影响?
8. 盛放 $KMnO_4$ 溶液的烧杯或锥形瓶等容器放置较久后,其壁上常有棕色沉淀物,是什么? 此棕色沉淀物用通常方法不容易洗净,应怎样洗涤才能除去此沉淀?
9. 为什么沉淀 $BaSO_4$ 时要在热溶液中进行,而在自然冷却后进行过滤? 趁热过滤好不好?
10. 洗涤沉淀时为什么用洗涤液要少量多次? 为保证 $BaSO_4$ 沉淀的溶解损失不超过 0.1%,洗涤沉淀用水量最多不超过多少毫升?

参考答案

一、选择题

1. C	2. C	3. A	4. A	5. D	6. A	7. B	8. C	9. A	10. B
11. A	12. B	13. D	14. D	15. B	16. C	17. D	18. B	19. C	20. D
21. D	22. B	23. A	24. B	25. B	26. D	27. C	28. C	29. A	30. C
31. A	32. B	33. B	34. D	35. A	36. A	37. A	38. D	39. B	40. A
41. B	42. D	43. D	44. B	45. B	46. C	47. B	48. C	49. A	50. D

二、填空题

1. (1) 台秤 (2) 分析天平 (3) 微量天平 (4) 分析天平
2. 天平水平仪中气泡位于中央;螺旋脚
3. 台秤;0.1;使取样量合适,估计敲出的量
4. (1) 直接法 (2) 增量法 (3) 减量法
5. 两次;零点
6. (1) 酸式滴定管 (2) 碱式滴定管 (3) 酸式滴定管 (4) 酸式滴定管
7. (1) 移液管 (2) 容量瓶 (3) 带橡皮塞的试剂瓶 (4) 量筒

8. (1) 去污粉 (2) 洗液 (3) 草酸或酸性的过氧化氢溶液
9. (1) 称量瓶 (2) 酸式滴定管 (3) 棕色玻璃塞试剂瓶 (4) 胶塞试剂瓶(5) 干燥器
10. 低;移液管
11. 内壁不挂水珠
12. 酸性;氧化性;碱性;无氧化性;对橡皮有腐蚀性的;两三;避免引起溶液的浓度变化
13. 分析天平;锥形瓶;量筒
14. 不需要;滴定管体积是流出体积
15. 用纸垫上
16. 活塞转动;是否漏液;活塞;2 min;凡士林
17. 管尖悬挂的溶液;流出的半滴液
18. 0.1;3;0.4%;20 mL
19. 测定试样时;系统
20. 25.00;20.0;6.0
21. 6; 6
22. (1) 分析纯 (2) 工业纯 (3) 分析纯 (4) 优级纯
23. (1) B (2) C (3) D (4) A (5) A
24. 分析;基准;基准试剂太贵;分析
25. 浓 H_2SO_4;$K_2Cr_2O_7$;黄棕;绿
26. (1) 18 (2) 12 (3) 15 (4) 17
27. 变色硅胶;Al_2O_3;P_2O_5;浓 H_2SO_4;无水 $CaCl_2$

$$CoCl_2(\text{蓝色}) \underset{-H_2O}{\overset{+H_2O}{\rightleftharpoons}} CoCl_2 \cdot 6H_2O(\text{粉红色})$$

28. 优级纯;分析纯;化学纯;绿;红;蓝
29. CO_2;还原物质;细菌和 CO_2
30. 高;挥发

三、判断题

1.× 2.√ 3.√ 4.× 5.√ 6.× 7.× 8.√ 9.√ 10.×
11.× 12.√ 13.√ 14.× 15.√ 16.× 17.√ 18.× 19.√ 20.√
21.√ 22.× 23.× 24.× 25.√ 26.√ 27.√ 28.× 29.√ 30.√

四、问答题

1. 答:分析天平的灵敏度越高,并非称量的准确度就越高。因为太灵敏时达到平衡较为困难,不便于称量。

2. 答：递减称量法称量过程中不能用小勺取样，因为称量物有部分会沾在小勺上，影响称量的准确度。

3. 答：加入半滴的操作是将酸式滴定管的旋塞稍稍转动或将碱式滴定管的乳胶管稍微松动，使半滴溶液悬于管口，将锥形瓶内壁与管口接触，使液滴流出，并用洗瓶中的纯水冲下。

4. 答：在滴定分析中，为了减少滴定管的读数误差，一般消耗标准溶液的体积应为 20～30 mL，称取基准物的大约质量应由下式求得。

$$m_A=\frac{1}{1000}V_T c_T M_A$$

如果基准物质称得太多，所配制的标准溶液较浓，则由一滴或半滴过量所造成的误差就较大。称取基准物质的量也不能太少，因为每一份基准物质都要经过两次称量，如果每次有±0.1 mg 的误差，则每份就可能有±0.2 mg 的误差。因此，称取基准物质的量不应少于 0.2000 g，这样才能使称量的相对误差大于 0.1%。

5. 答：(1) NaOH 试剂中会含有水分及 CO_2，其标准溶液必须采用间接法配制，因此不必准确称量，也不必定容至 500 mL，而是在台秤上约称取 2 g NaOH，最后稀释至约 500 mL。

(2) 加热煮沸是为除去其中 CO_2，然而在碱液中 CO_2 是以 CO_3^{2-} 形式存在的，加热不会除去，应当先将水煮沸冷却除去 CO_2 后，再加入饱和 NaOH 溶液（此时 Na_2CO_3 不溶于其中）。

(3) 碱液不能保持在容量瓶中，否则容量瓶被碱腐蚀，瓶塞会打不开，应置于具橡皮塞的试剂瓶中。

6. 答：因 $KMnO_4$ 试剂中常含有少量 MnO_2 和其他杂质，蒸馏水中常含有微量还原性物质，它们能缓慢地将 $KMnO_4$ 还原为 $MnO(OH)_2$ 沉淀。另外，因 MnO_2 或 $MnO(OH)_2$ 又能进一步促进 $KMnO_4$ 溶液分解。因此，配制 $KMnO_4$ 标准溶液时，要将 $KMnO_4$ 溶液煮沸一定时间并放置数天，让还原性物质完全反应后并用微孔玻璃漏斗过滤，所得 MnO_2 和 $MnO(OH)_2$ 沉淀保存棕色瓶中。不可以用滤纸过滤。

7. 答：若用 HCl 调酸度，Cl^- 具有还原性，能与 $KMnO_4$ 作用。若用 HNO_3 调酸度，HNO_3 具有氧化性。所以不能用 HCl 或 HNO_3 调节酸度，只能在 H_2SO_4 介质中进行。滴定必须在强酸性溶液中进行，若酸度过低，$KMnO_4$ 与被滴定物作用生成褐色的 $MnO(OH)_2$ 沉淀，反应不能按一定的计量关系进行。酸度太高时也会引起 $Na_2C_2O_4$ 分解。在室温下，$KMnO_4$ 与 $Na_2C_2O_4$ 之间的反应速率慢，故必须将溶液加热到 75～85 ℃，但温度不能超过 90 ℃，否则 $Na_2C_2O_4$ 分解。

8. 答:棕色沉淀物为 MnO_2 和 $MnO(OH)_2$,此沉淀物可以用酸性草酸和盐酸羟胺洗涤液洗涤。

9. 答:沉淀要在热溶液中进行,使沉淀的溶解度略有增加,这样可以降低溶液的过饱和度,以利于生成粗大的结晶颗粒,同时可以减少沉淀对杂质的吸附。为了防止沉淀在热溶液中的损失,应当在沉淀作用完毕后将溶液冷却至室温,然后再进行过滤。不能趁热过滤。

10. 答:为了洗去沉淀表面所吸附的杂质和残留的母液,获得纯净的沉淀,但洗涤又不可避免地要造成部分沉淀的溶解。因此,洗涤沉淀要采用适当的方法以提高洗涤效率,尽可能地减少沉淀的溶解损失。所以同体积的洗涤液应分多次洗涤,每次洗涤沉淀用水量最多不超过 20 mL。

参考文献

北京大学化学与分子工程学院分析化学教学组.2010.基础分析化学实验.3版.北京:北京大学出版社.

华中师范大学,东北师范大学,陕西师范大学,北京师范大学.2001.分析化学实验.3版.北京:高等教育出版社.

刘珍.2003.化验员读本(上册).4版.北京:化学工业出版社.

马晓宇.2011.分析化学基本操作.北京:科学出版社.

南京大学化学实验教学组.2010.大学化学实验.2版.北京:高等教育出版社.

潘祖亭,黄朝表.2011.分析化学.武汉:华中科技大学出版社.

彭崇慧,冯建章,张锡瑜,等.2004.定量化学分析简明教程.2版.北京:北京大学出版社.

四川大学,浙江大学.2003.分析化学实验.3版.北京:高等教育出版社.

孙毓庆.2004.分析化学实验.北京:科学出版社.

王冬梅.2007.分析化学实验.武汉:华中科技大学出版社.

王红云.2003.分析化学.北京:化学工业出版社.

武汉大学.2011.分析化学实验(上册).5版.北京:高等教育出版社.

武汉大学.2006.分析化学.5版.北京:高等教育出版社.

武汉大学化学与分子科学学院实验中心.2013.分析化学实验.2版.武汉:武汉大学出版社.

杨梅,梁信源,黄富嵘.2005.分析化学实验.上海:华东理工大学出版社.

张小玲,张慧敏,邵清龙.2007.化学分析实验.北京:北京理工大学出版社.

附　　录

附录1　弱酸及其共轭碱在水中的解离常数(25 ℃，I=0)

弱酸	分子式	K_a	pK_a	共轭碱	
				K_b	pK_b
砷酸	H_3AsO_4	$6.3\times10^{-3}(K_{a_1})$ $1.0\times10^{-7}(K_{a_2})$ $3.2\times10^{-12}(K_{a_3})$	2.20 7.00 11.50	$1.6\times10^{-12}(K_{b_3})$ $1\times10^{-7}(K_{b_2})$ $3.1\times10^{-3}(K_{b_1})$	11.8 7.00 2.50
亚砷酸	$HAsO_2$	6.0×10^{-10}	9.22	1.7×10^{-5}	4.78
硼酸	H_3BO_3	5.8×10^{-10}	9.24	1.7×10^{-5}	4.76
焦硼酸	$H_2B_4O_7$	$1\times10^{-4}(K_{a_1})$ $1\times10^{-9}(K_{a_2})$	4 9	$1\times10^{-10}(K_{b_2})$ $1\times10^{-5}(K_{b_1})$	10 5
碳酸	H_2CO_3 (CO_2+H_2O)①	$4.2\times10^{-7}(K_{a_1})$ $5.6\times10^{-11}(K_{a_2})$	6.38 10.25	$2.4\times10^{-8}(K_{b_2})$ $1.8\times10^{-4}(K_{b_1})$	7.62 3.75
氢氰酸	HCN	6.2×10^{-10}	9.21	1.6×10^{-5}	4.79
铬酸	H_2CrO_4	$1.8\times10^{-1}(K_{a_1})$ $3.2\times10^{-7}(K_{a_2})$	0.74 6.50	$5.6\times10^{-14}(K_{b_2})$ $3.1\times10^{-8}(K_{b_1})$	13.26 7.50
氢氟酸	HF	6.6×10^{-4}	3.18	1.5×10^{-11}	10.82
亚硝酸	HNO_2	5.1×10^{-4}	3.29	1.2×10^{-11}	10.71
过氧化氢	H_2O_2	1.8×10^{-12}	11.75	5.6×10^{-3}	2.25
磷酸	H_3PO_4	$7.6\times10^{-3}(K_{a_1})$ $6.3\times10^{-8}(K_{a_2})$ $4.4\times10^{-13}(K_{a_3})$	2.12 7.20 12.36	$1.3\times10^{-12}(K_{b_3})$ $1.6\times10^{-7}(K_{b_2})$ $2.3\times10^{-2}(K_{b_1})$	11.88 6.80 1.64
焦磷酸	$H_4P_2O_7$	$3.0\times10^{-2}(K_{a_1})$ $4.4\times10^{-3}(K_{a_2})$ $2.5\times10^{-7}(K_{a_3})$ $5.6\times10^{-10}(K_{a_4})$	1.52 2.36 6.60 9.25	$3.3\times10^{-13}(K_{b_4})$ $2.3\times10^{-12}(K_{b_3})$ $4.0\times10^{-8}(K_{b_2})$ $1.8\times10^{-5}(K_{b_1})$	12.48 11.64 7.40 4.75
亚磷酸	H_3PO_3	$5.0\times10^{-2}(K_{a_1})$ $2.5\times10^{-7}(K_{a_2})$	1.30 6.60	$2.0\times10^{-13}(K_{b_2})$ $4.0\times10^{-8}(K_{b_1})$	12.70 7.40

续表

弱酸	分子式	K_a	pK_a	共轭碱 K_b	共轭碱 pK_b
氢硫酸	H_2S	$1.3\times10^{-7}(K_{a_1})$	6.88	$7.7\times10^{-8}(K_{b_2})$	7.12
硫酸	H_2SO_4	$1.0\times10^{-2}(K_{a_2})$	1.99	$1.0\times10^{-12}(K_{b_1})$	12.01
亚硫酸	H_2SO_3	$1.3\times10^{-2}(K_{a_1})$	1.90	$7.7\times10^{-13}(K_{b_2})$	12.10
	(SO_2+H_2O)	$6.3\times10^{-8}(K_{a_2})$	7.20	$1.6\times10^{-7}(K_{b_1})$	6.80
偏硅酸	H_2SiO_3	$1.7\times10^{-10}(K_{a_1})$	9.77	$5.9\times10^{-5}(K_{b_2})$	4.23
		$1.6\times10^{-12}(K_{a_2})$	11.80	$6.2\times10^{-3}(K_{b_1})$	2.20
甲酸	HCOOH	1.8×10^{-4}	3.74	5.5×10^{-11}	10.26
乙酸	CH_3COOH	1.8×10^{-3}	4.74	5.5×10^{-10}	9.26
一氯乙酸	$CH_2ClCOOH$	1.4×10^{-3}	2.86	6.9×10^{-12}	11.14
二氯乙酸	$CHCl_2COOH$	5.0×10^{-2}	1.30	2.0×10^{-13}	12.70
三氯乙酸	CCl_3COOH	0.23	0.64	4.3×10^{-14}	13.36
氨基乙酸盐	$^{+}NH_3CH_2COOH$	$4.5\times10^{-3}(K_{a_1})$	2.35	$2.2\times10^{-12}(K_{b_2})$	11.65
	$^{+}NH_3CH_2COO^-$	$2.5\times10^{-10}(K_{a_2})$	9.60	$4.0\times10^{-5}(K_{b_1})$	4.40
乳酸	$CH_3CH(OH)COOH$	1.4×10^{-4}	3.86	7.2×10^{-11}	10.14
苯甲酸	C_6H_5COOH	6.2×10^{-5}	4.21	1.6×10^{-10}	9.79
草酸	$H_2C_2O_4$	$5.9\times10^{-2}(K_{a_1})$	1.22	$1.7\times10^{-13}(K_{b_2})$	12.78
		$6.4\times10^{-5}(K_{a_2})$	4.19	$1.6\times10^{-10}(K_{b_1})$	9.81
D-酒石酸	CH(OH)COOH	$9.1\times10^{-4}(K_{a_1})$	3.04	$1.1\times10^{-11}(K_{b_2})$	10.96
	| CH(OH)COOH	$4.3\times10^{-5}(K_{a_2})$	4.37	$2.3\times10^{-10}(K_{b_1})$	9.63
邻苯二甲酸	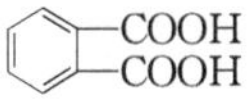	$1.1\times10^{-3}(K_{a_1})$	2.95	$9.1\times10^{-12}(K_{b_2})$	11.05
		$3.9\times10^{-5}(K_{a_2})$	5.41	$2.6\times10^{-9}(K_{b_1})$	8.59
柠檬酸	CH_2COOH	$7.4\times10^{-4}(K_{a_1})$	3.13	$1.4\times10^{-11}(K_{b_3})$	10.87
	| C(OH)COOH	$1.7\times10^{-5}(K_{a_2})$	4.76	$5.9\times10^{-10}(K_{b_2})$	9.26
	| CH_2COOH	$4.0\times10^{-7}(K_{a_3})$	6.40	$2.5\times10^{-8}(K_{b_1})$	7.60
苯酚	C_6H_5OH	1.1×10^{-10}	9.95	9.1×10^{-5}	4.05
乙二胺四乙酸	$H_6\text{-}EDTA^{2+}$	$0.13(K_{a_1})$	0.9	$7.7\times10^{-14}(K_{b_6})$	13.1
	$H_5\text{-}EDTA^{+}$	$3\times10^{-2}(K_{a_2})$	1.6	$3.3\times10^{-13}(K_{b_5})$	12.4
	$H_4\text{-}EDTA$	$1\times10^{-2}(K_{a_3})$	2.0	$1\times10^{-12}(K_{b_4})$	12.0
	$H_3\text{-}EDTA^{-}$	$2.1\times10^{-3}(K_{a_4})$	2.67	$4.8\times10^{-12}(K_{b_3})$	11.33
	$H_2\text{-}EDTA^{2-}$	$6.9\times10^{-7}(K_{a_5})$	6.16	$1.4\times10^{-8}(K_{b_2})$	7.84
	$H\text{-}EDTA^{3-}$	$5.5\times10^{-11}(K_{a_6})$	10.26	$1.8\times10^{-4}(K_{b_1})$	3.74

续表

弱酸	分子式	K_a	pK_a	共轭碱	
				K_b	pK_b
铵离子	NH_4^+	5.5×10^{-10}	9.26	1.8×10^{-5}	4.74
联氨离子	$^+H_3NNH_3^+$	3.3×10^{-9}	8.48	3.0×10^{-6}	5.52
羟氨离子	NH_3^+OH	1.1×10^{-6}	5.96	9.1×10^{-9}	8.04
甲胺离子	$CH_3NH_3^+$	2.4×10^{-11}	10.62	4.2×10^{-4}	3.38
乙胺离子	$C_2H_5NH_3^+$	1.8×10^{-11}	10.75	5.6×10^{-4}	3.25
二甲胺离子	$(CH_3)_2NH_2^+$	8.5×10^{-11}	10.07	1.2×10^{-4}	3.93
二乙胺离子	$(C_2H_5)_2NNH_2^+$	7.8×10^{-12}	11.11	1.3×10^{-3}	2.89
乙醇胺离子	$HOCH_2CH_2NH_3^+$	3.2×10^{-10}	9.50	3.2×10^{-5}	4.50
三乙醇胺离子	$(HOCH_2CH_2)_3NH^+$	1.7×10^{-8}	7.76	5.8×10^{-7}	6.24
六次甲基四胺离子	$(CH_2)_6NH^+$	7.1×10^{-6}	5.15	1.4×10^{-9}	8.85
乙二胺离子	$^+H_3NCH_2CH_2NH_3^+$	1.4×10^{-7}	6.85	$7.1\times10^{-8}(K_{b_2})$	7.15
	$H_2NCH_2CH_2NH_3^+$	1.2×10^{-10}	9.93	$8.5\times10^{-5}(K_{b_1})$	4.07
吡啶离子		5.9×10^{-6}	5.23	1.7×10^{-9}	8.77

①如果不计水合 CO_2，H_2CO_3 的 $K_{a_1}=3.76$。

附录 2　氨羧配位剂类配合物的稳定常数

金属离子	lgK						
	EDTA	DyTA	DTPA	EGTA	HEDTA	NTA	
						$\lg\beta_1$	$\lg\beta_2$
Ag^+	7.32			6.88	6.71	5.16	
Al^{3+}	16.3	19.5	18.6	13.9	14.3	11.4	
Ba^{2+}	7.86	8.69	8.87	8.41	6.3	4.82	
Be^{2+}	9.2	11.51				7.11	
Bi^{3+}	27.94	32.3	35.6		22.3	14.5	
Ca^{2+}	10.69	13.20	10.83	10.97	8.3	6.41	
Cd^{2+}	16.46	19.93	19.2	16.7	13.3	9.83	14.61
Co^{2+}	16.31	19.62	19.27	12.39	14.6	10.38	14.39
Co^{3+}	36				37.4	6.84	
Cr^{3+}	23.4					6.23	

续表

金属离子	lgK						
	EDTA	DyTA	DTPA	EGTA	HEDTA	NTA	
						$\lg\beta_1$	$\lg\beta_2$
Cu^{2+}	18.80	22.00	21.55	17.71	17.6	12.96	
Fe^{2+}	14.32	19.0	16.5	11.87	12.3	8.33	
Fe^{3+}	25.1	30.1	28.0	20.5	19.8	15.9	
Ga^{3+}	20.3	23.2	25.54		16.9	13.6	
Hg^{2+}	21.7	25.00	26.70	23.2	20.30	14.6	
In^{3+}	25.0	28.8	29.00		20.2	16.9	
Li^{+}	2.79					2.51	
Mg^{2+}	8.7	11.02	9.30	5.21	7.0	5.41	
Mn^{2+}	13.87	17.48	15.60	12.28	10.9	7.44	
Mo(Ⅴ)	～28						
Na^{+}	1.66						1.22
Ni^{2+}	18.62	20.3	20.32	13.55	17.3	11.53	16.42
Pb^{2+}	18.04	20.38	18.80	14.71	15.7	11.39	
Pd^{2+}	18.5						
Sc^{3+}	23.1	26.1	24.5	18.2			24.1
Sn^{2+}	22.11						
Sr^{2+}	8.73	10.59	9.77	8.50	6.9	4.98	
Th^{4+}	23.2	25.6	28.78				
TiO^{2+}	17.3						
Tl^{3+}	37.8	38.3				20.9	32.5
U^{4+}	25.8	27.6	7.69				
VO^{2+}	18.8	20.1					
Y^{3+}	18.09	19.85	22.13	17.16	14.78	11.41	20.43
Zn^{2+}	16.50	19.37	18.40	12.7	14.7	10.67	14.29
Zr^{4+}	29.5		35.8			20.8	
稀土元素	16～20	17～22	19		13～16	10～12	

注：EDTA 为乙二胺四乙酸；

DyTA(或 DCTA，CyDTA)为 1，2-二氨基环己烷四乙酸；

DTPA 为二乙基三胺五乙酸；

EGTA 为乙二醇二乙醚二胺四乙酸；

HEDTA 为 *N*-β-羟基乙基乙二胺三乙酸；

NTA 为氨三乙酸。

附录 3 标准电极电位(18～25 ℃)

半反应	$\varphi^{\ominus}$/V
F_2(气)$+2H^+ +2e^- = 2HF$	3.06
$O_3+2H^+ +2e^- = O_2+H_2O$	2.07
$S_2O_8^{2-}+2e^- = 2SO_4^{2-}$	2.01
$H_2O_2+2H^+ +2e^- = 2H_2O$	1.77
$MnO_4^- +4H^+ +3e^- = MnO_2$(固)$+2H_2O$	1.695
PbO_2(固)$+SO_4^{2-}+4H^+ +2e^- = PbSO_4$(固)$+2H_2O$	1.685
$HClO_2+2H^+ +2e^- = HClO+H_2O$	1.64
$HClO+H^+ +e^- = 0.5Cl_2+H_2O$	1.63
$Ce^{4+}+e^- = Ce^{3+}$	1.61
$H_5IO_6+H^+ +2e^- = IO_3^- +3H_2O$	1.60
$2HBrO+2H^+ +2e^- = Br_2+2H_2O$	1.59
$BrO_3^- +6H^+ +5e^- = 0.5Br_2+3H_2O$	1.52
$MnO_4^- +8H^+ +5e^- = Mn^{2+}+4H_2O$	1.51
$Au^{3+}+3e^- = Au$	1.50
$HClO+H^+ +2e^- = Cl^- +H_2O$	1.49
$2ClO_3^- +12H^+ +10e^- = Cl_2+6H_2O$	1.47
PbO_2(固)$+4H^+ +2e^- = Pb^{2+}+2H_2O$	1.455
$2HIO+2H^+ +e^- = I_2+2H_2O$	1.45
$ClO_3^- +6H^+ +6e^- = Cl^- +3H_2O$	1.45
$BrO_3^- +6H^+ +6e^- = Br^- +3H_2O$	1.44
$Au^+ +e^- = Au$	1.41
Cl_2(气)$+2e^- = 2Cl^-$	1.3595
$2ClO_4^- +16H^+ +14e^- = Cl_2+8H_2O$	1.34
$Cr_2O_7^{2-}+14H^+ +6e^- = 2Cr^{3+}+7H_2O$	1.33
MnO_2(固)$+4H^+ +2e^- = Mn^{2+}+2H_2O$	1.23
O_2(气)$+4H^+ +4e^- \longrightarrow 2H_2O$	1.229
$2IO_3^- +12H^+ +10e^- = I_2+6H_2O$	1.20
$ClO_4^- +2H^+ +2e^- = ClO_3^- +H_2O$	1.19
Br_2(水)$+2e^- = 2Br^-$	1.087

续表

半反应	$\varphi^{\ominus}$/V
$NO_2+H^++e^-═══HNO_2$	1.07
$Br_3^-+2e^-═══3Br^-$	1.05
$HNO_2+H^++e^-═══NO(气)+H_2O$	1.00
$VO_2^++2H^++e^-═══VO^{2+}+H_2O$	1.00
$HIO+H^++2e^-═══I^-+H_2O$	0.99
$NO_3^-+3H^++2e^-═══HNO_2+H_2O$	0.94
$ClO^-+H_2O+2e^-═══Cl^-+2OH^-$	0.89
$H_2O_2+2e^-═══2HO^-$	0.88
$Cu^{2+}+I^-+e^-═══CuI(固)$	0.86
$Hg^{2+}+2e^-═══Hg$	0.845
$NO_3^-+2H^++e^-═══NO_2+H_2O$	0.80
$Ag^++e^-═══Ag$	0.7995
$Hg_2^{2+}+2e^-═══2Hg$	0.793
$Fe^{3+}+e^-═══Fe^{2+}$	0.771
$BrO^-+H_2O+2e^-═══Br^-+2OH^-$	0.76
$O_2(气)+2H^++2e^-═══H_2O_2$	0.682
$AsO_2^-+2H_2O+3e^-═══As+4OH^-$	0.68
$2HgCl_2+2e^-═══Hg_2Cl_2(固)+2Cl^-$	0.63
$Hg_2SO_4(固)+2e^-═══2Hg+SO_4^{2-}$	0.6151
$MnO_4^-+2H_2O+3e^-═══MnO_2(固)+4OH^-$	0.588
$MnO_4^-+e^-═══MnO_4^{2-}$	0.564
$H_3AsO_4+2H^++2e^-═══HAsO_2+2H_2O$	0.559
$I_3^-+2e^-═══3I^-$	0.545
$I_2(固)+2e^-═══2I^-$	0.5345
$Mo^{6+}+e^-═══Mo^{5+}$	0.53
$Cu^++e^-═══Cu$	0.52
$4SO_2(水)+4H^++6e^-═══S_4O_6^{2-}+2H_2O$	0.51
$HgCl_4^{2-}+2e^-═══Hg+4Cl^-$	0.48
$2SO_2(水)+2H^++4e^-═══S_2O_3^{2-}+H_2O$	0.40
$Fe(CN)_6^{3-}+e^-═══Fe(CN)_6^{4-}$	0.36
$Cu^{2+}+2e^-═══Cu$	0.337

续表

半反应	$\varphi^{\ominus}$/V
$VO^{2+}+2H^{+}+e^{-}$ ══ $V^{3+}+H_2O$	0.337
$BiO^{+}+2H^{+}+3e^{-}$ ══ $Bi+H_2O$	0.32
Hg_2Cl_2(固)$+2e^{-}$ ══ $2Hg+2Cl^{-}$	0.2676
$HAsO_2+3H^{+}+3e^{-}$ ══ $As+2H_2O$	0.248
$AgCl$(固)$+e^{-}$ ══ $Ag+Cl^{-}$	0.2223
$SbO^{+}+2H^{+}+3e^{-}$ ══ $Sb+H_2O$	0.212
$SO_4^{2-}+4H^{+}+2e^{-}$ ══ SO_2(水)$+2H_2O$	0.17
$Cu^{2+}+e^{-}$ ══ Cu^{+}	0.159
$Sn^{4+}+2e^{-}$ ══ Sn^{2+}	0.154
$S+2H^{+}+2e^{-}$ ══ H_2S(气)	0.141
$Hg_2Br_2+2e^{-}$ ══ $2Hg+2Br^{-}$	0.1395
$TiO^{2+}+2H^{+}+e^{-}$ ══ $Ti^{3+}+H_2O$	0.1
$S_4O_6^{2-}+2e^{-}$ ══ $2S_2O_3^{2-}$	0.08
$AgBr$(固)$+e^{-}$ ══ $Ag+Br^{-}$	0.071
$2H^{+}+2e^{-}$ ══ H_2	0.000
$O_2+H_2O+2e^{-}$ ══ $HO_2^{-}+OH^{-}$	−0.067
$TiOCl^{+}+2H^{+}+3Cl^{-}+e^{-}$ ══ $TiCl_4^{-}+H_2O$	−0.09
$Pb^{2+}+2e^{-}$ ══ Pb	−0.126
$Sn^{2+}+2e^{-}$ ══ Sn	−0.136
AgI(固)$+e^{-}$ ══ $Ag+I^{-}$	−0.152
$Ni^{2+}+2e^{-}$ ══ Ni	−0.246
$H_3PO_4+2H^{+}+2e^{-}$ ══ $H_3PO_3+H_2O$	−0.276
$Co^{2+}+2e^{-}$ ══ Co	−0.277
$Tl^{+}+e^{-}$ ══ Tl	−0.3360
$In^{3+}+3e^{-}$ ══ In	−0.345
$PbSO_4$(固)$+2e^{-}$ ══ $Pb+SO_4^{2-}$	−0.3553
$SeO_3^{2-}+3H_2O+4e^{-}$ ══ $Se+6OH^{-}$	−0.366
$As+3H^{+}+3e^{-}$ ══ AsH_3	−0.38
$Se+2H^{+}+2e^{-}$ ══ H_2Se	−0.40
$Cd^{2+}+2e^{-}$ ══ Cd	−0.403
$Cr^{3+}+e^{-}$ ══ Cr^{2+}	−0.41

续表

半反应	$\varphi^{\ominus}$/V
$Fe^{2+}+2e^{-}=Fe$	−0.440
$S+2e^{-}=S^{2-}$	−0.48
$2CO_2+2H^{+}+2e^{-}=H_2C_2O_4$	−0.49
$H_3PO_3+2H^{+}+2e^{-}=H_3PO_2+H_2O$	−0.50
$Sb+3H^{+}+3e^{-}=SbH_3$	−0.51
$HPbO_2+H_2O+2e^{-}=Pb+3OH^{-}$	−0.54
$Ca^{+}+e^{-}=Ca$	−0.56
$TeO_3^{2-}+3H_2O+4e^{-}=Te+6OH^{-}$	−0.57
$2SO_3^{2-}+3H_2O+4e^{-}=S_2O_3^{2-}+6OH^{-}$	−0.58
$SO_3^{2-}+3H_2O+4e^{-}=S+6OH^{-}$	−0.66
$AsO_4^{3-}+2H_2O+2e^{-}=AsO_2^{-}+4OH^{-}$	−0.67
Ag_2S(固)$+2e^{-}=2Ag+S^{2-}$	−0.69
$Zn^{2+}+2e^{-}=Zn$	−0.763
$2H_2O+2e^{-}=H_2+2OH^{-}$	−0.828
$Cr^{2+}+2e^{-}=Cr$	−0.91
$HSnO_2^{-}+H_2O+2e^{-}=Sn+3OH^{-}$	−0.91
$Se+2e^{-}=Se^{2-}$	−0.92
$Sn(OH)_6^{2-}+2e^{-}=HSnO_2^{-}+H_2O+3OH^{-}$	−0.93
$CNO^{-}+H_2O+2e^{-}=CN^{-}+2OH^{-}$	−0.97
$Mn^{2+}+2e^{-}=Mn$	−1.182
$ZnO_2^{2-}+2H_2O+2e^{-}=Zn+4OH^{-}$	−1.216
$Al^{3+}+3e^{-}=Al$	−1.66
$H_2AlO_3^{-}+H_2O+3e^{-}=Al+4OH^{-}$	−2.35
$Mg^{2+}+2e^{-}=Mg$	−2.37
$Na^{+}+e^{-}=Na$	−2.714
$Ca^{2+}+2e^{-}=Ca$	−2.87
$Sr^{2+}+2e^{-}=Sr$	−2.89
$Ba^{2+}+2e^{-}=Ba$	−2.90
$K^{+}+e^{-}=K$	−2.925
$Li^{+}+e^{-}=Li$	−3.042

附录 4　部分氧化还原电对的条件电极电位

半反应	条件电位 $\varphi^{\ominus}$/V	介质
$Ag^{2+}+e^-$ ══ Ag^+	1.927	4 mol · L^{-1} HNO_3
$Ce^{4+}+e^-$ ══ Ce^{3+}	1.74	1 mol · L^{-1} $HClO_4$
	1.44	0.5 mol · L^{-1} H_2SO_4
	1.28	1 mol · L^{-1} HCl
$Co^{3+}+e^-$ ══ Co^{2+}	1.84	3 mol · L^{-1} HNO_3
Co(乙二胺)$_3^{3+}+e^-$ ══ Co(乙二胺)$_3^{2+}$	−0.2	0.1 mol · L^{-1} KNO_3+0.1 mol · L^{-1}乙二胺
$Cr^{3+}+e^-$ ══ Cr^{2+}	−0.40	5 mol · L^{-1} HCl
$Cr_2O_7^{2-}+14H^++6e^-$ ══ $2Cr^{3+}+7H_2O$	1.08	3 mol · L^{-1} HCl
	1.15	4 mol · L^{-1} H_2SO_4
	1.025	1 mol · L^{-1} $HClO_4$
$CrO_4^{2-}+2H_2O+3e^-$ ══ $CrO_2^-+4OH^-$	−0.12	1 mol · L^{-1} NaOH
$Fe^{3+}+e^-$ ══ Fe^{2+}	0.767	1 mol · L^{-1} $HClO_4$
	0.71	0.5 mol · L^{-1} HCl
	0.68	1 mol · L^{-1} H_2SO_4
	0.68	1 mol · L^{-1} HCl
	0.46	2 mol · L^{-1} H_3PO_4
	0.51	1 mol · L^{-1} HCl+0.25 mol · L^{-1} H_3PO_4
$Fe(EDTA)^-+e^-$ ══ $Fe(EDTA)^{2-}$	0.12	0.1 mol · L^{-1} EDTA, pH=4～6
$Fe(CN)_6^{3-}+e^-$ ══ $Fe(CN)_6^{4-}$	0.56	0.1 mol · L^{-1} HCl
$FeO_4^{2-}+2H_2O+3e^-$ ══ $FeO_2^-+4OH^-$	0.55	10 mol · L^{-1} NaOH
$I_3^-+2e^-$ ══ $3I^-$	0.5446	0.5 mol · L^{-1} H_2SO_4
I_2(水)$+2e^-$ ══ $2I^-$	0.6276	0.5 mol · L^{-1} H_2SO_4
$MnO_4^-+8H^++5e^-$ ══ $Mn^{2+}+4H_2O$	1.45	1 mol · L^{-1} $HClO_4$
$SnCl_6^{2-}+2e^-$ ══ $SnCl_4^{2-}+2Cl^-$	0.14	1 mol · L^{-1} HCl
$Sb^{5+}+2e^-$ ══ Sb^{3+}	0.75	3.5 mol · L^{-1} HCl
$Sb(OH)_6^-+2e^-$ ══ $SbO_2^-+2OH^-+2H_2O$	−0.428	3 mol · L^{-1} NaOH
$SbO_2^-+2H_2O+3e^-$ ══ $Sb+4OH^-$	−0.675	10 mol · L^{-1} KOH
$Ti^{4+}+e^-$ ══ Ti^{3+}	−0.01	0.2 mol · L^{-1} H_2SO_4
	0.12	2 mol · L^{-1} H_2SO_4

续表

半反应	条件电位 $\varphi^{\ominus}$/V	介质
$Ti^{4+}+e^{-}=Ti^{3+}$	−0.04	1 mol·L^{-1}HCl
	−0.05	1 mol·$L^{-1}H_3PO_4$
$Pb^{2+}+2e^{-}=Pb$	−0.32	1 mol·L^{-1}NaAc

附录 5　微溶化合物的溶度积(18～25 ℃,I=0)

微溶化合物	K_{sp}	pK_{sp}	微溶化合物	K_{sp}	pK_{sp}
AgAc	2×10^{-3}	2.7	BiOCl	1.8×10^{-31}	30.75
Ag_3AsO_4	1×10^{-22}	22.0	$BiPO_4$	1.3×10^{-23}	22.89
AgBr	5.0×10^{-13}	12.30	Bi_2S_3	1×10^{-97}	97.0
Ag_2CO_3	8.1×10^{-12}	11.09	$CaCO_3$	2.9×10^{-9}	8.54
AgCl	1.8×10^{-10}	9.75	CaF_2	2.7×10^{-11}	10.57
Ag_2CrO_4	2.0×10^{-12}	11.71	$CaC_2O_4\cdot H_2O$	2.0×10^{-9}	8.70
AgCN	1.2×10^{-16}	15.92	$Ca_3(PO_4)_2$	2.0×10^{-29}	28.70
AgOH	2.0×10^{-8}	7.71	$CaSO_4$	9.1×10^{-6}	5.04
AgI	9.3×10^{-17}	16.03	$CaWO_4$	8.7×10^{-9}	8.06
$Ag_2C_2O_4$	3.5×10^{-1}	10.46	$CdCO_3$	5.2×10^{-12}	11.28
Ag_3PO_4	1.4×10^{-16}	15.84	$Cd_2[Fe(CN)_6]$	3.2×10^{-17}	16.49
Ag_2SO_4	1.4×10^{-5}	4.84	$Cd(OH)_2$新析出	2.5×10^{-14}	13.60
Ag_2S	2×10^{-49}	48.7	$CdC_2O_4\cdot 3H_2O$	9.1×10^{-8}	7.04
AgSCN	1.0×10^{-12}	12.00	CdS	8×10^{-27}	26.1
$Al(OH)_3$无定形	1.3×10^{-33}	32.9	$CoCO_3$	1.4×10^{-13}	12.84
$As_2S_3$①	2.1×10^{-22}	21.68	$Co_2[Fe(CN)_6]$	1.8×10^{-15}	14.74
$BaCO_3$	5.1×10^{-9}	8.29	$Co(OH)_2$新析出	2×10^{-15}	14.7
$BaCrO_4$	1.2×10^{-10}	9.93	$Co(OH)_3$	2×10^{-44}	43.7
BaF_2	1×10^{-6}	6.0	$Co[Hg(SCN)_4]$	1.5×10^{-6}	5.82
$BaC_2O_4\cdot H_2O$	2.3×10^{-8}	7.64	α-CoS	4×10^{-21}	20.4
$BaSO_4$	1.1×10^{-10}	9.96	β-CoS	2×10^{-25}	24.7
$Bi(OH)_3$	4×10^{-31}	30.4	$Co_3(PO_4)_2$	2×10^{-35}	34.7
BiOOH②	4×10^{-10}	9.4	$Cr(OH)_3$	6×10^{-31}	30.2
BiI_3	8.1×10^{-19}	18.09	CuBr	5.2×10^{-9}	8.28

续表

微溶化合物	K_{sp}	pK_{sp}	微溶化合物	K_{sp}	pK_{sp}
CuCl	1.2×10^{-6}	5.92	α-NiS	3×10^{-19}	18.5
CuCN	3.2×10^{-20}	19.49	β-NiS	1×10^{-24}	24.0
CuI	1.1×10^{-12}	11.96	γ-NiS	2×10^{-26}	25.7
CuOH	1×10^{-15}	14.0	$PbCO_3$	7.4×10^{-14}	13.13
Cu_2S	2×10^{-48}	47.7	$PbCl_2$	1.6×10^{-5}	4.79
CuSCN	1.8×10^{-15}	14.32	PbClF	2.4×10^{-9}	8.62
$CuCO_3$	1.4×10^{-10}	9.86	$PbCrO_4$	2.8×10^{-13}	12.55
$Cu(OH)_2$	2.2×10^{-20}	19.66	PbF_2	2.7×10^{-8}	7.57
CuS	6×10^{-36}	35.2	$Pb(OH)_2$	1.2×10^{-15}	14.93
$FeCO_3$	3.2×10^{-16}	15.50	PbI_2	7.1×10^{-9}	8.15
$Fe(OH)_2$	8×10^{-16}	15.1	$PbMoO_4$	1×10^{-13}	13.0
FeS	6×10^{-18}	17.2	$Pb_3(PO_4)_2$	8.0×10^{-43}	42.10
$Fe(OH)_3$	4×10^{-38}	37.4	$PbSO_4$	1.6×10^{-8}	7.79
$FePO_4$	1.3×10^{-22}	21.89	PbS	8×10^{-28}	27.9
$Hg_2Br_2$③	5.8×10^{-23}	22.24	$Pb(OH)_4$	3×10^{-66}	65.5
Hg_2CO_3	8.9×10^{-17}	16.05	$Sb(OH)_3$	4×10^{-42}	41.4
Hg_2Cl_2	1.3×10^{-18}	17.88	Sb_2S_3	2×10^{-93}	92.8
$Hg_2(OH)_2$	2×10^{-24}	23.7	$Sn(OH)_2$	1.4×10^{-28}	27.85
Hg_2I_2	4.5×10^{-29}	28.35	SnS	1×10^{-25}	25.0
Hg_2SO_4	7.4×10^{-7}	6.13	$Sn(OH)_4$	1×10^{-56}	56.0
Hg_2S	1×10^{-47}	47.0	SnS_2	2×10^{-27}	26.7
$Hg(OH)_2$	3.0×10^{-26}	25.52	$SrCO_3$	1.1×10^{-10}	9.96
HgS 红色	4×10^{-53}	52.4	$SrCrO_4$	2.2×10^{-5}	4.65
HgS 黑色	2×10^{-52}	51.7	SrF_2	2.4×10^{-9}	8.61
$MgNH_4PO_4$	2×10^{-13}	12.7	$SrC_2O_4\cdot H_2O$	1.6×10^{-7}	6.80
$MgCO_3$	3.5×10^{-8}	7.46	$Sr_3(PO_4)_2$	4.1×10^{-28}	27.39
MgF_2	6.4×10^{-9}	8.19	$SrSO_4$	3.2×10^{-7}	6.49
$Mg(OH)_2$	1.8×10^{-11}	10.74	$Ti(OH)_3$	1×10^{-40}	40.0
$MnCO_3$	2.2×10^{-11}	10.66	$TiO(OH)_2$④	1×10^{-29}	29.0
$Mn(OH)_2$	1.9×10^{-13}	12.72	$ZnCO_3$	1.4×10^{-11}	10.84
MnS 无定形	2×10^{-10}	9.7	$Zn_2[Fe(CN)_6]$	4.1×10^{-16}	15.39
MnS 晶形	2×10^{-13}	12.7	$Zn(OH)_2$	1.2×10^{-17}	16.92
$NiCO_3$	6.6×10^{-9}	8.18	$Zn_3(PO_4)_2$	9.1×10^{-33}	32.04
$Ni(OH)_2$新析出	2×10^{-15}	14.7	ZnS	2×10^{-22}	21.7
$Ni_3(PO_4)_2$	5×10^{-31}	30.3			

① 为下列平衡的平衡常数 $As_2S_3+4H_2O \rightleftharpoons 2HAsO_2+3H_2S$；

② BiOOH　$K_{sp}=[BiO^+][OH^-]$；

③ $(Hg_2)_mX_n$　$K_{sp}=[Hg_2^{2+}]^m[X^{-2m/n}]^n$；

④ $TiO(OH)_2$　$K_{sp}=[TiO^{2+}][OH^-]^2$。

附录 6　相对原子质量表(1999 年)

元素	符号	相对原子质量	元素	符号	相对原子质量	元素	符号	相对原子质量
银	Ag	107.87	铪	Hf	178.49	铷	Rb	85.468
铝	Al	26.982	汞	Hg	200.59	铼	Re	186.21
氩	Ar	39.948	钬	Ho	164.93	铑	Rh	102.91
砷	As	74.922	碘	I	126.90	钌	Ru	101.07
金	Au	196.97	铟	In	114.82	硫	S	32.066
硼	B	10.811	铱	Ir	192.22	锑	Sb	121.06
钡	Ba	137.33	钾	K	39.098	钪	Sc	44.956
铍	Be	9.0122	氪	Kr	83.80	硒	Se	78.96
铋	Bi	208.98	镧	La	138.91	硅	Si	28.086
溴	Br	79.904	锂	Li	6.941	钐	Sm	150.36
碳	C	12.011	镥	Lu	174.97	锡	Sn	118.71
钙	Ca	40.078	镁	Mg	24.305	锶	Sr	87.62
镉	Cd	112.41	锰	Mn	54.938	钽	Ta	180.95
铈	Ce	140.12	钼	Mo	95.94	铽	Tb	158.9
氯	Cl	35.453	氮	N	14.007	碲	Te	127.60
钴	Co	58.933	钠	Na	22.990	钍	Th	232.04
铬	Cr	51.996	铌	Nb	92.906	钛	Ti	47.867
铯	Cs	132.91	钕	Nd	144.24	铊	Tl	204.38
铜	Cu	63.546	氖	Ne	20.180	铥	Tm	168.93
镝	Dy	162.50	镍	Ni	58.693	铀	U	238.03
铒	Er	167.26	镎	Np	237.05	钒	V	50.942
铕	Eu	151.96	氧	O	15.999	钨	W	183.84
氟	F	18.998	锇	Os	190.23	氙	Xe	131.29
铁	Fe	55.845	磷	P	30.974	钇	Y	88.906
镓	Ga	69.723	铅	Pb	207.2	镱	Yb	137.04
钆	Gd	157.25	钯	Pd	106.42	锌	Zn	65.39
锗	Ge	72.61	镨	Pr	140.91	锆	Zr	91.224
氢	H	1.0079	铂	Pt	195.08			
氦	He	4.0026	镭	Ra	226.03			

附录 7　常用化合物的相对分子质量表

化合物	相对分子质量	化合物	相对分子质量	化合物	相对分子质量
Ag_3AsO_4	462.52	CO_2	44.01	$Cr(NO_3)_3$	238.01
AgBr	187.77	CaO	56.08	$CuCl_2 \cdot 2H_2O$	170.48
AgCl	143.32	$CaCO_3$	100.09	CuSCN	121.62
AgCN	133.89	$CaCl_2$	110.99	CuI	190.45
AgSCN	165.95	$CaCl_2 \cdot 6H_2O$	219.08	$Cu(NO_3)_2$	187.56
Ag_2CrO_4	331.73	CaC_2O_4	128.10	$Cu(NO_3)_2 \cdot 3H_2O$	241.60
AgI	234.77	$Ca(NO_3)_2 \cdot 4H_2O$	236.15	CuO	79.545
$AgNO_3$	241.43	$Ca(OH)_2$	74.09	Cu_2O	143.09
$AlCl_3$	213.00	$Ca_3(PO_4)_2$	310.18	CuS	95.61
$AlCl_3 \cdot 6H_2O$	375.13	$CaSO_4$	136.14	$CuSO_4$	159.60
$Al(NO_3)_3$	331.73	$CdCO_3$	172.42	$CuSO_4 \cdot 5H_2O$	249.68
$Al(NO_3)_3 \cdot 9H_2O$	234.77	CdS	144.47	Cr_2O_3	151.99
Al_2O_3	101.96	$CdCl_2$	183.32	CuCl	98.999
$Al(OH)_3$	78.00	$Ce(SO_4)_2$	332.24	$CuCl_2$	134.45
$Al_2(SO_4)_3$	342.14	$Ce(SO_4)_2 \cdot 4H_2O$	404.30	$FeCl_2$	126.75
$Al_2(SO_4)_3 \cdot 18H_2O$	666.41	CH_3COOH	60.052	$FeCl_2 \cdot 4H_2O$	198.81
As_2O_3	197.84	CH_3COONa	82.034	$FeCl_3$	162.21
As_2O_5	229.84	$CH_3COONa \cdot 3H_2O$	136.08	$FeCl_3 \cdot 6H_2O$	270.30
As_2S_3	246.02	CH_3COONH_4	77.083	$FeNH_4(SO_4)_2 \cdot 12H_2O$	482.18
$BaCO_3$	197.34	$CoCl_2$	129.84	$Fe(NO_3)_3$	241.86
BaC_2O_4	225.35	$CoCl_2 \cdot 6H_2O$	237.93	$Fe(NO_3)_3 \cdot 9H_2O$	404.00
$BaCl_2$	208.24	$Co(NO_3)_2$	132.94	FeO	71.846
$BaCl_2 \cdot 2H_2O$	244.27	$Co(NO_3)_2 \cdot 6H_2O$	291.03	Fe_2O_3	159.69
$BaCrO_4$	253.32	CoS	90.99	Fe_3O_4	231.54
BaO	153.33	$CoSO_4$	154.99	$Fe(OH)_3$	106.87
$Ba(OH)_2$	171.34	$CoSO_4 \cdot 7H_2O$	281.10	FeS	87.91
$BaSO_4$	233.39	$Co(NH_2)_2$	60.06	Fe_2S_3	207.87
$BiCl_3$	315.34	$CrCl_3$	158.35	$FeSO_4$	151.90
BiOCl	260.43	$CrCl_3 \cdot 6H_2O$	266.45	$FeSO_4 \cdot 7H_2O$	278.01

续表

化合物	相对分子质量	化合物	相对分子质量	化合物	相对分子质量
$FeSO_4 \cdot (NH_4)_2SO_4 \cdot 6H_2O$	392.13	HgS	232.65	$MgCO_3$	84.341
H_3AsO_3	125.94	$HgSO_4$	296.65	$MgCl_2$	95.211
H_3AsO_4	141.94	Hg_2SO_4	497.24	$MgCl_2 \cdot 6H_2O$	203.30
H_3BO_3	61.83	$KAl(SO_4)_2 \cdot 12H_2O$	474.38	MgC_2O_4	112.33
HBr	80.912	KBr	119.00	$Mg(NO_3)_2 \cdot 6H_2O$	256.41
HCN	27.026	$KBrO_3$	167.00	$MgNH_4PO_4$	137.32
$HCOOH$	46.026	KCl	74.551	MgO	40.304
CH_3COOH	60.052	$KClO_3$	122.55	$Mg(OH)_2$	58.32
H_2CO_3	62.025	$KClO_4$	138.55	$Mg_2P_2O_7$	222.55
$H_2C_2O_4$	90.035	KCN	65.116	$MgSO_4 \cdot 7H_2O$	246.47
$H_2C_2O_4 \cdot 2H_2O$	126.07	$KSCN$	97.18	$MnCO_3$	114.95
HCl	36.461	K_2CO_3	138.21	$MnCl_2 \cdot 4H_2O$	197.91
HF	20.006	K_2CrO_4	194.19	$Mn(NO_3)_2 \cdot 6H_2O$	287.04
HI	127.91	$K_2Cr_2O_7$	294.18	MnO	70.937
HIO_3	175.91	$K_3Fe(CN)_6$	329.25	MnO_2	86.937
HNO_3	63.013	$K_4Fe(CN)_6$	368.35	MnS	87.00
HNO_2	47.013	$KFe(SO_4)_2 \cdot 12H_2O$	503.24	$MnSO_4$	151.00
H_2O	18.015	$KHC_2O_4 \cdot H_2O$	146.14	$MnSO_4 \cdot 4H_2O$	223.06
H_2O_2	34.015	$KHC_2O_4 \cdot H_2C_2O_4 \cdot 2H_2O$	254.19	NO	30.006
H_3PO_4	97.995	$KHC_4H_4O_6$	188.18	NO_2	46.006
H_2S	34.08	$KHSO_4$	136.16	NH_3	17.03
H_2SO_3	82.07	KI	166.00	NH_4NO_3	80.043
H_2SO_4	98.07	KIO_4	214.00	Na_2SO_4	142.04
$Hg(CN)_2$	252.63	$KIO_3 \cdot HIO_3$	389.91	NH_4Cl	53.491
$HgCl_2$	271.50	$KMnO_4$	158.03	$(NH_4)_2CO_3$	96.086
Hg_2Cl_2	472.09	$KNaC_4H_4O_6 \cdot 4H_2O$	282.22	$(NH_4)_2C_2O_4$	124.10
HgI_2	454.40	KNO_3	101.10	$(NH_4)_2C_2O_4 \cdot H_2O$	142.11
$Hg_2(NO_3)_2$	525.19	KNO_2	85.104	NH_4SCN	76.12
$Hg_2(NO_3)_2 \cdot 2H_2O$	561.22	K_2O	94.196	NH_4HCO_3	79.055
$Hg(NO_3)_2$	324.60	KOH	56.106	$(NH_4)_2MoO_4$	196.01
HgO	216.59	K_2SO_4	174.25	$(NH_4)_2HPO_4$	132.06

续表

化合物	相对分子质量	化合物	相对分子质量	化合物	相对分子质量
$(NH_4)_2S$	68.14	$Na_2S_2O_3 \cdot 5H_2O$	248.17	SiO_2	60.084
$(NH_4)_2SO_4$	132.13	$NiCl_2 \cdot 6H_2O$	237.69	$SnCl_2$	189.62
NH_4VO_3	116.98	NiO	74.69	$SnCl_2 \cdot 2H_2O$	225.65
Na_3AsO_3	191.89	$Ni(NO_3)_2 \cdot 6H_2O$	290.79	$SnCl_4$	260.52
$Na_2B_4O_7$	201.22	NiS	90.75	$SnCl_4 \cdot 5H_2O$	350.596
$Na_2B_4O_7 \cdot 10H_2O$	381.37	$NiSO_4 \cdot 7H_2O$	280.85	SnO_2	150.71
$NaBiO_3$	279.97	P_2O_3	141.94	SnS	150.776
$NaCN$	49.007	$PbCO_3$	267.20	$SrCO_3$	147.63
$NaSCN$	81.07	PbC_2O_4	295.22	SrC_2O_4	175.64
Na_2CO_3	105.99	$PbCl_2$	278.10	$SrCrO_4$	203.61
$Na_2CO_3 \cdot 10H_2O$	286.14	$PbCrO_4$	323.20	$Sr(NO_3)_2$	211.63
$Na_2C_2O_4$	134.00	$Pb(CH_3COO)_2$	325.30	$Sr(NO_3)_2 \cdot 4H_2O$	283.69
$NaCl$	58.443	$Pb(CH_3COO)_2 \cdot 3H_2O$	379.30	$SrSO_4$	183.68
$NaClO$	74.442	PbI_2	461.00	$UO_2(CH_3COO)_2 \cdot 2H_2O$	424.15
$NaHCO_3$	84.007	$Pb(NO_3)_2$	331.20	$ZnCO_3$	125.39
$NaHPO_4 \cdot 12H_2O$	358.14	PbO	223.20	ZnC_2O_4	153.40
$Na_2H_2Y \cdot 2H_2O$	372.24	PbO_2	239.20	$ZnCl_2$	136.29
$NaNO_2$	68.995	$Pb_3(PO_4)_2$	811.54	$Zn(CH_3COO)_2$	183.47
$NaNO_3$	84.995	PbS	239.30	$Zn(CH_3COO)_2 \cdot 2H_2O$	219.50
Na_2O	61.979	$PbSO_4$	303.30	$Zn(NO_3)_2$	189.39
Na_2O_2	77.978	SO_3	80.06	$Zn(NO_3)_2 \cdot 6H_2O$	297.48
$NaOH$	39.997	SO_2	64.06	ZnO	81.38
Na_3PO_4	163.94	$SbCl_3$	228.11	ZnS	97.44
Na_2S	78.04	$SbCl_5$	299.02	$ZnSO_4$	161.44
$Na_2S \cdot 9H_2O$	240.18	Sb_2O_3	291.50	$ZnSO_4 \cdot 7H_2O$	287.54
Na_2SO_3	126.04	Sb_2S_3	339.68		
$Na_2S_2O_3$	158.10	SiF_4	104.08		

附录 8　常用分析化学实验名词术语汉英对照

中文	英文	中文	英文
绝对误差	absolute error	指示剂的封闭	blocking of indicator
偶然误差	accident error	溴量法	bromometry
准确度	accuracy	缓冲溶液	buffer solution
酸碱滴定	acid-base titration	滴定管夹	burette holder
酸效应系数	acidic effective coefficient	滴定管架	burette support
酸效应曲线	acidic effective curve	滴定管	burette
酸度常数	acidity constant	钙指示剂	calconcarboxylic acid
活度	activity	校准曲线	calibrated curve
活度系数	activity coefficient	校准	calibration
吸附剂	adsorbent	催化反应	catalyzed reaction
吸附	adsorption	铈量法	ceriometry
吸附指示剂	adsorption indicator	电荷平衡	charge balance
亲和力	affinity	螯合物	chelate
陈化	aging	化学分析	chemical analysis
无定形沉淀	amorphous precipitate	化学因数	chemical factor
两性溶剂	amphiprotic solvent	化学纯	chemical pure
两性物	amphoteric substance	变异系数	coefficient of variation
放大反应	amplification reaction	配合物	complex
分析天平	analytical balance	配位反应	complexation
分析化学	analytical chemistry	配位滴定法	complexometry; complexometric titration
分析浓度	analytical concentration		
分析纯试剂	analytical reagent(A. R.)	氨羧配位剂	complexone
表观形成常数	apparent formation constant	浓度常数	concentration constant
水相	aqueous phase	条件电位	conditional potential
仲裁分析	arbitration analysis	条件溶度积	conditional solubility product
银量法	argentimetry	置信区间	confidence interval
灰化	ashing	置信水平	confidence level
烧杯	beaker	共轭酸碱对	conjugate acid-base pair
空白	blank	共沉淀	coprecipitation

续表

中文	英文	中文	英文
校正	correction	漏斗	funnel
相关系数	correlation coefficient	滤纸	filter paper
坩埚	crucible	过滤	filtration
晶形沉淀	crystalline precipitate	溶剂	solvent
累积常数	cumulative constant	荧光黄	fluorescein
凝乳状沉淀	curdy precipitate	形成常数	formation constant
自由度	degree of freedom	分步沉淀	fraction precipitation
解蔽	demasking	熔融	fusion
干燥剂	desiccant；drying agent	玻璃棒	glass rod
干燥器	desiccator	重量因数	gravimetric factor
可测误差	determinate error	重量分析	gravimetry
偏差	deviation	均相沉淀	homogeneous precipitation
平均偏差	deviation average	灼烧	ignition
二元酸	dibasic acid	指示剂	indicator
二氯荧光黄	dichloro fluorescein	诱导反应	induced reaction
重铬酸钾法	dichromate titration	惰性溶剂	inert solvent
区分效应	differentiating effect	不稳定常数	instability constant
直读天平	direct reading balance	国际标准化组织	International Standardization Organization(ISO)
解离常数	dissociation constant		
双盘天平	dual-pan balance	国际纯粹与应用化学联合会	International Union of Pure and Applied Chemistry (IUPAC)
电子天平	electronic balance		
终点	end point	固有酸度	intrinsic acidity
终点误差	end point error	固有碱度	intrinsic basicity
平衡浓度	equilibrium concentration	固有溶解度	intrinsic solubility
铬黑 T	eriochrome black T(EBT)	碘滴定法	iodometry
锥形瓶	erlenmeyer flask；conical flask	碘钨灯	iodine-tungsten lamp
误差	error	滴定碘法	iodometry
乙二胺四乙酸	ethylenediaminetetraacetic acid(EDTA)	离子强度	ionic strength
		卡尔·费歇尔滴定	Karl Fischer titration
蒸发皿	evaporating dish	凯氏定氮法	Kjeldahl determination
		配位体	ligand
邻二氮菲亚铁离子	ferroin	常量分析	macro analysis

续表

中文	英文	中文	英文
掩蔽	masking	沉淀剂	precipitant
掩蔽指数	masking index	沉淀形式	precipitation form
质量平衡	mass balance	沉淀滴定法	precipitation titration
平均值	mean;average	精密度	precision
测量值	measured value	预富集	pre-concentration
量筒	measuring cylinder	基准物质	primary standard substance
中位数	median	概率	probability
汞量法	mercurimetry	质子	proton
金属指示剂	metallochromic indicator	质子条件	proton condition
甲基橙	methyl orange(MO)	质子化	protonation
甲基红	methyl red(MR)	质子化常数	protonation constant
微量分析	micro analysis	纯度	purity
混晶	mixed crystal	定性分析	qualitative analysis
混合指示剂	mixed indicator	定量分析	quantitative analysis
一元酸	monoacid	四分法	quartering
马弗炉	muffle furnace	随机误差	random error
中性溶剂	neutral solvent	全距(极差)	range
中和	neutralization	试剂空白	reagent blank
非水滴定	non-aqueous titration	试剂瓶	reagent bottle
正态分布	normal distribution	回收率	recovery
		氧化还原指示剂	redox indicator
指示剂的僵化	ossification of indicator	氧化还原滴定	redox titration
烘箱	oven	参考水平	reference level
平行测定	parallel determination	标准物质	reference material(RM)
高锰酸钾法	permanganate titration	参比溶液	reference solution
酚酞	phenolphthalein(PP)	相对误差	relative error
吸量管	pipet(te); measuring pipet	常规分析	routine analysis
移液管	pipette	试样,样品	sample
极性溶剂	polar solvent	取样	sampling
多元酸	polyprotic acid	自身指示剂	self indicator
总体	population	半微量分析	semimicro analysis
后沉淀	postprecipitation	副反应系数	side reaction coefficient

续表

中文	英文	中文	英文
显著性检验	significance test	滴定常数	titration constant
有效数字	significant figure	滴定曲线	titration curve
单盘天平	single-pan balance	滴定误差	titration error
二苯胺磺酸钠	sodium diphenylamine sulfonate	滴定分数	titration fraction
溶度积	solubility product	滴定指数	titration index
稳定常数	stability constant	滴定突跃	titration jump
标准曲线	standard curve	滴定分析	titrimetry
标准偏差	standard deviation	痕量分析	trace analysis
标准电位	standard potential	三元酸	triacid
标准系列法	standard series method	真值	true value
标准溶液	standard solution	超痕量分析	ultratrace analysis
标定	standardization	裁判分析	umpire analysis
淀粉	starch	挥发	volatilization
蒸气浴	steam bath	福尔哈德法	Volhard method
逐级稳定常数	stepwise stability constant	容量瓶	volumetric flask
分步滴定	stepwise titration	容量分析	volumetry
化学计量点	stoichiometric point	洗瓶	wash bottle
表面活性剂	surfactant；surface active agent	洗液	washings
过饱和	supersaturation	水浴	water bath
系统误差	systematic error	称量瓶	weighing bottle
试液	test solution	称量形式	weighing form
百里酚酞	thymolphthalein(THPP)	砝码	weights
被滴物	titrand	工作曲线	working curve
滴定剂	titrant	二甲酚橙	xylenol orange(XO)
滴定	titration	零水平	zero level